KULTURWISSENSCHAFTLICHE ZEITSCHRIFT

Herausgegeben von der

Kulturwissenschaftlichen Gesellschaft

Heft 3/2023

Die Kolonialisierung der Vergangenheit

FELIX MEINER VERLAG
HAMBURG

Bibliographische Information der Deutschen Nationalbibliothek

Die Deutsche Nationalbibliothek verzeichnet diese Publikation in der Deutschen Nationalbibliographie; detaillierte bibliographische Daten sind im Internet über ‹https://portal.dnb.de› abrufbar.

ISBN 978-3-7873-4657-8 · ISBN eBook 978-3-7873-4658-5
ISSN (Print) 2751-3106 · ISSN (eJournal) 2451-1765

DOI: https://doi.org/10.28937/978-3-7873-4658-5

Druck: Books on Demand, Norderstedt
Printed in Germany

Inhalt

Mira Shah, Patrick Stoffel

Die Kolonialisierung der Vergangenheit – zur Einführung

1. Im Kolonialwarenladen der Vergangenheit

»Die Vergangenheit liegt vor uns wie ein riesiger, zu kolonisierender Kontinent, bereit für schnelle Plünderung und langsamen Umbau«, schreibt die Lyrikerin und Schriftstellerin Maria Stepanova in ihrem 2017 im russischen Original erschienenen autobiographischen Roman *Nach dem Gedächtnis*.[1] Mit Blick auf die persönlichen Erinnerungen innerhalb ihrer Familie und angesichts des kollektiv verordneten Gedächtnis(-verlustes) des russischen Regimes kommt Stepanova zu dem Schluss, dass sich die Vergangenheit nur bedingt wehren kann, wenn wir sie in die eine oder andere Richtung lesen, um sie für die Geschichte zu nutzen, die wir erzählen wollen. Über die Auseinandersetzung mit dem eigenen Erforschen und Schreiben der (Familien-)Geschichte hinaus geht es ihr aber spezifischer noch um das Ausmaß und die Form eines seit der Moderne stetig ansteigenden Interesses an der Beschäftigung mit der Vergangenheit:

> Man möchte meinen, die gesamte Kultur widme sich nur dem Erhalt ihrer wenigen Hinterlassenschaften; jede Gedankenanstrengung wird gefeiert. Immer neue und neue Übersehene und Unterschlagene werden dem Vergessen entrissen und mit Entdeckerstolz präsentiert: kleine Sängerinnen, Pioniere der Straßenfotografie, Kriegsberichterstatter. Man könnte sich freuen über dieses Fest – ein neu eröffneter Kolonialwarenladen, in dem man sich nach Belieben ein exotisches Souvenir aussuchen und es interpretieren kann, wie es einem passt, ohne sich darum zu kümmern, was diese Maske oder jene Rassel zu ihrer Zeit und an ihrem Platz bedeutet hat. Die Gegenwart ist sich ihrer Besitzrechte an der Vergangenheit so sicher, wie man einst der Herrschaft über beide Indien sicher war, ohne viel über sie zu wissen.[2]

Die kolonialistische Aneignung weit entfernter Gebiete und jene längst vergangener Zeiten ist für Stepanova vergleichbar; beide halten sie ›exotische‹ Objekte bereit, die gedankenlos konsumiert werden können. Das gegenwärtige Verhältnis zur Vergangenheit lässt sich wie das Verhältnis der spanischen und britischen Kolonialmächte oder der East India Company zu West- oder Ostindien als ein ausbeuterisches betrachten und

1 Stepanova, Maria (2020): *Nach dem Gedächtnis*. Berlin: Suhrkamp, S. 140.

2 Stepanova: *Nach dem Gedächtnis*, S. 140.

verstehen. So sehr auch ein legitimes Interesse an Wissen *per se* den Anstoß geben mag, die Vergangenheit wird im Kleinen – in der Verfertigung von autobiographischen Narrativen und Familiengeschichten – und im Großen – in der Konstruktion kultureller Wurzeln, nationaler Identitäten, historischer Bezugspunkte oder von Verhaltensmustern – letztlich für gegenwärtige Zwecke in Anspruch genommen.[3] Unsere gegenwärtige Kultur, schreibt Stepanova, verhalte sich »zur Vergangenheit wie ein Rohstoffland zu seinen Bodenschätzen – sie beutet sie aus, so gut sie kann«.[4] Dieser bei Stepanova reflektierten Idee, unser Verhältnis zur Vergangenheit als eine Form der Kolonialisierung zu fassen, geht auch dieses Sonderheft nach. Die versammelten Beiträge erkunden, wie sich die wissenschaftliche Erforschung der Vergangenheit und die kulturelle und literarische Imagination anderer, vergangener Zeiten an Rhetoriken, Ästhetiken und Praktiken bedienen, die aus der Geschichte und dem Diskurs der Kolonialisierung bereits bekannt sind.

2. Die metaphorische Kolonisierung der Tiefenzeit

Anders als bei Stepanova, die sich mit der Verwertung von Familienerinnerungen und jüngeren Vergangenheiten befasst, steht hier die wissenschaftliche und kulturelle Beschäftigung mit der tieferen Vergangenheit im Vordergrund: mit weit entfernten Epochen der Antike(n) (Immisch, Conrad) und mit der so genannten Tiefenzeit der Prähistorie und Erdgeschichte (Völker, Hügel, Deuerlein, Röder). Für diesen Fokus auf die Kolonialisierung speziell der fernen Vergangenheit gibt es historische Gründe: Die Tiefenzeit tritt als Wissensgegenstand um 1800 nicht zufällig zu einem Zeitpunkt auf, in dem die europäische Erschließung und Vermessung der räumlichen Welt fast abgeschlossen scheint.[5] Die ›weißen Flecken‹ auf den Karten der europäischen Reiche werden immer kleiner,[6] was moderne Abenteurer und Entdecker – wie Oliver Völker in

3 Vgl. bspw. Brather, Sebastian (2012): *Ethnische Interpretationen in der frühgeschichtlichen Archäologie. Geschichte, Grundlagen und Alternativen.* Berlin/ Boston: De Gruyter; Latour, Bruno/ Strum, Shirley C. (1986): Human Social Origins. Oh Please, Tell Us Another Story. In: *Journal of Social and Biological Structures*, 9, S. 169–187; Röder, Brigitte (2017): Alles ist im Fluss – auch die Archäologie. In: dies./ Bolliger Schreyer, Sabine/ Schreyer, Stefan (Hgg.): *Lebensweisen in der Steinzeit.* Baden: Hier und Jetzt, S. 7–11.

4 Stepanova: *Nach dem Gedächtnis*, S. 139.

5 Vgl. zu diesem Sachverhalt in Hinblick auf die ›Verzeitlichung der Utopie‹ Koselleck, Reinhart (2003): *Zeitschichten. Studien zur Historik.* Frankfurt a.M.: Suhrkamp, S. 133f.

6 Zur Bedeutung der Kartographie für die Erschließung von Raum *und* Zeit siehe Cosgrove: »As a graphic register of correspondence between two spaces, whose explicit outcome is a space of representation, mapping is a deceptively simple activity. To map is in one way or another to take the measure of a world, and more than merely take it, to figure the measure so taken in such a way that it may be communicated between people, places or times.« Cosgrove, Denis (2002): Intro-

seinem Beitrag zeigt – nötigt, den aus der Welt verschwunden geglaubten »room for romance«[7] fortan in längst vergangenen Zeiten aufzusuchen. Die Pazifikexpeditionen des ausgehenden 18. und frühen 19. Jahrhunderts haben Europa auch die Inselwelt der Südsee erschlossen. Anfang der 1820er Jahre hat man den letzten unbekannten, aber schon erahnten Kontinent ›entdeckt‹: die Antarktis. Die Aufmerksamkeit für »the then white heart of Africa«,[8] wie es der polnisch-britische Schriftsteller Joseph Conrad nannte, sollte erst später einsetzen, als sich die europäischen Mächte auf die Suche nach neuen Absatzmärkten sowie Schauplätzen machen, auf denen imperiale Konkurrenzkämpfe ausgetragen werden können. Dass es so etwas wie eine Tiefenzeit gibt, dass also die Erde um ein Vielfaches älter ist als die vergleichsweise kurze Zeitspanne, welche die für Europa wesentlichen monotheistischen Religionen vorgegeben haben, lässt sich zwar schon länger ahnen – der Paläontologe und Wissenschaftshistoriker Stephen Jay Gould verortet die Anfänge tiefenzeitlicher Anschauungen bereits in der zweiten Hälfte des 17. Jahrhunderts[9] –, aber erst das Entstehen der modernen Geologie als Wissenschaft um 1800 ermöglicht eine Evidenzgrundlage, auf der das relative Alter der Erde anhand von Gesteinsschichten nachvollzogen werden kann. 1795 erscheint die *Theory of the Earth* des schottischen Naturforschers James Hutton, sein Landsmann Charles Lyell veröffentlicht seine *Principles of Geology* in den Jahren 1830–1833.[10] 1836 definiert der dänische Antiquar Christian Jürgensen Thomsen anhand der Artefakte der königlichen dänischen Altertümersammlung das Dreiperiodensystem, in dem die Steinzeit als älteste und längste Periode der Menschheitsgeschichte etabliert wird.[11] Damit wird aus dem antiquarischen Ansammeln von antiken Gegenständen eine systematische Erschließung und Strukturierung von Menschheitsepochen über ihre materiellen Artefakte: Die

---

duction: Mapping Meaning. In: ders. (Hg.): *Mappings.* London: Reaktion Book, S. 1–23, hier S. 1f.

7 Doyle, Arthur Conan (2008 [1912]): *The Lost World.* Oxford/ New York: Oxford University Press, S. 10.

8 Conrad, Joseph (2010): Geography and Some Explorers. In: ders.: *Last Essays.* Hg. v. Harold Ray Stevens/ J.H. Stape. Cambridge: Cambridge University Press, S. 3–17, hier S. 14.

9 Vgl. Gould, Stephen Jay (1987): *Time's Arrow, Time's Cycle. Myth and Metaphor in the Discovery of Geological Time.* Cambridge, Mass./ London: Harvard University Press, S. 3f.

10 Vgl. zu Hutton Stoffel, Patrick (2020): Die nachträgliche Entdeckung der Tiefenzeit während eines Bootsausflugs an der schottischen Ostküste. Über eine Urszene der modernen Geologie. In: Gamper, Michael (Hg.): *Ästhetische Eigenzeiten der Wissenschaften.* Hannover: Wehrhahn, S. 268–282; zu Lyell Schnyder, Peter (2012): Paläontopoetologie. Zur Emergenz der Urgeschichte des Lebens. In: Lehmann, Johannes F./ Borgards, Roland/ Bergengruen, Maximilian (Hgg.): *Die biologische Vorgeschichte des Menschen. Zu einem Schnittpunkt von Erzählordnung und Wissenstransformation.* Freiburg i. Br.: Rombach, S. 109–131, hier S. 130f.

11 Vgl. Hansen, Svend (2001): Von den Anfängen der prähistorischen Archäologie. Christian Jürgensen Thomsen und das Dreiperiodensystem. In: *Praehistorische Zeitschrift,* 76, S. 10–23; dazu, dass Thomsens Bedeutung für die Archäologie jener von Lyell für die Geologie gleichkomme, Daniel, Glyn (1975): *A Hundred and Fifty Years of Archaeology.* London: Duckworth, S. 45f.

Archäologie etabliert sich als mit der »Vergegenwärtigung der Vergangenheit«[12] beschäftigte Wissenschaft zwischen 1830 und 1860;[13] das große Alter der Menschheit als Spezies wird Ende der 1850er Jahre mit der Publikation von Charles Darwins *On the Origin of Species* endgültig salonfähig.[14]

Die Entdeckung und Erschließung der erdgeschichtlichen und menschheitsgeschichtlichen Tiefenzeit nimmt in dieser Zeit ähnliche Formen an wie die Entdeckung und Erschließung anderer Kontinente im Raum. Nicht zufällig werden sowohl der deutsche Antikenforscher und Kunsthistoriker Johann Joachim Winckelmann, der – wie Quintus Immisch in seinem Beitrag anschaulich zeigt – die römische Antike verwaltete, als auch der schweizerische Antiquar und Archäologe Ferdinand Keller, der die ersten Pfahlbaufunde an den Schweizerseen beschrieb und damit das so genannte ›Pfahlbaufieber‹ Mitteleuropas auslöste, von ihren Zeitgenoss:innen jeweils als ›neuer Kolumbus‹ gefeiert, der für die Wissenschaft einen ›neuen Kontinent‹ »jenseits der Geschichtsschreibung«[15] entdeckt habe.[16] Die ferne Vergangenheit kann metaphorisch kartographiert, spekulativ imaginiert und politisch instrumentalisiert werden. Sie kann aber auch, wie der Vergleich mit dem ›Entdecker‹ der Amerikas zeigt, untersucht werden wie ein unbekanntes Land, in das man vorwärts tastend vordringt. Auch wenn die ›Topik der Tiefe‹[17] die Metaphorik der Vergangenheitsforschung nicht mit weißen Flecken, sondern mit »dichtem Nebel«[18], mit dem »Dunkel der Jahrhunderte«[19] und

---

12 Schnapp, Alain (2009): *Die Entdeckung der Vergangenheit. Ursprünge und Abenteuer der Archäologie.* Aus dem Französischen übers. v. Andreas Wittenburg. Stuttgart: Klett-Cotta, S. 18.

13 Vgl Schnapp: *Die Entdeckung der Vergangenheit*, S. 9.

14 Vgl. Grayson, Donald K. (1983): *The Establishment of Human Antiquity.* New York: Academic Press, S. 210.

15 Trachsel, Martin (2004): »Ein neuer Kolumbus« – Ferdinand Kellers Entdeckung einer Welt jenseits der Geschichtsschreibung. In: Antiquarische Gesellschaft Zürich (Hg.): *Pfahlbaufieber. Von Antiquaren, Pfahlbaufischern, Altertümerhändlern und Pfahlbaumythen. Beiträge zu »150 Jahre Pfahlbauforschung in der Schweiz«.* Zürich: Chronos, S. 9–69, hier S. 9.

16 Der französische Vorgeschichtler Gabriel de Mortillet spricht von einer »monde complètement inconnue«, die Keller entdeckt habe, Johann Wolfgang Goethe von einem »lange geahndete[n], gedeutete[n] und besprochene[n], ja, man kann sagen, ein früher schon gekanntes und wieder verlorenes Land«, das Winckelmann wiederentdeckt habe. Auch der Inbegriff der ›neuen Welt‹, Amerika, wurde von ihrem Entdecker, dem originären Kolumbus, zunächst als solch ein geahntes, einst bekanntes und wiedergefundenes Land interpretiert, und zwar nicht als das per Westroute gesuchte Indien, sondern als verschollener westlicher Teil der ›Weltinsel‹. Vgl. Gillis, John R. (2004): *Islands of the Mind. How the Human Imagination Created the Atlantic World.* New York: Palgrave Macmillan, S. 59; vgl. zu Winckelmann/ Goethe hier im Heft den Beitrag von Quintus Immisch, zu Keller/ Mortillet Trachsel: »Ein neuer Kolumbus«, S. 63.

17 Vgl. Gumbrecht, Hans Ulrich (2012): Das Nicht-Hermeneutische. Skizze einer Genealogie. In: Klein, Jürgen (Hg.): *Präsenz.* Berlin: Suhrkamp 2012, S. 190–209, hier S. 194f.

18 Aus Rasmus Nyerups *Overyn over foedrelandets mindesmaeeker frå oldtiden* (1809), zitiert nach Kühn, Herbert (1976): *Geschichte der Vorgeschichtsforschung.* Berlin/ New York: De Gruyter, S. 54.

19 Königliche Gesellschaft für Nordische Alterthumskunde (Hg.) (1837): *Leitfaden der Nordischen*

»Schleier[n]«,[20] die die Entstehung der Erde und des Menschen verhüllen, ausstattet, gilt auch hier ein ähnliches Prinzip: Wo die ›weißen Flecken‹ des fernen Raumes durch Erschließung und Kenntnis ausgemalt, sollen die ›dunklen Gebiete‹ der tiefen Vergangenheit durch Erschließung und Kenntnis erhellt werden. Dies gilt besonders dort, wo man weiter zurück geht, »als das Licht der Geschichte und der Sage unseren Pfad beleuchtet«:[21] wo die Vergangenheit prähistorisch und daher wenig oder gar nicht schriftlich dokumentiert ist. Die verhältnismäßige Unbestimmtheit dieser Prähistorie macht sie dabei anfällig für Versuche, sie als ›eigene‹ Ur- und Vorzeit anzueignen und zu vereinnahmen, etwa dort, wo sie – wie Martin Deuerleins Beitrag zeigt – herangezogen wird, um territoriale und kulturelle Ansprüche im Rahmen nationaler oder ethnischer Interessen zu festigen oder um die ökonomischen und sozialen Ordnungen unserer Gegenwart evolutionär zu stützen.[22]

Man kann davon sprechen, dass die Vergangenheit im Sinne eines neuzeitlichen und machtpolitisch-expansionistischen Koloniebegriffs urbar gemacht und besiedelt, hierarchisch geordnet und in Beziehung gesetzt sowie raumgreifend immer weiter erschlossen wird.[23] Wie wir uns jurassische Dinosaurier vorstellen oder welche Sicht wir auf das Wildbeuterleben paläolithischer Gemeinschaften haben, hängt davon ab, wie weit die Wissenschaften schon eingedrungen sind in den weiten Raum der Vergangenheit, wie viel Wissen sie (geologisch, paläontologisch, archäologisch) aus dem Boden zutage gefördert haben, wie sie dieses in Bezug auf Vor- und Nachgängiges anordnen und bewerten, aber auch, in welchen aktuellen Diskursen sie sich bewegen, mit welchen Fragen, Ängsten oder Hoffnungen sie in die Vergangenheit blicken. Die Vergangenheit als Kolonie zu denken, scheint sich wissenshistorisch auch deswegen anzubieten, weil

---

Alterthumskunde. Kopenhagen/ Hamburg/ St. Petersburg: Perthes, Besser und Mauke/ Graeff, unpaginiert.

20 Nilsson, Sven (1868): *Das Steinalter oder die Ureinwohner des Scandinavischen Nordens. Ein Versuch in der comparativen Ethnographie und ein Beitrag zur Entwicklung des Menschengeschlechts.* Übers. v. J. Mestorf. Hamburg: Meissner, S. 4.

21 Nilsson: *Das Steinalter,* S. 3.

22 Vgl. zur Ethnisierung der Prähistorie Gramsch, Alexander (2007): Ein Abriss der Geschichte der Prähistorischen Archäologie in Deutschland. Genese, Entwicklung und Institutionalisierung. In: *Das Altertum,* 52, S. 275–304, hier S. 280ff.; zur ›Enthistorisierung der Ökonomie‹ auch Berghoff, Hartmut/ Vogel, Jakob (2004): Wirtschaftsgeschichte als Kulturgeschichte. Ansätze zur Bergung transdisziplinärer Synergiepotentiale. In: dies.: *Wirtschaftsgeschichte als Kulturgeschichte. Dimensionen eines Perspektivwechsels.* Frankfurt a.M./ New York: Campus, S. 9–41; zum Prähistorie-Bezug moderner ökonomischer Theoriebildung sozusagen ›von Anfang an‹ siehe u.a. Kirchgässner, Gebhard (1991): *Homo oeconomicus. Das ökonomische Modell individuellen Verhaltens und seine Anwendung in den Wirtschafts- und Sozialwissenschaften.* Tübingen: J. C. B. Mohr, S. 215.

23 Vgl. zu einem solchen Kolonie-Verständnis Brasch, Anna S. (2017): *Moderne – Regeneration – Erlösung. Der Begriff der ›Kolonie‹ und die weltanschauliche Literatur der Jahrhundertwende.* Göttingen: V & R unipress, S. 27, 39f.

im 19. Jahrhundert, in dem die Tiefenzeit zum wissenschaftlichen Avantgarde-Thema wird, der Koloniebegriff selbst durch die sich neu formierenden Wissenschaften metaphorische Anwendung im Bereich der Naturwissenschaften, des Sozialen und der Kultur findet.[24] Dies geschieht vor dem Hintergrund europäischer Kulturen, die sehr wohl wussten, was reale Kolonien sind: eine »dauerhafte oder temporäre Ansiedelung in einem fremden, meist überseeischen Land, die zumeist in einer hierarchischen Beziehung zum ›Mutterland‹ steht«, wobei diese Beziehung »verschiedenartig ausgestaltet werden« kann, aber meist »wirtschaftlicher und/oder politischer Natur« ist, wie die Germanistin Anna Brasch dies für ein deutsches Kolonieverständnis definiert hat.[25] Seit dem letzten Drittel des Jahrhunderts traten die Europäer:innen zudem auch zunehmend in Konkurrenzverhältnisse um die Ansammlung solcher Kolonien in Übersee, während daheim metaphorisch beispielsweise von Bienenkolonien die Rede war, in der Botanik eine Ansammlung von gleichartigen Pflanzen auf einem neuen Gebiet ›Kolonie‹ genannt wurde oder der Geologe Joachim Barrande eine ›Theorie der Kolonien‹ entwarf, mit der ungewöhnliche Formationen von Fossilienfunden beschrieben wurden.[26] Ab den 1880er Jahren wurde die Kolonie als universalistischer Begriff zugleich vermehrt im sozialen Bereich angewendet[27] und schlug sich in den neueren Wissenschaften konzeptionell nieder, beispielsweise in der vom völkischen Archäologen Gustaf Kossinna begründeten ›Siedlungsarchäologie‹, etwa in Konzepten wie der »Binnenkolonisation« und der »Ausbausiedlung«.[28]

3. Die praktische Kolonialisierung der Vergangenheit

Doch auch wenn die Geologie und Paläontologie oder die Archäologie in ihrer Beschäftigung mit in der Tiefenzeit liegenden Phänomenen den Koloniebegriff verwenden und die wissenschaftliche und kulturelle Erschließung gerade prähistorischer Zeiten einer vereinnahmenden Besiedelung des Untersuchungsgegenstands mit Theorien, Narrativen und Bedürfnissen gleicht – lässt sich daraus allein auch ohne weiteres ihr eigenes Tun als *Kolonialisierung* der Vergangenheit bezeichnen? Daraus allein und ohne weiteres natürlich nicht. Der Historiker Jürgen Osterhammel hat Kolonialismus definiert als:

24 Vgl. Brasch: *Moderne – Regeneration – Erlösung*, S. 22.

25 Vgl. Brasch: *Moderne – Regeneration – Erlösung*, S. 27.

26 Vgl. Brasch: *Moderne – Regeneration – Erlösung*, S. 31.

27 Vgl. Brasch: *Moderne – Regeneration – Erlösung*, S. 33ff.

28 Jankuhn, Herbert (1979): Siedlungsarchäologie als Forschungsmethode. In: ders./ Wenskus, Reinhard: *Geschichtswissenschaft und Archäologie. Untersuchungen zur Siedlungs-, Wirtschafts- und Kirchengeschichte.* Sigmaringen: Jan Thorbecke, S. 19–43, hier S. 31.

> Eine Herrschaftsbeziehung zwischen Kollektiven, bei welcher die fundamentalen Entscheidungen über die Lebensführung der Kolonisierten durch eine kulturell andersartige und kaum anpassungswillige Minderheit von Kolonialherren unter vorrangiger Berücksichtigung externer Interessen getroffen und tatsächlich durchgesetzt werden. Damit verbinden sich in der Neuzeit in der Regel sendungsideologische Rechtfertigungsdoktrinen, die auf der Überzeugung der Kolonialherren von ihrer eigenen kulturellen Höherwertigkeit beruhen.[29]

Dass der Blick auf die tiefenzeitliche Vergangenheit durch die Überzeugung von der eigenen kulturellen Höherwertigkeit geprägt ist, lässt sich nicht bestreiten. Das Interesse für die Tiefenzeit partizipierte im 19. Jahrhundert an einem weit verbreiteten Fortschrittsgedanken, in dem Geschichte als Prozess stetiger Vervollkommnung und der europäische, weiße, männliche Mensch als Höhepunkt menschlicher Entwicklung begriffen wurde.[30] Die Suche nach den Ursprüngen ist in der Moderne geprägt von der Erzählung einer erdgeschichtlichen Entwicklung von niedrigeren zu höheren Lebewesen und der Idee des universalisierten zivilisatorischen Fortschritts des Menschen von ›primitiven‹ Wildbeutergesellschaften über Nomaden und erste Ackerbauern der so genannten neolithischen Revolution bis zu Städten, Gesellschaften, Hochkulturen und großen technologischen Errungenschaften. Aus dieser Position heraus wird die Vergangenheit als kategorisch Untergeordnetes in den Blick genommen. Anhand von Fossilien, Knochen, Artefakten und anderen Spuren der Vergangenheit wird hermeneutisch Wissen hergestellt. Fundamentale Entscheidungen darüber, wie die Menschen der Vergangenheit, d.h. vor allem Kollektive anderer Zeiten, gelebt haben, hängen von unseren Interpretationen dieser Nachlassenschaften ab; und damit beispielsweise davon, welche eigenen Vorstellungen wir von Geschlechterrollen und ihrer Verteilung haben oder welche ökonomische Rolle wir aus der Perspektive unserer überwiegend bürgerlichen, industriellen Konsumgesellschaften Subsistenzwirtschaft und Wildbeutertum zukommen lassen.[31] Dies beschränkt sich nicht allein auf die Interpretation von

29 Osterhammel, Jürgen (2006): *Kolonialismus. Geschichte – Formen – Folgen.* 5. Aufl. München: C.H. Beck, S. 21.

30 Vgl. zur Idee der Vervollkommnung Koselleck: *Zeitschichten*, S. 137, sowie, sich auf ihn beziehend, Assmann, Aleida (2010): Reinheit, Erzählung, Fortschritt. John Miltons Verzeitlichung der Vollkommenheit. In: dies./ Assmann, Jan (Hgg.): *Vollkommenheit. Archäologie der literarischen Kommunikation X.* München: Fink, S. 241–255, hier S. 241f. Zu den universalhistorischen Entwürfen des 18. Jahrhunderts vgl. Kohl, Karl-Heinz (1983): *Entzauberter Blick. Das Bild vom Guten Wilden und die Erfahrung der Zivilisation.* Frankfurt a.M./ Paris: Qumran, S. 123ff.

31 Vgl. zur Rückprojektion von bürgerlichen Geschlechterbildern auf die Prähistorie auch Röder, Brigitte (2017): Die vergessene Mehrheit der Bevölkerung. Kinder, Frauen und alte Menschen. In: dies./ Bolliger Schreyer/ Schreyer: *Lebensweisen in der Steinzeit*, S. 26–29; zum »neolithischen Vorurteil« und dem ihm folgenden »Bourgeoisen Vorurteil« paläolithischen Gesellschaften gegenüber kritisch schon Marshall Sahlins' berühmten Aufsatz. Sahlins, Marshall (1972): The Ori-

menschheitsgeschichtlichen Epochen und ihren fremden Lebensweisen, wie beispielsweise die wandlungsreiche Wissenschaftsgeschichte der Dinosaurier zeigt – von Drachen über kriechende Echsen und kaltblütige Fressmaschinen bis hin zu soziabilen, intelligenten Kreaturen, für die wir Empathie empfinden können.[32]

Ihre Vor- und unsere Nachgängigkeit gibt damit allein epistemologisch bereits ein Herrschaftsverhältnis vor, dass wir auch hermeneutisch nennen können: Gegen unsere Interpretationen ihrer Fremdheit und ihrer Spuren kann sich die Vergangenheit, wie Stepanova in Erinnerung ruft, nur bedingt wehren. Mit unserer Auslegung der Fossilien, Knochen, Artefakte und ihrer (Fund-)Kontexte kreieren wir Vorstellungen von der Vergangenheit, die, wie Brigitte Röder in diesem Heft anmahnt, selbst im wissenschaftlichen Kontext häufig genug von jener »vorrangigen Berücksichtigung externer Interessen«, die Osterhammel erwähnt, betroffen sind. Für diese in der wissenschaftlichen Poiesis tätigen externen Interessen spricht allein schon die Tatsache, dass das Wissen von der Tiefenzeit wandelbar ist, dass Theorien und Großnarrative wie die von ihnen untersuchten Fossilien auch in ihren eigenen Kontext eingebettet sind.[33]

Wie sich gerade mit Blick auf solche Wissenschaftsgeschichten der Archäologie und Paläontologie zeigt, ist dieser Kontext in vielen Fällen aber zudem auch selbst ein kolonialer.[34] Die Erforschung der tiefen Vergangenheit ist nicht nur ganz materiell mit nicht-europäischen Erdteilen verbunden, wie beispielsweise die zahlreichen Dinosaurierfunde in Nordamerika oder die paläoanthropologischen Fundstätten in Afrika und Asien zeigen. Die Gebiete, in die man sich auf der Suche nach der Prähistorie begibt, sind meist vom europäischen Kolonialismus und späteren Imperialismus bereits in Besitz genommenen. Zum einen entsteht diese Verbindung räumlich: Noch bevor die britischen Geolog:innen an der schottischen Küste tätig wurden, entwickelte bspw. schon der niederländische Botaniker Georg Eberhard Rumph seine Ideen zur Herkunft und

---

ginal Affluent Society. In: ders.: *Stone Age Economics.* Chicago/ New York: Aldine Atherton, S. 1–39.

32 Vgl. Mitchell, W.J.T. (1998): *The Last Dinosaur Book. The Life and Times of a Cultural Icon.* Chicago/ London: The University of Chicago Press; Dworsky, Alexis (2011): *Dinosaurier! Die Kulturgeschichte.* München: Fink; Noble, Brian (2016): *Articulating Dinosaurs. A Political Anthropology.* Toronto: University of Toronto Press.

33 Vgl. neben Daniels *A Hundred and Fifty Years of Archaeology* und Schnapps *Die Entdeckung der Vergangenheit* auch Trigger, Bruce G. (1989): *A History of Archaeological Thought.* Cambridge/ New York: Cambridge University Press; für die Paläontologie und Geologie vergleichbar Rudwick, Martin J.S. (2008): *Worlds Before Adam. The Reconstruction of Geohistory in the Age of Reform.* Chicago/ London: University of Chicago Press.

34 Vgl. zu einer Berücksichtigung des kolonialen Kontextes von Archäologie Arbeiten zur ›Sozialgeschichte‹ oder, neuer, zu einer ›Weltgeschichte‹ der Archäologie, z.B. Patterson, Thomas (1995): *Toward a Social History of Archaeology in the United States.* Fort Worth: Harcourt Brace College Publishers; Díaz-Andreu, Margarita (2007): *A World History of Nineteenth-Century Archaeology. Nationalism, Colonialism, and the Past.* Oxford/New York: Oxford University Press.

dem Alter der Muschelfossilien, die sich in Gebirgen finden lassen, und damit erste Vorahnungen zum Alter und dem Wandel der Erde. Ihm gelang dies anhand von Funden, die er Mitte des 17. Jahrhunderts im Malaiischen Archipel tätigte, wo er sich im Dienste der Niederländischen Ostindienkompagnie (VOC) aufhielt. Und auch die lebenden Menschen, die man zur Illustration prähistorischer Entwicklung heranzieht, finden sich vor allem unter dem Blick kolonialer Landnahme: Die geschichtsphilosophischen Überlegungen zur Universalgeschichte entbrennen an der Erfahrung des Anderen in Form der amerindischen Menschen, denen man auf den beiden amerikanischen Kontinenten begegnet.[35] Die anthropologische Suche nach lebendigen Vertreter:innen früherer Epochen der Menschheitsgeschichte, nach der ›lebendigen Steinzeit‹ unter den ›Primitiven‹ an den – aus europäischer Perspektive – Rändern der Welt, profitiert später deutlich vom neuen europäischen Imperialismus ab den 1860er Jahren. Er schafft den wissenschaftlichen und logistischen Zugang zu weit entfernten Bevölkerungen, die im Dienste einer vergleichenden Anthropologie Pate stehen für die Imagination prähistorischer Gesellschaftsformen. Noch Mary und Louis Leakeys sensationelle paläoanthropologische Funde von *Homo habilis* und *Homo erectus* wurden in der Olduvai-Schlucht entdeckt, die als Teil des damals so genannten Tanganyika Territory im britischen Kolonialreich lag.

Das gleiche gilt für die Erforschung des nicht-menschlichen prähistorischen Lebens der geologischen Tiefenzeit. Die Tendaguru-Expedition, die im Rahmen des *Scramble for Africa* unter der Leitung des Museums für Naturkunde Berlin von 1909 bis 1913 in Deutsch-Ostafrika 225 Tonnen Knochen ausgegraben und nach Berlin verschifft hat, war nur möglich, weil die deutschen Kolonialbesatzer im Maji-Maji-Krieg in den Jahren 1905–1907 den antikolonialen Widerstand gebrochen und eine fast völlig entvölkerte Gegend geschaffen hatten, die sich die deutsche Kolonialverwaltung anschließend als Grabungsareal aneignen konnte.

Und ohne die Hunderten von einheimischen Grabungshelfern und Trägern wären die teils riesigen Knochen nie aufs Schiff und weiter nach Berlin gelangt, wo das Deutsche Reich ihnen eine bedeutende Rolle bei der Förderung des deutschen Nationalismus und im – auch auf dem Feld der Paläontologie ausgetragenen – Wettkampf der Staaten untereinander zusprach.[36]

Die Vergangenheitsforschung agiert folglich nicht allein auf dem Gebiet der Kolonien, sondern ist zum anderen auch auf der Ebene ihrer Rhetoriken, ihrer Praktiken und

---

35 Vgl. Kohl: *Entzauberter Blick*; Trouillot, Michel-Rolph (1991): Anthroplogy and the Savage Slot. The Poetics and Politics of Otherness. In: Fox, Richard G. (Hg.): *Recapturing Anthropology. Working in the Present.* Santa Fe: School of American Research Press, S. 17–44.

36 Vgl. Heumann, Ina/ Stocker, Holger/ Tamborini, Marco/ Vennen, Mareike (2018): *Dinosaurierfragmente. Zur Geschichte der Tendaguru-Expedition und ihrer Objekte 1906–2018.* Göttingen: Wallstein.

ihrer Ästhetiken mit dem real existierenden Kolonialismus verbandelt. Wie sich ein derart struktureller Kolonialismus der Vergangenheitsforschung untersuchen lässt, zeigen die folgenden zwei Beispiele.

4. Von den Dinosauriern des Crystal Palace und der Imagination einer schweizerischen Pfahldorfzeit

Im Juni 1854 eröffnete Königin Victoria im Londoner Vorort Sydenham einen großflächig angelegten Vergnügungs- und Bildungspark.[37] In seinem Mittelpunkt stand der von Joseph Paxton in Glas-und-Eisen-Architektur entworfene Crystal Palace, der bereits als Wahrzeichen der auf sechs Monate begrenzten ersten Weltausstellung in London von 1851 gedient hatte, aber schon kurz nach deren Ende von der eigens hierfür gegründeten Crystal Palace Company abgebaut und in Sydenham neu errichtet wurde. Der kolorierte photomechanische Druck von George Baxter aus dem Jahr 1864 (Abb. 1) hält den Blick auf den Vergnügungs- und Bildungspark rund um den in Sydenham wiederaufgebauten Crystal Palace fest, wie er sich den Zeitgenoss:innen darbot, wenn sie aus der Londoner City kommend auf der eigens hierfür neu gebauten Bahnstrecke anreisten.

Auf der Weltausstellung war der Crystal Palace der zentrale Schauplatz einer neuen Ausstellungskultur, die mittels zweier Strategien den ›Fortschritt selbst‹ einfangen und darstellen wollte. Er diente zum einen als Bühne für zahlreiche zur Schau gestellte technische Innovationen und Spektakel, wobei mit der Präsentation der neuesten Produkte der Warenwelt zugleich die Präsentation der Nation einherging und neue Absatzmärkte erschlossen werden sollten. Zum anderen wurde diesem mittels der Warenwelt zur Darstellung gebrachten technischen Fortschritt eine atmosphärische Inszenierung vermeintlich ›primitiver‹ Kulturstufen gegenübergestellt. In eigens für die Dauer der Weltausstellung errichteten Dörfern führten allein zu diesem Zweck herangeschaffte Indigene aus den kolonialen Übersee-Gebieten rituelle Tänze und Alltagsverrichtungen vor. Sie sollten frühe, von den europäischen Großmächten längst überwundene Entwicklungsstadien der Menschheit veranschaulichen und dienten nicht zuletzt als Herrschafts- und Rechtfertigungsgeste der kolonialen Expansion Großbritanniens.

---

37 Näheres zu den Crystal-Palace-Dinosauriern findet sich bei Lindemann, Uwe/ Stoffel, Patrick (2023): *Godzillas Lächeln. Vom Reinigen, Entseuchen, Beschämen und anderen Politiken des Monströsen.* Berlin: Kadmos, S. 79–85; Stoffel, Patrick/ Wessely, Christina (2020): Urzeit und Umwelt. Philipp Leopold Martins Museum der Urwelt in Berlin. In: Schnyder, Peter (Hg.): *Erdgeschichten. Literatur und Geologie im langen 19. Jahrhundert.* Würzburg: Königshausen & Neumann, S. 247–264, hier S. 251–256.

Abb. 1: Blick auf den Vergnügungs- und Bildungspark rund um den in Sydenham wiederaufgebauten Crystal Palace, wie er sich den Zeitgenoss:innen darbot, wenn sie aus der Londoner City kommend mit der Bahn anreisten. Im Bildvordergrund verlustieren sich die Besucher*innen zwischen den Dinosaurierskulpturen. Kolorierter photomechanischer Druck von G. Baxter, 1864(?). Quelle: Wellcome Collection, London, Wellcome Library no. 39566i.

Die im Rahmen der Weltausstellung entwickelte Ausstellungskultur in ihrer spezifischen Verknüpfung von moderner Warenwelt und Menschheitsgeschichte erhielt im Vergnügungs- und Bildungspark rund um den Crystal Palace in Sydenham eine neue Komponente. Während im Inneren des Gebäudes weiterhin die moderne Warenwelt dem Alten Ägypten und den Indigenen aus Übersee gegenüberstand, wurde die Geschichte der Menschheit auf dem Parkgelände zur Geschichte des Lebens schlechthin ausgeweitet. In einem großen, künstlich angelegten See wurden mehrere Inseln aufgeschüttet, auf denen längst vergangene erdgeschichtliche Epochen wiederauferstanden. So konnten sich die Besucher:innen des Parks – wie auf dem kolorierten Druck gut zu erkennen ist – zwischen prähistorischen Lebewesen verlustieren, während im Hintergrund der Crystal Palace vom Fortschritt und den Möglichkeiten der Zukunft kündete.

Die Crystal-Palace-Dinosaurier selbst wurden vom englischen Bildhauer und Illustrator Benjamin Waterhouse Hawkins errichtet. In ihnen steckten keinerlei ›staubige Knochen‹, wie sie zeitgleich im British Museum zu betrachten waren. Eine neuartige, zukunftsweisende Konstruktionstechnik, die Stahlbeton-Architektur, ermöglichte es Hawkins, mit dem Iguanodon – im Bild rechts unten –, das »größte Modell, von dem jemals Aufzeichnungen gemacht wurden«, zu schaffen.[38] Die imperiale Gigantomanie der Weltausstellung setzte sich auch in den Dinosaurierskulpturen fort.

Wissenschaftlich begleitet wurde das Crystal-Palace-Dinosaurier-Projekt vom britischen Paläontologen Richard Owen. Er wurde für eine auf der Weltausstellung gezeigte Rekonstruktion eines Dinornis, eines prähistorischen Laufvogels aus Neuseeland, auf der Insel als ›Englischer Cuvier‹ verehrt – der Wettstreit der Nationen hatte längst auch schon die Paläontologie ergriffen. Owen hatte 1842 das Taxon *Dinosaurier* beschrieben, um es als zentrale argumentative Waffe gegen die Evolutionstheorie Lamarck'scher Prägung in Stellung zu bringen. Diese glaubte, im steinernen Archiv der Erde Belege dafür zu finden, dass die Arten veränderlich seien und sich im Laufe der Zeit von einfachen zu komplexen Lebensformen entwickelt hätten. Dem gegenüber behauptete Owen, die Dinosaurier hätten sich weder aus einer niederen Lebensform heraus entwickelt noch wären sie in eine höhere übergegangen. Sie seien vielmehr selber schon die am höchsten entwickelte Form eines eigenständigen ›Archetyps‹, eine Art von ›Superreptilien‹ mit Reptilien- und Säugetiermerkmalen.[39] Die von Hawkins gebauten Crystal-Palace-Dinosaurier sollten die evolutionäre Eigenständigkeit der Dinosaurier sowie ihre Überlegenheit über andere Lebensformen veranschaulichen.

Als Produkt von Owens Kampf gegen die Evolutionstheorie Lamarck'scher Prägung sowie als Ergebnis der von Hawkins verwendeten neuartigen Konstruktionstechnik – ohne die der Iguanodon nicht säugetiergleich auf vier Beinen hätte stehen können[40] – stellen die Crystal-Palace-Dinosaurier damit gleichermaßen eine wissenschaftliche, kunsthandwerkliche und technische (Höchst-)Leistung dar. In ihrem Hintergrund aber standen handfeste ökonomische Interessen. Ähnlich wie die British East India Company auf dem Fundament der Gewinnmaximierung die Grenzen des Britischen Weltreiches kontinuierlich ausweitete, waren auch für die Shareholder der Crystal Palace Company die Dinosaurier in erster Linie eine Quelle des Profits. Um die enormen Produktionskosten von nahezu vierzehntausend Pfund wieder einzuspielen, begann die Company, Reproduktionen der Dinosaurier im kleinen Maßstab herzustellen und diese landesweit zu vertreiben. Erziehung und Kommerz konnten auf diese Weise bis in die entlegensten

38 Hawkins, Benjamin Waterhouse (1854): On Visual Education as Applied to Geology, Illustrated by Diagrams and Models of the Geological Restorations at the Crystal Palace. In: *Journal of the Society of Arts*, 78/2, S. 444–449, hier S. 447 [Übersetzung P.S.].

39 Vgl. Lenoir, Timothy/ Ross, Cheryl Lynn (1996): The Naturalized History Museum. In: Galison, Peter/ Stump, David J. (Hgg.): *The Disunity of Science. Boundaries, Contexts, and Power.* Stanford: Stanford University Press, S. 370–397, hier S. 376f.

40 Vgl. Secord, James A. (2004): Monsters at the Crystal Palace. In: Chadarevian, Soraya de/ Hopwood, Nick (Hgg.): *Models. The Third Dimension of Science.* Stanford: Stanford University Press, S. 138–169.

Dörfer und Schulen getragen werden. Aus diesem Grund waren die Crystal-Palace-Dinosaurier – darin den indigenen Performer:innen der Menschheitsgeschichte im Inneren des Palastes ähnlich – keineswegs Wesen einer vergangenen Epoche. Im Gegenteil waren sie ganz und gar in der Gegenwart verortet und standen von Anfang an auf dem Boden der kapitalistischen Moderne, ohne die sie niemals von den Toten auferstanden wären. Hervorgegangen aus einer einmaligen Mischung aus »commerce, education, and reason«[41] und von Gott geschaffen, wie ihr Erbauer Hawkins meinte, um den Briten »in Besitz dieses Teils der Erde, der Großbritannien genannt wird, vorauszugehen«,[42] stehen die Crystal-Palace-Dinosaurier als am höchsten entwickelte Lebensformen eines vergangenen Weltalters für das Britische Empire ein: seinerzeit das größte Imperium der Welt auf dem Höhepunkt seiner Macht, das sich selbst als überlegene Lebensform verstehend nicht nur immer neue Territorien in Besitz nimmt und kulturell überformt, sondern neu auch die tiefste Vergangenheit.

Eine vergleichbare Aneignung der Prähistorie für ein modernes Selbstverständnis findet sich bei der archäologischen Entdeckung einer stein- und bronzezeitlichen Pfahldorfkultur an den schweizerischen Seen.[43] Die Herstellung der im späteren 19. Jahrhundert im Zuge der ›Pfahldorfromantik‹ immens populären Vorstellung einer prähistorischen Lebensweise partizipiert ebenfalls an der kolonialen europäischen Welterschließung. Der Fund von Pfahlresten und Artefakten in der Nähe des Dorfes Meilen verdankte sich zwar dem trockenen Winter 1853/54, der Bauarbeiten am Ufer des Zürichsees möglich machte. Aber die Interpretation dieser Funde als Dorf auf Pfählen ist dem Schweizer Antiquar Ferdinand Keller nur möglich, weil der europäische Kolonialismus und die dem Imperialismus Vorschub leistenden Expeditionen zu anderen Erdteilen und Ozeanen bereits etliche Kulturen und deren Objekte zum Vergleich nach Europa verbracht hatten: In der ›ethnologischen Analogie‹, einem der wichtigsten Instrumente der sich im Laufe des 19. Jahrhunderts erst noch formierenden Prähistorischen Archäologie, werden europäische Vergangenheit und ›überseeische‹ Gegenwart unter der auf den französischen Botaniker und Antiquar Antoine de Jussieu zurückgehenden Prämisse miteinander verglichen, dass Gegenstände der Vergangenheit, die in Material und Verfertigung jenen von gegenwärtigen Bevölkerungen gleichen, in der Vergangenheit die gleiche Funktion hatten wie die heutigen in der Gegenwart.

---

41 Secord: *Monsters at the Crystal Palace*, S. 166.

42 Hawkins: *On Visual Education as Applied to Geology*, S. 444 [Übersetzung P.S.].

43 Vgl. zum Folgenden ausführlicher: Shah, Mira [im Erscheinen]: Finding the Stone Age. How Prehistory Became a Place to Visit in New Guinea. In: Happel, Jörn/ Raupach, Hajo/ Hussinger, Melanie (Hgg.): *Expeditions in the Long Nineteenth Century. Discovering, Surveying, Ordering.* London: Routledge, Shah, Mira [im Erscheinen]: »weit roher als man sie jetzt zu breiten weiß«: Die ›komparatistische Methode‹ in der Vergegenwärtigung steinzeitlicher Vorwelt im 19. Jahrhundert. In: Kasper, Norman (Hg.): *Texturen der ›Vorwelt‹ im 19. Jahrhundert. Darstellungsmuster und Wissensanordnungen.* Halle a.S.: Acta Historica Leopoldina.

Schon ein erster Zürcher Zeitungsbericht nutzt die Analogie, indem er auf die »Aehnlichkeit« hinweist, die die »ganze Lebensweise der Bewohner dieses Fischerdorfes« mit den bereits bekannten »nordamerikanischen Hinterwäldler[n]« habe.[44] Keller selbst sieht in seinem noch im Jahr des Fundes veröffentlichten Bericht *Die keltischen Pfahlbauten in den Schweizerseen* erstens eine überraschende Ähnlichkeit zwischen dem Bild, das er von den »Ansiedlern zu Meilen« aufstellt, zu »demjenigen, welches uns Capitain Cook von den Bewohnern Neuseelands […] entwarf«.[45] Cook hatte die Inseln Neuseelands/Aotearoas auf der Suche nach der *terra australis incognito* besucht. Der Erstkontakt seiner *Endeavour*-Expedition 1769 mit den Bewohner:innen der Inseln in der später so genannten Poverty Bay verlief so gewalttätig, dass der mitreisende englische Botaniker Joseph Banks diesen Tag in seinen Aufzeichnungen als den widerlichsten seines Lebens bezeichnete.[46] Cook selbst war äußerst überrascht, dass sich nach diesem Gewaltexzess noch Maōri fanden, die bereitwillig handelten und jene Objekte tauschten, die Cooks Bericht später ausschlaggebend für die Deutung der Pfahlbauten werden lassen.[47]

Keller präsentiert zweitens die Interpretation der Funde auch in Form einer Illustration (Abb. 2). Für diese Imagination des steinzeitlichen Pfahldorfes nutzt er, wie eine Fußnote verrät, den Reisebericht des französischen Pazifikreisenden Jules Sébastien César Dumont d'Urville, der in den 1820er Jahren unter anderem ein Dorf an der Küste der Insel Neuguinea besuchte. Dumont d'Urvilles »Ansichten des Dorfes Doreï«,[48] insbesondere ein Stich, der einige Mitglieder der *Astrolabe*-Expedition am Strand vor einem belebten Papua-Dorf auf Pfählen zeigt, legt Keller nun seiner Zeichnung zu Grunde. Seine Vorstellung eines Pfahldorfes übernimmt die Idee einer Plattform auf Pfählen vom neuguineischen Vorbild, spart jedoch das an anderer Stelle in Kellers Bericht beschriebene menschliche Leben vollständig aus und fügt dafür ein sanftes Alpenpanorama im Hintergrund ein. Diese Illustration macht ebenso wie die Idee des Pfahldorfes schnell Karriere.

Für die junge Schweizer Nation, die auf der Suche nach einer genealogischen Beziehung zu ihrer Geographie ist, bieten die dank der Maōri und des neuguineischen

44 Meldung in der *Zürcher Freitagszeitung* vom 10. März 1854, zit. nach Trachsel: »Ein neuer Kolumbus«, S. 43.

45 Keller, Ferdinand (1854): Die keltischen Pfahlbauten in den Schweizerseen. In: *Mitteilungen der Antiquarischen Gesellschaft in Zürich*, IX, S. 65–113, hier S. 84.

46 Vgl. Banks, Joseph (1896): *Journal of the Right Hon. Sir Joseph Banks during Captain Cook's First Voyage in H.M.S. Endeavour in 1766–71 […]*. Hg. v. Joseph D. Hooker. London: Macmillan and Co., S. 185.

47 Vgl. Shah, Mira (2023): Aotearoa. Tierpolitiken auf Neuseeland. In: Borgards, Roland/ Kugler, Lena/ dies.: *Pazifische Passagen. Ein Insularium des Großen Ozeans*. Göttingen: Wallstein, S. 281–300.

48 Keller: *Die keltischen Pfahlbauten*, S. 81.

Abb.2: An die Darstellung eines neuguineischen Dorfes angelehnte Illustration zum Pfahldorf bei Meilen aus Ferdinand Kellers Die keltischen Pfahlbauten in den Schweizerseen (1854). Quelle: Mitteilungen der Antiquarischen Gesellschaft in Zürich 9 (1853–1856), S. 101; ETH Zürich, www.e-periodica.ch, https://doi.org/10.5169/seals-378744.

Vorbildes ›indigenisierten‹ Pfahlbauer:innen ein willkommenes zweites Standbein neben den Alpen, um an einem Nationalmythos zu arbeiten.[49] Das Pfahldorfleben wird nicht nur zu einem beliebten Sujet in Literatur und Kunst, sondern ist auch auf mehreren Weltausstellungen als Repräsentation der Schweiz vertreten: 1867 präsentierte sich die Schweiz gänzlich durch ihre prähistorischen Perioden und die archäologische Arbeit daran. 1889 findet sich in Paris unter dem neu errichteten Eiffelturm im Rahmen einer den Fortschrittsgedanken abbildenden Geschichte der Behausungen (›Histoire de l'Habitation‹) eine Pfahlbaudorfinstallation als Inszenierung einer ›authentischen‹ prähistorischen Schweiz in räumlicher und thematischer Nähe zur Präsentation und Performanz ›authentischer Wilder‹ in der Völkerschau des französischen Kolonialreiches, wie sie im benachbarten ›Jardin d'Acclimatation Anthropologique‹ gezeigt wird.[50]

Dank Charles Lyells Popularisierung von Kellers Illustration als Frontispiz seines das Alter der Menschheit etablierenden Buches *The Geological Evidences of Human Antiquity* (1863) prägt Kellers archäologische Idee des Pfahldorfes die Vorstellung davon, wie die menschliche Prähistorie ausgesehen haben mag. Die darin geborgene komparatistische

49 Vgl. Kaeser, Marc (1998): Helvètes ou Lacustres? La jeune Confédération suisse à la recherche d'ancêtres opérationnel. In: Andermatt, Urs/ Bosshart-Pfluger, Catherine/ Tanner, Albert (Hgg.): *Die Konstruktion einer Nation. Nation und Nationalisierung in der Schweiz, 18.–20. Jahrhundert.* Zürich: Chronos, S. 75–86.

50 Vgl. Müller-Scheeßel, Nils (1998): Im Schatten des Eiffelturms: Die Präsentation von Pfahlbauten und Pfahlbaufunden auf Weltausstellungen. In: *Plattform*, 7/8, S. 22–31.

Verbindung von ›eingeborenen‹ Steinzeitler:innen und ›primitiven Wilden‹ hat ihre eigenen Rückkopplungseffekte. Im schon in den Weltausstellungen praktizierten Zusammenspiel von vergleichender Anthropologie, der poietischen archäologischen Arbeit am Wissen über die Vergangenheit und dem evolutionistischen Fortschrittsdenken wird diese Vorstellung Teil einer Messskala für die Entwicklung menschlicher Zivilisation. Dadurch wird das Wissen über die europäische Menschheitsentwicklung chronopolitisch gleichsam globalisiert.

Die Vorbildfunktion des neuguineischen Dorfes für die mitteleuropäische Steinzeit kehrt sich in dieser Inanspruchnahme der Vergangenheit durch die Gegenwart nun um: Das Leben auf Pfählen wird zu einem der Kriterien, anhand derer gegenwärtige Gesellschaften zu Repräsentant:innen prähistorischer Epochen ernannt werden, deren räumliche Distanz zum Zentrum Europa nun auch als eine zeitliche interpretiert wird.[51] Als solcherart ›lebendige Steinzeit‹ werden sie mit neuer Intensität ab den 1880er Jahren studiert, um Aufschluss über die Evolution menschlicher Kultur und Gesellschaft zu erlangen.

Dieses Studium ist eng verbunden mit der zeitgleich stattfindenden Verdichtung und Formalisierung europäischer Herrschaft über Kolonialgebiete auf allen nicht-europäischen Erdteilen.[52] Sie schafft nicht nur die Strukturen, mit deren Hilfe sich bis in entfernteste Gegenden reisen lässt, sondern Anthropolog:innen und andere Wissenschaftler:innen treten auch häufig beruflich als deren Akteur:innen auf. Zugleich werden jene Menschen wie die neuguineischen Papua oder neuseeländischen Maōri, deren Gegenwart fortan als ›neolithisch‹ klassifiziert wird, auch zum Fokus von kolonialen Zivilisierungsmissionen, die sie aus ihrem vermeintlichen Steinzeitleben in die Moderne heben wollen. Nicht zuletzt aber werden sie bald darauf zum durch diesen Einbruch der kolonialen Moderne gefährdeten, schützenswerten Objekt der Ethnologie, die sich bis in die Gegenwart hinein, wie der amerikanische Anthropologe Marshall Sahlins es ausdrückte, die epistemologische Freiheit nimmt, moderne Wildbeutergesellschaften historisch zu lesen, nämlich als evolutionäre Baseline, an der sich wichtige Einsichten in den Ursprung menschlichen gesellschaftlichen Lebens gewinnen lassen.[53] Ergebnis der für das Vergangenheitswissen hilfreichen ethnologischen Analogie ist bis heute ein Nachbeben der imperialen Romantik im Tourismus, der nach wie vor mit dem Versprechen der kritisch gewordenen geschichtstheoretischen Figur der »Gleichzei-

51 Vgl. Fabian, Johannes (1983): *Time and the Other. How Anthropology Makes Its Object.* New York: Columbia University Press, S. 16.

52 Vgl. Metzler, Gabriele (2018): Die Epoche des Hochimperialismus. In: *Informationen zur politischen Bildung*, 3/338 (Europa zwischen Kolonialismus und Dekolonisierung), S. 12–25.

53 Vgl. Sahlins: The Original Affluent Society, hier S. 38.

tigkeit der Ungleichzeitigkeit«[54] wirbt und verheißt, man könne in den Wäldern Borneos oder im Hochland Neuguineas noch Menschen treffen, die in der Steinzeit leben.

5. Vergangenheit in kolonialen und postkolonialen Politiken

Wenn ›Kolonisation‹, noch einmal mit Osterhammel, als »*Prozeß* der Landnahme« und ›Kolonialismus‹ als »*Herrschaftsverhältnis*« verstanden werden kann,[55] so wollen wir mit den vorliegenden Beiträgen vorschlagen, mit dem Begriff der ›Kolonialisierung‹ ein Verhältnis zur Vergangenheit zu erforschen, das sich im Raum zwischen diesen beiden Begriffen – und damit zwischen einer Landnahme im Raum der Vergangenheit und einer Beherrschung dieser Vergangenheit durch die jeweils aktuelle Gegenwart – bewegt. Mit der ›Kolonialisierung‹ soll die Komplexität berücksichtigt werden, die Phänomenen, Akteur:innen und Strategien der Vergangenheitsforschung eigen ist.

Nach einer Kolonialisierung der Vergangenheit lässt sich, wie bereits angeführt, in dreierlei Hinsicht fragen: Erstens, wie wird die Erforschung und (Re-)Konstruktion von Vergangenheit selbst kolonial gedacht (Rhetorik)? Zweitens, inwiefern ist die Vergangenheitsforschung abhängig von kolonialen Strukturen und imperialen Weltordnungen (Praktiken)? Drittens, inwiefern ähnelt die Art und Weise, wie vergangene Epochen imaginiert, präsentiert und instrumentalisiert werden, jener der Kolonialisierung des Raumes (Ästhetik)? Schließlich kommt aber noch ein weiterer Aspekt hinzu: Die Frage danach, welche Rolle die Erschließung der Tiefenzeit bzw. der Vergangenheit schlechthin für den politischen Kolonialismus und seine Folgen hat: etwa dort, wo die Konzeption von zivilisatorischen Entwicklungsstufen und die zugleich ver- und entzeitlichende Konstruktion von ›lebenden Steinzeitvölkern‹ zum Instrument wird, Kolonisierte zu unterdrücken und zivilisatorischen Maßnahmen zu unterwerfen bzw. mittels temporaler Distanzierung durch das schwierige Verhältnis zwischen Kolonialmacht und Kolonialsubjekt zu manövrieren.[56]

Der Politikwissenschaftler und Historiker Benedict Anderson sieht bspw. im Museum (und in der dieses speisenden Archäologie) eine der drei wesentlichen Institutionen, die die Grammatik kolonialer Ideologien ebenso wie jene postkolonialen Nation Buil-

---

54 Koselleck, Reinhart (1989): *Vergangene Zukunft. Zur Semantik geschichtlicher Zeiten.* Frankfurt a.M.: Suhrkamp, S. 132. Vgl. kritisch dazu bspw. Landwehr, Achim (2017): Die vielen, die anwesenden und die abwesenden Zeiten. Zum Problem der Zeit-Geschichte und der Geschichtszeiten. In: Esposito, Fernando (Hg.): *Zeitenwandel. Transformationen geschichtlicher Zeitlichkeit nach dem Boom.* Göttingen: Vandenhoeck & Ruprecht, S. 227–253.

55 Osterhammel: *Kolonialismus,* S. 9. Hervorhebung im Original.

56 Vgl. Rutherford, Danilyn (2018): *Living in the Stone Age. Reflections on the Origin of a Colonial Fantasy.* Chicago/ London: The University of Chicago Press, S. 64.

dings ehemaliger Kolonien zum Ausdruck bringen.[57] Die archäologische Erforschung (prä-)historischer Stätten in den Kolonien (bspw. die Tempelanlagen Borobodur auf Java und Angkor Wat in Kambodscha, die bronzezeitliche Siedlung Mohenjo-daro in Pakistan, die Ruinenstadt Groß-Simbabwe oder die Moai der Osterinsel, mit deren vergangenheitskolonialer Lesart sich Johanna Hügel in diesem Heft beschäftigt) durch eigens gegründete koloniale archäologische Gesellschaften (z.B. Archaeological Survey of India; École française d'Extrême-Orient; die niederländische Commissie in Nederlandsch Indie voor Oudheidkundige Onderzoek op Java en Madoera)[58] stand im Dienst der historischen Stärkung und Profilierung der modernen Kolonie sowie der Legitimierung der Kolonialherrschaft. Diese konnte sich als Behüterin der antiken Stätten und Nachfolgerin der sie einst bewohnenden Zivilisationen etablieren, im Vergleich zu denen die zeitgenössischen Gesellschaften lediglich degenerierte Ableger zu sein schienen.[59] Der erst in jüngster Zeit allmählich nachlassende Widerstand, den Rückgabeforderungen ehemaliger Kolonien nachzukommen und unter kolonialen Bedingungen angeeignete Objekte wie die Benin-Bronzen zurückzugeben, steht deutlich noch in der Tradition dieses kolonialen archäologischen Diskurses, auf den Rabea Conrad in ihrem Beitrag dezidiert eingeht.[60]

Die Erschließung der Tiefenzeit bzw. der Vergangenheit spielt eine wichtige Rolle aber auch für den politischen Postkolonialismus. Akteur:innen der postkolonialen Unabhängigkeit adaptierten die europäische Vergangenheitsinstrumentalisierung, um postkoloniale Identitäten und ›imaginierte Gemeinschaften‹ (tiefen-)zeitlich zu grundieren. Der Wert einer politischen Musealisierung lokaler (Prä-)Historie wurde früh erkannt und ist Teil und Symbol nationalistischer Strategien in postkolonialen Kontexten. Wenn die »kolonisierten Intellektuellen«, wie Frantz Fanon in seiner antikolonialen, im französischen Original 1961 erschienenen Schrift *Die Verdammten dieser Erde* schreibt, sich angesichts der »gegenwärtige[n] Geschichte« entschlossen haben, »weiter zurückzugehen, tiefer hinabzusteigen, und ohne Zweifel [...] mit großem Jubel entdeckt [haben], daß die Vergangenheit nicht voller Schande, sondern voller Würde, Ruhm und Feierlichkeit war«, dann ist das eine Reaktion einerseits auf die europäische Kolonialherrschaft über die nicht-europäische Vergangenheit, das »Unternehmen einer

57 Die anderen beiden sind die Karte/ Kartographie und die Volkszählung. Vgl. Anderson, Benedict (1991): *Imagined Communities. Reflections on the Origin and Spread of Nationalism.* London/ New York: Verso, S. 163f.

58 Vgl. Anderson: *Imagined Communities*, S. 179f.; Lorin, Amaury (2012): L'archéologie au service de la colonisation? In: *Les nouvelles de l'archéologie*, 128, S. 27–31.

59 Vgl. dazu auch Moro-Abadia, Oscar (2006): The History of Archaeology as a ›Colonial Discourse‹. In: *Bulletin of the History of Archaeology*, 16/2, S. 4–17; Díaz-Andreu: *A World History of Nineteenth-Century Archaeology*, S. 310f.

60 Zur Aufarbeitung dieser Kontexte siehe beispielsweise das Digital-Benin-Projekt, https://digitalbenin.org/. 12.6.2023.

Abwertung der vorkolonialen Geschichte«, wie sie Bestandteil europäischer Kolonialpolitiken war.[61] Andererseits dient diese Spurensuche einer zukunftszugewandten Instrumentalisierung der Vergangenheit: »Der Anspruch auf eine vergangene nationale Kultur rechtfertigt [...] eine zukünftige nationale Kultur«[62], wie Fanon das Motiv dieser Aneignung von fernen Vergangenheiten im Dienste postkolonialer Identitätsbildung kritisch analysiert.

6. Sechs Perspektiven auf den kolonialisierenden Umgang mit der Vergangenheit

Die sechs hier versammelten Beiträge haben es folglich neben den Rhetoriken, Praktiken und Ästhetiken auch noch mit den Politiken der Kolonialisierung der Vergangenheit zu tun.

Quintus Immisch zeigt, wie Johann Joachim Winckelmann erst rhetorisch Rom und sein Umland sowie die Altertumswissenschaften zu einem ›unberührten Feld‹ erklärt und damit die imaginäre Landnahme in Raum und Zeit vorbereitet, um dann nach seiner Ernennung zum *Commissario delle Antichità* und damit zum obersten Präfekten der vatikanischen Antikensammlung im April 1763 die koloniale Rhetorik in ganz konkrete Praktiken der Landnahme, Herrschaftsausübung und Ausbeutung zu überführen.

Rabea Conrad wiederum liest Kenah Cusanits Roman *Babel* (2019) als poetologisch von Michel Foucaults Diskursanalyse inspirierte metaarchäologische Auseinandersetzung mit der Antikenarchäologie als doppelt kolonialer Praxis im deutschen Kaiserreich: Zum einen finden die Grabungen in Mesopotamien im Rahmen einer kolonialen Weltordnung statt, in der Brit:innen und Deutsche nicht mehr nur um Herrschafts- und Einflussgebiete, sondern auch um die Antiken des Osmanischen Reiches konkurrieren. Zum anderen ist die Arbeit an der Hebung der Ruinen Babels mehr als nur ein archäologisches Unternehmen, es ist die Arbeit an einer zivilisatorisch-historischen Tiefenverortung des Deutschen Kaiserreichs als ›Babylon an der Spree‹. Doch sowohl die Reste Babylons als auch der Körper des Archäologen zeigen sich diesen kolonialen Aneignungsbemühungen gegenüber auf ganz materieller Ebene widerständig.

Auf Widerstände gegen koloniale Aneignungsbemühungen stößt auch Oliver Völker bei seiner Lektüre von Arthur Conan Doyles Roman *The Lost World* (1912) und H.P. Lovecrafts Erzählung *At the Mountains of Madness* (1931). Beide erzählen von Reisen an Orte, an denen die Reisenden auf weit zurückliegende Phasen der Erdgeschichte treffen, die sie sich zunächst in der Praxis der Forschungsreise in kolonialer Geste anzueignen scheinen. Die angetroffene ›Gleichzeitigkeit des Ungleichzeitigen‹ dient jedoch nur

61 Fanon, Frantz (1966): *Die Verdammten dieser Erde.* Aus dem Französischen übers. v. Traugott König. Frankfurt a.M.: Suhrkamp, S. 161.

62 Fanon: *Die Verdammten dieser Erde*, S. 161.

vordergründig einer Selbstvergewisserung der modernen Reisenden am zeitlich oder räumlich Anderen; vielmehr besitzt sie, wie Völker deutlich macht, das Potenzial, durch ihre ›weirdness‹ diese imperiale Selbstgewissheit grundsätzlich zu beschädigen und das Verhältnis von Zentrum und Peripherie neu zu justieren.

Johanna Hügel untersucht Pierre Lotis *L'Île de Pâques* [Die Osterinsel] (1899) und Vladimir Markovs *Iskusstvo Ostrovo Paschi* [Die Kunst der Osterinsel] (1914) und stößt auf den weit verbreiteten europäisch-ethnographischen Blick, der im Raum die Zeit zu lesen können glaubt und in Regionen fern der Heimat bevorzugt Relikte früherer Kulturstufen erkennt. Sie zeichnet nach, wie sich um die Jahrhundertwende die Gegenwart Rapa Nuis und die europäische Prähistorie wechselseitig zu erhellen versprechen, bis schließlich die in die Zentren der europäischen Kolonialmächte verschifften und dort in den neu gegründeten ethnographischen Sammlungen ausgestellten Artefakte aus Rapa Nui und anderen Gegenden Ozeaniens ihres Kontextes beraubt zu Monumenten der eigenen, europäischen Prähistorie werden.

Martin Deuerlein wiederum wendet sich der Suche nach der Urbevölkerung Europas im 19. Jahrhundert zu und erläutert, wie Fragen nach der Herkunft und zivilisatorischen Einordnung verschiedener europäischer Bevölkerungsgruppen sowie die Suche nach einem indogermanischen Urvolk zusehends migrationistisch beantwortet und sprachliche sowie materielle Indizien ethnisch interpretiert wurden. Er kann zeigen, wie ›Migrationismus‹ und ethnische Interpretation nicht allein die Auseinandersetzung mit der Bevölkerungsgeschichte Europas dominierten, sondern auch zur Deutung der Weltgeschichte herangezogen und damit in kolonialen Kontexten relevant wurden. Die auf der Suche nach der Urbevölkerung Europas gefundenen Antworten beeinflussten die Beziehungen unterschiedlicher Bevölkerungsgruppen sowohl in den kolonialen Gebieten als auch ›zuhause‹, bspw. im Rahmen der nicht nur metaphorischen Binnenkolonialisierungen auf den Britischen Inseln.

Brigitte Röder stellt schließlich heraus, wie auch heute noch sowohl unsere wissenschaftliche als auch unsere populärkulturelle Beschäftigung mit der Prähistorie einer Politik der Besiedelung der Vergangenheit mit unseren eigenen Bedürfnissen unterliegt, allem voran jenes, unsere heutigen Lebensweisen tief in der Zeit und der Geschichte unserer Spezies zu verankern. Dieses Imaginieren einer sozialen Urzeit und die damit einhergehende Nostrifizierung prähistorischer Menschen lassen sich, wie Röder aufzeigen kann, als koloniale Praxis verstehen, die unseren Zugang zum Wissen von der Prähistorie bestimmt, gegen die man sich jedoch auch stemmen kann, wenn man die Fremdheit der Vergangenheit ernst zu nehmen bereit ist.

Die hier versammelten Beiträge sind Ergebnis einer interdisziplinären Tagung, die im März 2022, bedingt durch die Kolonialisierung unserer Gegenwart mit dem Covid-19-

Virus, online stattgefunden hat.[63] Auch ohne einen physischen Raum zu teilen, haben wir doch deutliche Rückkopplungseffekte zwischen der literatur- und kulturwissenschaftlichen, der kunsthistorischen, wissenschaftsgeschichtlichen und archäologischen Beschäftigung damit, wie Wissen über die Vergangenheit hergestellt wird, wahrgenommen. Die Beschäftigung mit literarischen und kulturellen Traditionen, die Praktiken der Kolonialisierung einüben und propagieren, wie sie Oliver Völker und Johanna Hügel vorlegen; Analysen der wissenschaftlichen Organisationsstrukturen, Rhetoriken und Verfahren, die Vergangenheit vereinnahmen und homogenisieren, sowie der kolonialistischen bzw. nationalistischen Bedingungen, unter denen wissenschaftliche Vergangenheitsforschung stattfindet, wie sie Rabea Conrad, Quintus Immisch und Martin Deuerlein hier exemplarisch vollzogen haben; die grundsätzliche Verlockung, sich als Gesellschaft wissenschaftlich tiefenzeitlich zu verorten und die Fremdheit der Vergangenheit nostrifizierend zu ent-fremden, wie dies Brigitte Röder darstellt: All diese Auseinandersetzungen damit, wie der historische Kolonialismus nicht allein in der Gegenwart nachwirkt, sondern als Ordnungs- und Wissenssystem die Wahrnehmung, Erforschung und Imagination der Vergangenheit beeinflusst, verdanken sich der Bereitwilligkeit der hier versammelten Autor:innen, gemeinsam darüber nachzudenken, wie sich die Phänomene, die sie in ihren Analysen untersuchen, jeweils als eine ›Kolonialisierung der Vergangenheit‹ begreifen lassen.

Literaturverzeichnis

Anderson, Benedict (1991): Imagined Communities. Reflections on the Origin and Spread of Nationalism. London/ New York: Verso.

Assmann, Aleida (2010): Reinheit, Erzählung, Fortschritt. John Miltons Verzeitlichung der Vollkommenheit. In: dies./ Assmann, Jan (Hgg.): Vollkommenheit. Archäologie der literarischen Kommunikation X. München: Fink, S. 241–255.

Banks, Joseph (1896): Journal of the Right Hon. Sir Joseph Banks during Captain Cook's First Voyage in H.M.S. Endeavour in 1766–71 [...]. Hg. v. Joseph D. Hooker. London: Macmillan and Co.

Berghoff, Hartmut/ Vogel, Jakob (2004): Wirtschaftsgeschichte als Kulturgeschichte. Ansätze zur Bergung transdisziplinärer Synergiepotentiale. In: dies.: Wirtschaftsgeschichte als

63 Wir danken an dieser Stelle der Forschungsförderung der Goethe-Universität Frankfurt am Main und der Frankfurter Dr. Marschner Stiftung für ihre Unterstützung der Tagung und Publikation, sowie mit Lena Kugler, Jutta Teutenberg und Clemens Braun drei weiteren Teilnehmer:innen der Tagung, die in diesem Band nicht vertreten sind, für ihre inspirierenden Vorträge, deren Ausführungen teilweise an anderer Stelle zu finden sind: Kugler, Lena (2021): »No Moa«. Kolonialer Spuk. In: dies.: *Die Zeit der Tiere. Zur Polychronie und Biodiversität der Moderne.* Konstanz: Konstanz University Press, S. 230–248; Teutenberg, Jutta (2023): *Im Schatten der Höhle. Die Bildgeschichte des Urmenschen im 19. und frühen 20. Jahrhundert.* Heidelberg: arthistoricum.net.

Kulturgeschichte. Dimensionen eines Perspektivwechsels. Frankfurt a.M./ New York: Campus, S. 9–41.

Brasch, Anna S. (2017): Moderne – Regeneration – Erlösung. Der Begriff der ›Kolonie‹ und die weltanschauliche Literatur der Jahrhundertwende. Göttingen: V & R unipress.

Brather, Sebastian (2012): Ethnische Interpretationen in der frühgeschichtlichen Archäologie. Geschichte, Grundlagen und Alternativen. Berlin/ Boston: De Gruyter.

Conrad, Joseph (2010): Geography and Some Explorers. In: ders.: Last Essays. Hg. v. Harold Ray Stevens/ J.H. Stape. Cambridge: Cambridge University Press, S. 3–17.

Cosgrove, Denis (2002): Introduction: Mapping Meaning. In: ders. (Hg.): Mappings. London: Reaktion Book, S. 1–23.

Daniel, Glyn (1975): A Hundred and Fifty Years of Archaeology. London: Duckworth.

Díaz-Andreu, Margarita (2007): A World History of Nineteenth-Century Archaeology. Nationalism, Colonialism, and the Past. Oxford/ New York: Oxford University Press.

Digital Benin, https://digitalbenin.org/. 12.6.2023.

Doyle, Arthur Conan (2008 [1912]): The Lost World. Oxford/ New York: Oxford University Press.

Dworsky, Alexis (2011): Dinosaurier! Die Kulturgeschichte. München: Fink.

Fabian, Johannes (1983): Time and the Other. How Anthropology Makes Its Object. New York: Columbia University Press.

Fanon, Frantz (1966): Die Verdammten dieser Erde. Aus dem Französischen übers. v. Traugott König. Frankfurt a.M.: Suhrkamp.

Gillis, John R. (2004): Islands of the Mind. How the Human Imagination Created the Atlantic World. New York: Palgrave Macmillan.

Gould, Stephen Jay (1987): Time's Arrow, Time's Cycle. Myth and Metaphor in the Discovery of Geological Time. Cambridge, Mass./ London: Harvard University Press.

Gramsch, Alexander (2007): Ein Abriss der Geschichte der Prähistorischen Archäologie in Deutschland. Genese, Entwicklung und Institutionalisierung. In: Das Altertum, 52, S. 275–304.

Grayson, Donald K. (1983): The Establishment of Human Antiquity. New York: Academic Press.

Gumbrecht, Hans Ulrich (2012): Das Nicht-Hermeneutische. Skizze einer Genealogie. In: Klein, Jürgen (Hg.): Präsenz. Berlin: Suhrkamp 2012, S. 190–209.

Hansen, Svend (2001): Von den Anfängen der prähistorischen Archäologie. Christian Jürgensen Thomsen und das Dreiperiodensystem. In: Praehistorische Zeitschrift, 76, S. 10–23.

Hawkins, Benjamin Waterhouse (1854): On Visual Education as Applied to Geology, Illustrated by Diagrams and Models of the Geological Restorations at the Crystal Palace. In: Journal of the Society of Arts, 78/2, S. 444–449.

Heumann, Ina/ Stocker, Holger/ Tamborini, Marco/ Vennen, Mareike (2018): Dinosaurierfragmente. Zur Geschichte der Tendaguru-Expedition und ihrer Objekte 1906–2018. Göttingen: Wallstein.

Jankuhn, Herbert (1979): Siedlungsarchäologie als Forschungsmethode. In: ders./ Wenskus, Reinhard: Geschichtswissenschaft und Archäologie. Untersuchungen zur Siedlungs-, Wirtschafts- und Kirchengeschichte. Sigmaringen: Jan Thorbecke, S. 19–43.

Kaeser, Marc (1998): Helvètes ou Lacustres? La jeune Confédération suisse à la recherche d'ancêtres opérationnel. In: Andermatt, Urs/ Bosshart-Pfluger, Catherine/ Tanner, Albert (Hgg.): Die Konstruktion einer Nation. Nation und Nationalisierung in der Schweiz, 18.–20. Jahrhundert. Zürich: Chronos, S. 75–86.

Keller, Ferdinand (1854): Die keltischen Pfahlbauten in den Schweizerseen. In: Mitteilungen der Antiquarischen Gesellschaft in Zürich, IX, S. 65–113.

Kirchgässner, Gebhard (1991): Homo oeconomicus. Das ökonomische Modell individuellen Verhaltens und seine Anwendung in den Wirtschafts- und Sozialwissenschaften. Tübingen: J. C. B. Mohr.

Königliche Gesellschaft für Nordische Alterthumskunde (Hg.) (1837): Leitfaden der Nordischen Alterthumskunde. Kopenhagen/ Hamburg/ St. Petersburg: Perthes, Besser und Mauke/ Graeff.

Kohl, Karl-Heinz (1983): Entzauberter Blick. Das Bild vom Guten Wilden und die Erfahrung der Zivilisation. Frankfurt a.M./ Paris: Qumran.

Koselleck, Reinhart (1989): Vergangene Zukunft. Zur Semantik geschichtlicher Zeiten. Frankfurt a.M.: Suhrkamp.

Koselleck, Reinhart (2003): Zeitschichten. Studien zur Historik. Frankfurt a.M.: Suhrkamp.

Kugler, Lena (2021): »No Moa«. Kolonialer Spuk. In: dies.: Die Zeit der Tiere. Zur Polychronie und Biodiversität der Moderne. Konstanz: Konstanz University Press, S. 230–248.

Kühn, Herbert (1976): Geschichte der Vorgeschichtsforschung. Berlin/ New York: De Gruyter.

Landwehr, Achim (2017): Die vielen, die anwesenden und die abwesenden Zeiten. Zum Problem der Zeit-Geschichte und der Geschichtszeiten. In: Esposito, Fernando (Hg.): Zeitenwandel. Transformationen geschichtlicher Zeitlichkeit nach dem Boom. Göttingen: Vandenhoeck & Ruprecht, S. 227–253.

Latour, Bruno/ Strum, Shirley C. (1986): Human Social Origins. Oh Please, Tell Us Another Story. In: Journal of Social and Biological Structures, 9, S. 169–187.

Lenoir, Timothy/ Ross, Cheryl Lynn (1996): The Naturalized History Museum. In: Galison, Peter/ Stump, David J. (Hgg.): The Disunity of Science. Boundaries, Contexts, and Power. Stanford: Stanford University Press, S. 370–397.

Lindemann, Uwe/ Stoffel, Patrick (2023): Godzillas Lächeln. Vom Reinigen, Entseuchen, Beschämen und anderen Politiken des Monströsen. Berlin: Kadmos.

Lorin, Amaury (2012): L'archéologie au service de la colonisation? In: Les nouvelles de l'archéologie, 128, S. 27–31.

Metzler, Gabriele (2018): Die Epoche des Hochimperialismus. In: Informationen zur politischen Bildung, 3/338 (Europa zwischen Kolonialismus und Dekolonisierung), S. 12–25.

Mitchell, W.J.T. (1998): The Last Dinosaur Book. The Life and Times of a Cultural Icon. Chicago/ London: The University of Chicago Press.

Moro-Abadia, Oscar (2006): The History of Archaeology as a ›Colonial Discourse‹. In: Bulletin of the History of Archaeology, 16/2, S. 4–17.

Müller-Scheeßel, Nils (1998): Im Schatten des Eiffelturms: Die Präsentation von Pfahlbauten und Pfahlbaufunden auf Weltausstellungen. In: Plattform, 7/8, S. 22–31.

Nilsson, Sven (1868): Das Steinalter oder die Ureinwohner des Scandinavischen Nordens. Ein Versuch in der comparativen Ethnographie und ein Beitrag zur Entwicklung des Menschengeschlechts. Übers. v. J. Mestorf. Hamburg: Meissner.

Noble, Brian (2016): Articulating Dinosaurs. A Political Anthropology. Toronto: University of Toronto Press.

Osterhammel, Jürgen (2006): Kolonialismus. Geschichte – Formen – Folgen. 5. Aufl. München: C.H. Beck.

Patterson, Thomas (1995): Toward a Social History of Archaeology in the United States. Fort Worth: Harcourt Brace College Publishers.

Röder, Brigitte (2017): Alles ist im Fluss – auch die Archäologie. In: dies./ Bolliger Schreyer, Sabine/ Schreyer, Stefan (Hgg.): Lebensweisen in der Steinzeit. Baden: Hier und Jetzt, S. 7–11.

Röder, Brigitte (2017): Die vergessene Mehrheit der Bevölkerung. Kinder, Frauen und alte Menschen. In: dies./ Bolliger Schreyer/ Schreyer: Lebensweisen in der Steinzeit, S. 26–29.

Rudwick, Martin J.S. (2008): Worlds Before Adam. The Reconstruction of Geohistory in the Age of Reform. Chicago/ London: University of Chicago Press.

Rutherford, Danilyn (2018): Living in the Stone Age. Reflections on the Origin of a Colonial Fantasy. Chicago/ London: The University of Chicago Press.

Sahlins, Marshall (1972): The Original Affluent Society. In: ders.: Stone Age Economics. Chicago/ New York: Aldine Atherton, S. 1–39.

Schnapp, Alain (2009): Die Entdeckung der Vergangenheit. Ursprünge und Abenteuer der Archäologie. Aus dem Französischen übers. v. Andreas Wittenburg. Stuttgart: Klett-Cotta.

Schnyder, Peter (2012): Paläontopoetologie. Zur Emergenz der Urgeschichte des Lebens. In: Lehmann, Johannes F./ Borgards, Roland/ Bergengruen, Maximilian (Hgg.): Die biologische Vorgeschichte des Menschen. Zu einem Schnittpunkt von Erzählordnung und Wissenstransformation. Freiburg i. Br.: Rombach, S. 109–131.

Secord, James A. (2004): Monsters at the Crystal Palace. In: Chadarevian, Soraya de/ Hopwood, Nick (Hgg.): Models. The Third Dimension of Science. Stanford: Stanford University Press, S. 138–169.

Shah, Mira (2023): Aotearoa. Tierpolitiken auf Neuseeland. In: Borgards, Roland/ Kugler, Lena/ dies.: Pazifische Passagen. Ein Insularium des Großen Ozeans. Göttingen: Wallstein, S. 281–300.

Shah, Mira [im Erscheinen]: Finding the Stone Age. How Prehistory Became a Place to Visit in New Guinea. In: Happel, Jörn/ Raupach, Hajo/ Hussinger, Melanie (Hgg.): Expeditions in the Long Nineteenth Century. Discovering, Surveying, Ordering. London: Routledge.

Shah, Mira [im Erscheinen]: »weit roher als man sie jetzt zu breiten weiß«: Die ›komparatistische Methode‹ in der Vergegenwärtigung steinzeitlicher Vorwelt im 19. Jahrhundert. In: Kasper, Norman (Hg.): Texturen der ›Vorwelt‹ im 19. Jahrhundert. Darstellungsmuster und Wissensanordnungen. Halle a.S.: Acta Historica Leopoldina.

Stepanova, Maria (2020): Nach dem Gedächtnis. Berlin: Suhrkamp.

Stoffel, Patrick (2020): Die nachträgliche Entdeckung der Tiefenzeit während eines Bootsausflugs an der schottischen Ostküste. Über eine Urszene der modernen Geologie. In: Gamper, Michael (Hg.): Ästhetische Eigenzeiten der Wissenschaften. Hannover: Wehrhahn, S. 268–282.

Stoffel, Patrick/ Wessely, Christina (2020): Urzeit und Umwelt. Philipp Leopold Martins Museum der Urwelt in Berlin. In: Schnyder, Peter (Hg.): Erdgeschichten. Literatur und Geologie im langen 19. Jahrhundert. Würzburg: Königshausen & Neumann, S. 247–264.

Teutenberg, Jutta (2023): Im Schatten der Höhle. Die Bildgeschichte des Urmenschen im 19. und frühen 20. Jahrhundert. Heidelberg: arthistoricum.net.

Trachsel, Martin (2004): »Ein neuer Kolumbus« – Ferdinand Kellers Entdeckung einer Welt jenseits der Geschichtsschreibung. In: Antiquarische Gesellschaft Zürich (Hg.): Pfahlbaufieber. Von Antiquaren, Pfahlbaufischern, Altertümerhändlern und Pfahlbaumythen. Beiträge zu »150 Jahre Pfahlbauforschung in der Schweiz«. Zürich: Chronos, S. 9–69.

Trigger, Bruce G. (1989): A History of Archaeological Thought. Cambridge/ New York: Cambridge University Press.

Trouillot, Michel-Rolph (1991): Anthroplogy and the Savage Slot. The Poetics and Politics of Otherness. In: Fox, Richard G. (Hg.): Recapturing Anthropology. Working in the Present. Santa Fe: School of American Research Press, S. 17–44.

Quintus Immisch

Die Kolonialisierung der Antike

Epistemizide in Winckelmanns *Geschichte der Kunst*

ABSTRACT: Is it possible to colonize ›time‹, which, unlike territories or people, is not immediately visible and abstract? The article addresses this question in the context of the German-speaking 18th century and through Johann Joachim Winckelmann's engagement with antiquity. To do so, it first draws on theories from *Global Epistemologies* by Philippe Descola (on the nature-culture divide) and Boaventura de Sousa Santos (especially the ›epistemicide‹) to establish a theoretical framework for speaking about a ›colonization of the past‹. The article then examines Winckelmann's construction of a colonial antiquity in his letters and in the *History of Art in Antiquity*. The rhetoric and metaphors of the letters reveal the idea of an antiquity that can be colonized and that is designed as an ›untouched field‹ or capturable territory. Similarly, in the *History of Art*, this corresponds to the structuring of the past and the construction of history through epistemicides, which expel the ›other‹ from the colonial space of antiquity.

KEYWORDS: Colonialism, Winckelmann, Classical Reception, Epistemicide, Nature-Culture

1. Einleitung

Kann man die Vergangenheit kolonialisieren? ›Zeit‹ ist, anders als das zur Kolonie gemachte Territorium oder kolonialer Gewalt ausgesetzte Menschen, nicht unmittelbar sichtbar und eine abstrakte Größe, die sich direkten Manipulationen zu entziehen scheint. Auch in epistemologischer Hinsicht ergeben sich Unterschiede: Die Kolonialisierung von Raum und Menschen operiert mit Vorstellungen von Differenz, erkennt Gebiete nicht als bewohnt an oder verleugnet die Menschlichkeit von Menschen, zieht eine »abyssal line« zwischen Kolonialherren und Kolonisierten.[1] Eine ›Kolonialisierung der Vergangenheit‹ müsste demgegenüber anders funktionieren, insofern dabei auch die ›eigene‹ Vorgeschichte betroffen ist, Kategorien von ›eigen‹ und ›fremd‹, ›Kolonisator‹ und ›Kolonisiertem‹ sich weniger klar zuordnen lassen: Diese Kolonialisierung nimmt in Form der ›Vergangenheit‹ etwas in Besitzanspruch, das

1 Santos 2018, 108 begreift Kolonialismus als »Eurocentric modes of domination based on ontological deprivation, that is, the refusal to acknowledge the other's full humanity«; zur »abyssal line« vgl. Santos 2018, 6, 19–25.

eigentlich niemandem ›gehört‹, aber durch (u.a.) literarische Aushandlungen besetzt und als ›eigene‹ Vergangenheit konstruiert wird.

Umso mehr gilt dies in einem Kontext wie dem des deutschsprachigen 18. Jahrhunderts: Im ›vorkolonialen Deutschland‹ – d.h. vor der Einrichtung eines nationalen Kolonialprojekts *territorialer* Okkupation – zeigt sich bereits jenes »latente, diffuse Kolonialstreben«, das Susanne Zantop in der Literatur des 18. Jahrhunderts ausgemacht und als *Kolonialphantasien im vorkolonialen Deutschland* begriffen hat.[2] Zantop untersucht dabei vor allem explizite Kolonialliteratur und befragt diese auf Konzepte von Rasse, Sexualität und Familie; doch auch jenseits dieser konkreten ›Kolonialphantasien‹ werden im 18. Jahrhundert im Verhältnis zu Vergangenheit koloniale Operationen wahrnehmbar, die sich aber nicht notwendigerweise auf ein koloniales ›Anderes‹ beziehen, sondern auch die ›eigene‹ Geschichte betreffen. Dieses Kolonialstreben treibt eine Kolonialisierung der Vergangenheit hervor und begreift Geschichte als besetzbaren Raum, aus dem die ›Anderen‹ ausgetrieben werden können. Eine solche Kolonialisierung der Vergangenheit vollzieht sich nicht etwa in der geografischen Ferne territorialer Kolonien, sondern greift globale Problemkonstellationen im bekannten Raum auf und handelt sie ›vor Ort‹ aus.[3] Deutlich wird dies etwa in der Aneignung der Antike, wie sie sich in der zweiten Hälfte des 18. Jahrhunderts prominent bei Johann Joachim Winckelmann zeigt: Winckelmanns Bezug auf die Antike ist als koloniale Einnahme lesbar, die zugleich einen Vergangenheitsraum konstruiert, aus dem ›Andere‹ vertrieben werden können.

Der vorliegende Beitrag möchte den Spuren einer solchen Austreibung nachgehen und erkundet zunächst im Rückgriff auf u.a. Philippe Descola, Walter D. Mignolo, Frantz Fanon und Boaventura de Sousa Santos Theorien und Modelle zur Konzeptualisierung einer ›Kolonialisierung der Vergangenheit‹, wobei das Konzept des ›Epistemizids‹ im Fokus steht: die systematische Auslöschung konkreten Wissens und ganzer Wissensformen und Epistemologien, »the massive destruction of ways of knowing that did not fit the dominant epistemological canon« (Santos 2014, 238). Anschließend rekonstruiert er anhand der Schriften Johann Joachim Winckelmanns, wie die Mechanismen der Kolonialisierung die Vorstellung von ›Vergangenheit‹ im 18. Jahrhundert prägen, wobei zunächst Winckelmanns epistemologische Neuerung der Kunstgeschichte behandelt wird. Danach untersucht er die explizite Besetzung und Kolonialisierung der Antike in Winckelmanns Briefen sowie die impliziten Strukturen, die die Kolonialität der *Geschichte der Kunst des Alterthums* produzieren. Insofern dabei Epistemizide und damit Formen von Abwesenheit eine Rolle spielen, versteht sich der

2 Zantop 1999, 10. Zu Kritik an Zantop vgl. Kontje 2020.

3 Für diese Verschränkung kolonialer Räume, v.a. im 19. Jahrhundert, vgl. Kimmich 2021, bes. 102–104.

vorliegende Aufsatz auch als Versuch, Theorien und Lektürepraktiken einer post-postkolonialen Literatur- und Kulturwissenschaft zu erproben.

Das Konzept des Epistemizids, das im Folgenden am Beispiel Winckelmanns diskutiert wird, markiert das Abwesende und eröffnet so zugleich *ex negativo* die Möglichkeit anderer Epistemologien: Die Analyse von Gesten der Wissensauslöschung dezentriert oder relativiert ja das je ›Eigene‹, zielt vielmehr auf das Absente und erzeugt so ein Nebeneinander mehrerer Wissensformen. Damit steht das Konzept des Epistemizids im Kontext aktueller Theoriedebatten, die im Rahmen von *Global Epistemologies* nach Epistemologien jenseits der dominanten Wissensordnung eines Globalen Nordens fragen. Diese Ansätze, die vor allem aus Ethnologie und Soziologie stammen, inzwischen aber auch in den Literatur- und Kulturwissenschaften aufgegriffen werden,[4] zielen im Gegensatz zu postkolonialen Ansätzen und deren Konzepten der Alterität, des *othering*, der Differenz eher darauf, solche Dichotomisierungen zu ›entdramatisieren‹ (vgl. Koschorke 2015, 36) und lenken – als Post-Postkolonialismus verstanden – den Blick auf Ähnlichkeiten, Überschneidungen und Näherelationen.[5]

Überlegungen zur Analyse einer ›Kolonialisierung der Vergangenheit‹ können solchen post-postkolonialen Ansätzen zugerechnet werden: Zwar spielen Konzepte der Alterität bei der Analyse einer Kolonialisierung der Vergangenheit eine Rolle, insofern es um die Rekonstruktion einer Austreibung der ›Anderen‹ aus der Geschichte geht; doch zeigt sich am Beispiel der Antike, dass es dabei um Räume ›vor Ort‹, eine Konstruktion auch der ›eigenen‹ Geschichte handelt und dass ›Kolonialismus‹ solchermaßen nicht nur in der räumlichen Ferne der Kolonien operational ist, sondern auch in die Sphäre des vermeintlich ›Eigenen‹ eingetragen wird. Das gilt auch für das hier herangezogene Konzept des Epistemizids, das zwar Momente der Differenz aufgreift, aber eine andere Zielrichtung aufweist; es kann im Kontext einer ›Kolonialisierung der Vergangenheit‹ daher als Möglichkeit verstanden werden, die Kolonialität von Wissensbeständen und epistemischen Konfigurationen in den Blick zu nehmen und so den Spuren der ›Auslöschung‹ in der Kulturgeschichte nachzugehen.

---

4 Vgl. etwa für die Soziologie Santos 2014; 2016; 2018; für Ethnologie bzw. Anthropologie Descola 2005 (dt. 2021); Viveiros de Castro 1997; für Literatur- und Kulturwissenschaft Kimmich 2022. Das Konzept des Epistemizids wird in (kultur-)geschichtlichem Kontext von Padilla Peralta 2020 aufgegriffen.

5 Zum Paradigma der Ähnlichkeit vgl. Bhatti/ Kimmich 2015; Kimmich 2017; Patrut/ Rössler 2019 u.a; zum Begriff des Post-Postkolonialismus vgl. Koschorke 2015; Kimmich 2022.

2. Kolonialisierung der Vergangenheit?

Eine ›Kolonialisierung der Vergangenheit‹ zu denken, wirft die Frage auf, was überhaupt kolonialisiert werden kann oder was Kolonialisierung, ja was eine Kolonie ist. *Kolonialisierung* bezeichnet – sehr basal – denjenigen Prozess, bei dem in einem Gebiet ein kolonialistisches Regime etabliert wird; es ist theoretisch ›unproblematisch‹, eine Kolonialisierung etwa von Gegenden und Ländern, Subjekten und Körpern zu denken.[6] Ein Bezug zu Zeit und Geschichte scheint dagegen zunächst nicht zu bestehen oder jedenfalls nicht evident zu sein; ›Zeit‹ scheint vielmehr der Vektor, entlang dessen sich Kolonialisierung vollzieht.

Weiter gefasst ist die von Jürgen Osterhammel und Jan Jansen vorgeschlagene Definition:

> Kolonialismus ist eine Herrschaftsbeziehung zwischen Kollektiven, bei welcher die fundamentalen Entscheidungen über die Lebensführung der Kolonisierten durch eine kulturell andersartige und kaum anpassungswillige Minderheit von Kolonialherren unter vorrangiger Berücksichtigung externer Interessen getroffen und tatsächlich durchgesetzt werden. Damit verbinden sich in der Neuzeit in der Regel sendungsideologische Rechtfertigungsdoktrinen, die auf der Überzeugung der Kolonialherren von ihrer eigenen kulturellen Höherwertigkeit beruhen. (Osterhammel/ Jansen 2017, 20.)

Osterhammel und Jansen lösen sich vom konkreten Raum und betonen hier stattdessen die Kolonialisierung von Subjekten bzw. Kollektiven durch ›Kolonialherren‹. Darüber hinaus betonen sie die Kolonialisierung von Kultur, wenn sie ›Doktrinen‹ anführen, die eine Kolonialisierung symbolischer Ordnungen implizieren. Zu solchen symbolischen Ordnungen gehören fraglos auch Konzepte wie ›Zeit‹ und ›Geschichte‹, innerhalb derer die Frage nach einer Kolonialisierung der Vergangenheit zu verorten ist. Denn Zeit vergeht nicht einfach und stellt kein natürliches Kontinuum dar, sondern ist kulturell produziert, wie der Literaturwissenschaftler Walter Mignolo zuspitzt: »›Time‹, properly, is a category of reckoning, not a category of experiencing; it is a category belonging to culture, not to nature« (Mignolo 2011, 151).[7]

---

6 Vgl. etwa die Definition im *Metzler-Lexikon Literatur- und Kulturtheorie*, s.v. Kolonialismus, 382: »Kolonialismus, allg. die direkte Inbesitznahme fremder Territorien, deren Bevölkerung verdrängt oder unterdrückt wird, zum Zwecke der Besiedlung, wirtschaftlichen Ausbeutung und politischen Machterweiterung und mit Hilfe einer einheimische Traditionen unterbindenden oder überfremdenden kulturellen Bevormundung […].«

7 Mignolo begreift ›Zeit‹ dabei zunächst als Kategorie »to organize and describe transformations and repetitions« und unterscheidet dann zwischen einer ›biologisch-kosmischen‹ Zeit (z.B. Mondphasen und ihre Auswirkungen auf Tiere und Pflanzen) und dem menschlichen »technical

Ein Zusammenhang zwischen Zeit und Kolonialisierung kann dabei verschiedene Formen annehmen: Denkt man ›Zeit‹ im Sinne einer *Kulturtechnik der Synchronisation*[8] als gesellschaftliche Verständigung über Zeitordnung, so kann sie durchaus zu einer Art Zeitdoktrin mit hegemonialen Ansprüchen und Verfahren werden: Die in den »meisten Kulturen« anzutreffende »Verständigung über gemeinsame Zeit« (Kassung/ Macho 2019, 9), die zu den kulturellen Basistechniken gehört, findet ihren Widerpart in der Fremdsynchronisierung, die oftmals von Kolonialmächten ausgeht. Walter Mignolo beschreibt diese Kolonialisierung *durch* Zeit am Beispiel der Kolonisierung Mittel- und Südamerikas, in deren Zuge u.a. Inkas, Mayas und Azteken der Zeitrhythmus des christlichen Kalenders auferlegt wurde (Mignolo 2011, 156). Sie betrifft aber etwa auch Phänomene wie den kolonialen Zwang zum getakteten Arbeitsrhythmus (z.B. Cooper 1992).

Eine Kolonialisierung *der* Zeit und damit der Vergangenheit hingegen betrifft auch eine spezifische Reflexion auf bzw. Konstruktion von Geschichte. Historisch gesehen gehen die massivsten Kolonialisierungen auf das moderne Europa seit der Frühen Neuzeit zurück und damit auf genau denjenigen gesellschaftlichen Kontext, den Philippe Descola als ›Naturalismus‹ charakterisiert. Er bezeichnet damit eine von vier verschiedenen Arten, die Welt zu bewohnen, bzw. eines von vier ›Worldings‹ (neben dem Animismus, dem Totemismus und dem Analogismus). Der Naturalismus zeichnet sich dadurch aus, dass in ihm der Natur-Kultur-Dichotomie, die in den anderen Worldings gar nicht existiert, eine besondere kulturtheoretische Relevanz zukommt: Naturalistische Gesellschaften begreifen sich selbst vor allem aus dem Gegensatz zu einer als umfassendem Gegenpol verstandenen Natur, die das Ganze einer Exteriorität an Einflussnahme repräsentiert[9] und ihre jeweiligen Gegenkonzepte wie Kultur, Geschichte, Gesellschaft etc. stabilisiert (Descola 2005, 31). Wie Descola es formuliert: »[S]uppress the idea of nature and the whole philosophical edifice of western achievements will crumble« (Descola 1996, 98).

---

and philosophical apparatus to imagine and measure time« (Mignolo 2011, 150). Letztere entspricht dem, was Elisabeth Kirtsoglou und Bob Simpson als ›soziale Zeit‹ begreifen, deren Wahrnehmung immer durch systematische und geteilte Repräsentationen und Epistemologien vermittelt ist (2020, 2).

8 Vgl. Kassung/ Macho 2019.

9 Vgl. Descola 2005, 303; hier spricht Descola von einer »définition remontant aux Grecs, selon laquelle certaines choses doivent leur existence et leur développement à un principe étranger au hasard comme aux effets de la volonté humaine, principe que notre tradition philosophique a successivement qualifié par les termes de *phusis* et de *natura*, puis par leurs différents dérivés dans les langues européennes.« Dt.: »[…] [F]olgte ich lediglich einer auf die Griechen zurückgehenden positiven Definition, der zufolge bestimmte Dinge ihre Existenz und ihre Entwicklung einem dem Zufall fremden Prinzip verdanken, das unsere philosophische Tradition sukzessive durch die Termini *physis* und *natura* und dann durch ihre verschiedenen Ableitungen in den europäischen Sprachen charakterisiert hat.« (Descola 2021, 259)

Verbunden mit dem Naturalismus, wie ihn Descola umreißt, ist auch ein bestimmtes Verhältnis zu Geschichte:

> L'histoire comme causalité antécédente des événements et condition du futur, la société comme un ensemble composé seulement d'humains transformant une nature extérieure à elle, l'économie comme un domaine séparé du reste de la vie sociale, toutes ces notions, si centrales dans le processus d'objectivation de la trajectoire historique de l'Europe et fondements jusqu'à aujourd'hui des sciences sociales, sont extrêmement déformantes pour comprendre des réalités extra-européennes.[10] (Descola 2017, 129)

Während in anderen (vor allem analogistischen) Gesellschaften z.B. bestimmte Vorfahren den alltäglichen Lebensrhythmus bestimmen, besteht im Naturalismus eine Art säkularisiertes Verhältnis zu Vergangenheit, das die Subjekte in eine relative Autonomie entlässt: »[L]a vénération de l'histoire n'est pas celle des ancêtres, les lieux de mémoire ne remplacent pas les autels lignagers, ni les lois de l'hérédité les règles de la descendance« (Descola 2005, 675).[11] Gewiss gibt es auch im Naturalismus Vorstellungen einer übermächtigen Vergangenheit, die die momentane Agency präsentischer Subjekte einschränkt; sie ist etwa in der Figur der *Spektren* im Rahmen der *Hantologie* bzw. *Hauntology* konzeptualisiert.[12] Im Allgemeinen wird Geschichte im Naturalismus aber als etwas imaginiert, worüber verfügt werden kann (vgl. Descola 2005, 672–673), was sich nicht zuletzt auch in Konzepten wie der Rezeption oder Aufarbeitung zeigt.

Die Natur-Kultur-Dichotomie diente dem Naturalismus prominent zur Rechtfertigung seiner kolonialen Expansionsprojekte, wie etwa an der vielfach angeführten

10 Dt.: »Die Geschichte als vorausgehende Kausalität der Ereignisse und Bedingung der Zukunft; die Gesellschaft als ein Ensemble, das nur aus Menschen besteht, und die eine ihr äußerliche Natur verändert; die Ökonomie als ein vom Rest des sozialen Lebens getrennter Bereich – all diese Begriffe, die so zentral für den Objektivierungsprozess des historischen Werdegangs Europas sind und zugleich bis heute die Grundlagen der Sozialwissenschaften darstellen, sind extrem verzerrend, wenn es darum geht, außereuropäische Realitäten zu verstehen« (Übers. QI).

11 »[D]ie Verehrung der Geschichte ist keine Ahnenverehrung, die Gedenkstätten ersetzen nicht die Lineage-Altäre und die Vererbungsgesetze nicht die Deszendenzregeln.« (Descola 2021, 572)

12 So kann die eigentlich für ›tot‹, ›vergangen‹ oder ›beerdigt‹ erklärte Geschichte als die Gegenwart heimsuchendes ›Gespenst‹ wiederkehren, also als »immaterial trace of the past as manifest in the material reality of the here and now« (Mattar 2020, 34). Es geht bei solchen Ansätzen um die Frage, ob über Vergangenheit und Geschichte verfügt, ob sie beherrscht werden können oder ob sie sich solchen auf »mastery« bzw. »appropriation« oder Überschreibung (Freccero 2007, 196–197) zielenden Zugriffen (zumindest vorübergehend) entziehen und ob die Vergangenheit als das unheimliche ›Andere‹ in die Gegenwart eindringt. Das Konzept der *hantologie/ hauntology* bzw. der *spectres* geht auf Jacques Derrida zurück, bei dem es auch die für die Dekonstruktion typische Ambiguität von Präsenz und Absenz, An- und Abwesenheit aufweist (Derrida 1995). Für Konzeptualisierungen im Bereich der Kulturwissenschaften vgl. Pilar Blanco/ Peeren 2013.

mission civilisatrice (vgl. Burrows 1986) und ihrem Anspruch, die angebliche ›europäische Zivilisation‹ in die zur ›Wildnis‹ und ›Natur‹ erklärte außereuropäische Welt zu bringen, deutlich wird. Insofern damit zeitgenössische oder künftige Kolonialprojekte begründet wurden, zielte die Setzung der Natur-Kultur-Dichotomie hier *synchron* auf eine Kolonialisierung innerhalb der jeweiligen Gegenwart. Allerdings existiert in der europäischen Kulturgeschichte auch ein Imaginäres, das das Begehren nach Kolonialisierung *diachron* auf eine Besetzung der Vergangenheit hin ausdehnt. Als Operator dient dabei ebenfalls die Natur-Kultur-Dichotomie, die gleichermaßen in die Diachronie gespiegelt wird und so einen Zeitindex erhält – sei es, dass bestimmte Kollektive, Räume oder Praktiken der Natur zugeordnet werden, sei es, dass eine subjektlose Urzeit (›deep time‹) imaginiert wird: Es ist gerade der Faktor ›Zeit‹, der, wie Mignolo gezeigt hat, seit dem 18. Jahrhundert Natur und Kultur trennt: »In the second phase of modernity (in the eighteenth century), it became one of the central categories to distinguish culture from nature« (Mignolo 2011, 151). Der jeweiligen Kultur der Gegenwart steht dabei die in der Imagination des ›Primitiven‹ gefasste temporalisierte Natur als stabilisierender Gegenpol gegenüber (der Anthropologe Johannes Fabian nennt diese Strategie *Allochronisierung*):[13]

> History as ›time‹ entered into the picture to place societies in an imaginary chronological line going from nature to culture, from barbarism to civilization following a progressive destination toward some point of arrival. [...] The planet was all of a sudden living in different temporalities, with Europe in the present and the rest in the past. (Mignolo 2011, 151)

Für Walter Mignolo stellt diese Konstruktion desynchronisierter geschichtlicher Zeit (zusammen mit der Erfindung des Mittelalters durch die Renaissance und der postmodernen Beschleunigungsdoktrin) eine »colonization of time« dar (Mignolo 2011, 178).

Indem nun ein bestimmter Abschnitt der Kulturgeschichte schlicht als ›Natur‹ codiert wird, wird er der entsprechenden Gesellschaft entzogen, um anschließend mit einer anderen Kultur überschrieben zu werden. Neben der so genannten Universalgeschichte, die geformt wird, wird so auch die Geschichte bestimmter Gruppen modifiziert; kolonialisiert werden können daher keineswegs nur Gebiete oder Kollektive, sondern auch die Vergangenheit, wie auch der dekoloniale Theoretiker Frantz Fanon betont:

---

13 Nach Walter D. Mignolo wird diese temporalisierte Alterität markiert durch die Ersetzung der Figur des (räumlichen) ›Barbaren‹ durch diejenige des (zeitlichen) ›Primitiven‹, vgl. Mignolo 2011, 153; vgl. Fabian 1983.

> Es ist vielleicht noch nicht genügend darauf hingewiesen worden, dass der Kolonialismus sich nicht damit begnügt, der Gegenwart und der Zukunft des beherrschten Landes sein Gesetz aufzuzwingen. Er gibt sich nicht damit zufrieden, das Volk in Ketten zu legen, jede Form und jeden Inhalt aus dem Gehirn des Kolonisierten zu vertreiben. Er kehrt die Logik gleichsam um und richtet sein Interesse auch auf die Vergangenheit des unterdrückten Volkes, um sie zu verzerren, zu entstellen und auszulöschen. (Fanon 1981, 178)

Fanon zeigt hier, wie die Kolonialisierung in die Vergangenheit zurückwirkt und der Kolonialismus nie nur ein Gebiet, sondern auch die Vergangenheit der Kolonisierten besetzt, um sie nach Belieben in Rechtfertigungslogiken und Kolonialdoktrinen einfügen zu können. Dabei betont Fanon das ›Gehirn des Kolonisierten‹, d.h. dessen eigenes ›Wissen‹ im Gegensatz zu dem des Kolonialherren. Was Fanon 1961 formuliert hat, spielt in den aktuellen Debatten um *Global Epistemologies* und dekoloniale Wissensbestände eine Rolle, insofern diese die Restituierung derjenigen Wissensformen und -formationen adressieren, die im Laufe der kolonialen Kulturgeschichte bewusst ausgelöscht wurden. Boaventura de Sousa Santos nennt diese Auslöschungen ›Epistemizide‹:

> Colonial domination involves the deliberate destruction of other cultures. The destruction of knowledge (besides the genocide of indigenous people) is what I call epistemicide: the destruction of the knowledge and cultures of these populations, of their memories and ancestral links and their manner of relating to others and to nature. (Santos 2016, 18)

Die Natur-Kultur-Dichotomie stellt einen solchen Epistemizid dar: Sie lässt die Vielfalt und Vielzahl gelebter Leben und kultureller Formationen hinter dem Kollektivsingular der Natur verschwinden, um so Raum zu schaffen für die Inskription kolonialer, hegemonialer und kollektivsingulärer Kultur. Kulturgeschichte wird dergestalt zu einem Raum, der angeeignet und kolonisiert werden kann.

3. ›Ein neuer Kolumbus‹: Die Entdeckung der Geschichte und das System der Kunst

Anschaulich wird solch ein kolonialisierender Umgang mit Vergangenheit in den Werken Johann Joachim Winckelmanns, dessen Schriften im 18. Jahrhundert im Kontext von Antikenrezeption und Ethnographie entstehen und eine ›Geschichtlichkeit‹ der Kunst propagieren.[14] Einen Hinweis auf eine Kolonialisierung der Antike gibt 1805 Goethe in seiner Würdigung *Winckelmann und sein Jahrhundert*, in der Winckelmann als »ein neuer Kolumbus« figuriert:

> Doch bald erhob er sich über die Einzelheiten zu der Idee einer Geschichte der Kunst und entdeckte als ein neuer Kolumbus ein lange geahndetes, gedeutetes und besprochenes, ja, man kann sagen, ein früher schon gekanntes und wieder verlorenes Land. (Goethe 2000a, 110)

Das hier imaginierte ›Land‹ ist die in den Raum projizierte Auffassung von ›Geschichte‹. Goethe macht Winckelmann zum kolumbushaften Entdecker dieses ›Landes‹, wie er auch dessen »Einsicht in die *Geschichtlichkeit* der Kunst« (Riedel 2006, 233) hervorhebt, die Winckelmanns Auseinandersetzung mit der antiken Kunst zugrunde liegt. In der Tat verbindet sich mit seinem Namen die Einführung des historischen Prinzips in die Kunstgeschichte, die – konform zum »Historisierungsschub« (Matuschek 2003, 549) des 18. Jahrhunderts – die Kunstgeschichte von einer an Vasari orientierten Geschichte der Künstlerviten, einer »Künstlergeschichte« (Schmidt 1993, 99), zu einer als Stilabfolge begriffenen Kunstgeschichte aufspannt. Goethe bemerkt dies bereits, als er während seiner Italienreise Winckelmanns Schriften (und im Übrigen auch »Winckelmanns Briefe, die er in Italien schrieb«[15]) liest:

> Durch Winckelmann sind wir dringend aufgeregt, die Epochen zu sondern, den verschiedenen Stil zu erkennen, dessen sich die Völker bedienten, den sie in Folge der Zeiten nach und nach ausgebildet und zuletzt wieder verbildet. (Goethe 2000b, 167)

Dabei ist der Bezug zur Vorrede von Winckelmanns *Geschichte der Kunst des Alterthums* offenkundig, in der der Autor Ausführungen über »den Ursprung, das Wachsthum, die Veränderung und den Fall« (Winckelmann 2002, XVI) der Kunst ankündigt und damit eine Betrachtung der Kunst als System forciert. Und mehr noch möchte er über die »bloße Erzählung der Zeitfolge und der Veränderungen in derselben« hinausgehen und den »Versuch eines Lehrgebäudes […] liefern« (Winckelmann 2002, XVI), der Kunst als »Systema«[16] begreift und, mit Goethe, »über die Einzelheiten« (s.o. Goethe 2000a, 110) hinausreicht. Diese Neukonzeption der Kunstgeschichte synthetisiert aus der Chronologie ein ›Ganzes‹: eine »*Geschichte* in der weiteren Bedeutung« (Winckel-

14 Zu Winckelmann im ethnographischen Kontext, vgl. u.a. Décultot 2005, 123–124; 2009; Robert 2012; Leucht 2015; Michaud 2017; Kaufmann 2020, 102–107, 125–154.

15 Goethe in einem Brief an Herder, 13. Dezember 1786, zitiert nach Riedel 2006, 223.

16 Winckelmann 2002, 88; zu dieser neuen Epistemologie von Kunstgeschichte als Lehrgebäude und System vgl. Ferrari 2019.

mann 2002, XVI; H.i.O.), die von ›Hypothesen‹ geleitet auf ein »kunsthistorisches Ganzes« zielt.[17] Damit wird die antike Kunstgeschichte zu etwas, das prinzipiell solche ›holistischen‹ Zugriffe ermöglicht, und Winckelmann bringt sich so in die Position desjenigen, der das von ihm abgesteckte Feld überblickt.[18] Diesen Gestus beobachten bereits Zeitgenossen wie Heyne, der (bei aller Kritik) Winckelmanns Innovation hervorhebt: Ihm sei es zu verdanken, dass »wir einen Standpunkt nehmen [können], von welchem sich das Ganze übersehen lässt« (Heyne 1778, V). Dieser ›Standpunkt‹, der Kunstgeschichte als Stilfolge und narrative Synthese konzipiert (vgl. Décultot 1999, 183), wird ermöglicht durch einen epistemologischen Wandel vom Lesen zum ›Sehen‹: Winckelmann möchte, wie Élisabeth Décultot ausführt, dank seiner unmittelbaren Erfahrung in Rom, die Kunst ›sehen‹, sie also nicht aus Büchern studieren, sondern seine direkte Erfahrung der Kunst propagieren, die sich von der antiquarischen, ihr Wissen aus der Lektüre beziehenden »Tradition der Buchgelehrsamkeit« absetzt.[19] So kann er sich zum Begründer einer neuen Disziplin, der Kunstgeschichte, stilisieren, die sich »empiristischen Prinzipien verschreibt«.[20] In Abgrenzung zum bücherlesenden »Schwarm von Antiquariis« – »quella schiera de' scartabellatori di parole« (»jene Riege von Wortklaubern«) – verspricht Winckelmann in einem wiederkehrenden Topos das in Rom gesehene und entdeckte »Neueste aus dem Reiche der Alterthümer« (Br. 565, an Riedesel, 4. Juni 1763, Winckelmann 1954, 323). Diese Formel ist doppelt aufschlussreich. Zum einen konnotiert das »Neueste« die koloniale Rede von der ›Neuen Welt‹ (und der in ihr sich ereignenden ›Entdeckungen‹) und übertrifft diese sogar noch durch den Superlativ: das ›Ganze‹ der Antike, das Winckelmann mit seiner Kunstgeschichte anvisiert, liegt dementsprechend in einer ›Neuen Welt‹ und ist in Winckelmanns Worten ein »ganz neu entdecktes Land« (Br. 860, an Wiedewelt, 3. Juni 1767, Winckelmann 1956, 269). Zum anderen zeigt die Vorstellung vom »Reiche der Alterthümer«, inwiefern Winckelmann Geschichte und Vergangenheit als politischen Raum und zugleich als Raum taxonomischer Ordnung entwirft, der beherrscht werden kann: In einer Art Überblendung konvergieren die griechisch-römische Antike, das zeitgenössische Rom und ganz Italien sowie die ›Alterthümer‹ im Sinne der antiken, in

17 Vgl. Franke 2021, 230; vgl. zum Entwurf eines ›Ganzen‹ bei Winckelmann auch Roettgen 2013, 122.

18 Décultot betont daher Winckelmanns »Bemühen um einen makrohistorischen Maßstab« (2017, 225). Diese »synthetische [...] Dimension« zeige sich etwa auch in der Privilegierung des Begriffs ›Geschichte‹ gegenüber der chronikhaften ›Historie‹ (2017, 226). Vgl. Décultot 2005, 151.

19 Décultot 2016, 317; vgl. auch Décultot 1999, 183. Diese epistemologische Neuausrichtung resultiert auch in einem neuen, elliptisch-aphoristischen Stil, vgl. Décultot 2000; Disselkamp 2015, 115–132, bes. 121 und passim.

20 Décultot 2016, 320. Vgl. kritisch dazu Ferrari 2018.

Rom aufbewahrten materiellen Objekte zu einer Raumvorstellung, die, wie Winckelmanns Briefe belegen, als begehrtes ›Ganzes‹ Besetzung und Kolonialisierung erlaubt.[21]

4. Vergangenheit als kolonialer Raum: Winckelmanns Briefe aus Rom

Winckelmanns Konstruktionen dieses kolonialen Raumes der Vergangenheit stehen im Kontext des oben erläuterten Paradigmas der kolonialen Moderne seit dem 18. Jahrhundert, die temporale Eintragungen in die Natur-Kultur-Dichotomie vornimmt und diese auf eine Zeitachse spiegelt.[22] Denn die griechisch-römische Antike verbindet sich für Winckelmann mit der Vorstellung eines der Vergangenheit angehörenden Naturraumes, in dem die Menschen in angeblicher Nacktheit lebten. Weil diese Nacktheit allerdings nicht nur die Antike aufruft, sondern auch mit der Topik des ›edlen Wilden‹ aus Rousseaus *Discours sur l'inégalité* von 1755 interferiert, ist die Antike als das in der Natur lokalisierte zeitliche ›Andere‹ funktionalisiert.[23]

Diese Funktionalisierung zeigt sich bereits früh in Winckelmanns Briefen, wo sie sich auf Italien und die Stadt Rom überträgt. Rom als Ort im frühmodernen Italien, als Großstadt und kulturelles wie soziales Zentrum, tritt auffällig zurück; wo er es doch thematisiert, fasst Winckelmann es, als er vor Lärm keinen Schlaf findet, in den Begriffen »der großen Freyheit und impunité die hier herrschet, und bey der Nachläßigkeit aller Policey«.[24] Die »Freyheit«, die auch für Winckelmanns Griechenland-Bild zentral ist, ist hier also direkt mit der Abwesenheit gesellschaftlicher Regulative assoziiert und bewegt sich in demjenigen lexikalischen Rahmen, der das *Unpolicirte* mit dem ›Rohen‹, ›Natürlichen‹, ›Primitiven‹ gleichsetzt. Aber nicht nur die römische Bevölkerung, auch das Umland erscheint in Winckelmanns Briefen entsprechend markiert. In der Schilderung seiner Anreise nach Rom werden, je näher er der Stadt kommt, nicht nur die »Wirtshäuser« kontinuierlich schlechter, sondern er landet auch überraschend in der Einöde:

> Sobald aber Via Consularis oder Flaminia angehet, das ist, von da an wo er sich erhalten hat, an 33 Welsche Milien von Rom, geht die gäntzliche Verwüstung an: das schöne Land

21 Vgl. Disselkamp 2015, 242: »In dem gegenwärtigen Rom wird unter dem Blick der freundschaftlich diskurrierenden Spaziergänger die griechische Antike als arkadische Landschaft sichtbar.«

22 Dass Winckelmann ›die Antike‹ also nicht einfach entdeckt, sondern sie vielmehr (mit einer spezifischen Agenda) formt, betont auch Espagne, wenn er Winckelmanns Antikebezug nicht als »découverte«, sondern als »construction« liest (1995, 158).

23 Vgl. Immisch 2022; zum Ähnlichkeitsverhältnis von Antike und Natur vgl. Espagne 1995, 152.

24 Br. 151, an Berendis, 7. Juli 1756, Winckelmann 1952, 235. Zu anderen negativen Schilderungen Italiens vgl. Werner 2022.

> liegt wüste und öde, und in diesem gantzen Strich um Rom wächst nicht einmahl Wein, daher er in Rom nicht wohlfeil ist. (Br. 122, an Berendis, 20. Dezember 1755, Winckelmann 1952, 194)

Die Abwesenheit von Wein und damit von bodenbearbeitender *cultura* im eigentlichen Sinne lassen die Gegend vor Rom zum rohen Naturraum werden (auch wenn sich streng genommen in Winckelmanns Beschreibung noch nicht einmal Natur im Sinne von Flora oder Fauna findet). Zugleich ist das Gebiet vom Prozess der »Verwüstung« gezeichnet und somit nicht einfach Natur, sondern ursprünglich kultiviertes und dann aufgegebenes Terrain, ein Niemandsland. Die Topoi vom ›leeren Land‹ und von Niemandsländern gehören zu den gängigen Kolonialtopoi und dienten mit dem ihnen eingeschriebenen Begehren nach Inbesitznahme den europäischen Kolonisatoren zur Rechtfertigung kolonialer Besitzansprüche.[25] Auch Winckelmann bereitet sich durch die Konstruktion des wüsten Terrains und des leeren Landes den Boden für seine koloniale Besetzung der Antike. Dabei handelt es sich um kein ephemeres Wahrnehmungsdispositiv, sondern eine Redeweise, die sich offenbar so sehr im Imaginären der Antike festsetzt, dass noch drei Jahre später, also 1758, Johann Georg Wille in einem Brief an Caspar Füssli eine ähnliche Äußerung Winckelmanns über Neapel paraphrasiert:

> Er ist wieder in Rom angelanget. Er hat, ehe er Neapel verlassen, eine Reise an den Salernischen Meerbusen gethan, um Pesto, das Posidonium der alten zu besuchen. Es ist eine Wüsteney und öde Gegend, 60 welsche Meilen von Neapel, und wenig Leuten bekannt, wie unser Freund [Winckelmann] versichert. (Br. 216, an Wille, Mai 1758, Winckelmann 1952, 369)

»Pesto« und »Velia« erscheinen ihm auch an anderer Stelle »bis itzo« als »ein unentdecktes Land« (Br. 630, an Francke, 28. Januar 1764, Winckelmann 1956, 14). Am seit der Antike urban besiedelten Golf von Neapel ist eine solche Imagination von kolonisierbarem Land, von »Wüsteney und öde[r] Gegend« besonders unplausibel und erscheint umso offenbarer als rhetorische Strategie. Winckelmann stilisiert sich zum Pionier und Entdecker einer angeblich unbekannten Gegend, füllt die immer wieder neu entworfene Epistemologie der Leere mit seiner eigenen Präsenz und Er-

---

25 Vgl. Kimmich 2021, 15 und passim. Siehe auch Kimmich 2021, 12: »Über Niemandsländer zu reflektieren, sie zu katalogisieren, zu rubrizieren, Bilder und Texte zu Niemandsländern zu sammeln und zu deuten, heißt in erster Linie, über den Zusammenhang von Besitz und Nichtbesitz, über den von Kultivierung und Eigentum, über Kolonialisierung und Inbesitznahme, über Zäune, Grenzen und Gräben bzw. über deren Verschwinden zu sprechen.« Zum Motiv der Landnahme vgl. Holdenried/ Post 2021.

oberung auf. Diese Vorstellungen vom leeren, kolonisierbaren Land überträgt Winckelmann auch auf das disziplinäre Profil der Altertumswissenschaften: »Die Untersuchungen in der Kunst der Alten, ein unberührtes Feld, lassen mir keine Zeit, die Schätze, wornach auswärtige Gelehrte so sehr seufzen, zu nutzen.« (Br. 173, an Bünau, 12. Mai 1757, Winckelmann 1952, 281)

Das »unberührte Feld« suggeriert hier die *cultura* des Pfluges und entwirft so abermals die Antike als ›Natur‹. Es zeigt sich aber auch, wie Winckelmann die anderen, als »scartabellatori« (»Blätterer«) und *Antiquari* verfemten Altertumswissenschaftler des disziplinären Feldes verweist, um so seinen eigenen Originalitätsanspruch zu untermauern. Ein »unberührtes Feld« sind nämlich nicht nur ›die Antike‹ oder das zeitgenössische Italien, sondern auch die gegenwärtigen ›Altertumswissenschaften‹ (im Sinne der antikebezogenen Wissensbestände), in denen sich Winckelmann als Pionier hervortun möchte.

Die Konstruktion der Antike als rohe Natur und als leeres, kolonisierbares Land bereiten indes eine imaginäre Landnahme vor; der Imagination des Niemandslandes korrespondiert dessen koloniale Aneignung. So bezeichnet Winckelmann etwa seinen ersten Besuch in den Stoss'schen Antikensammlungen als »scorrerie« (»Streifzüge«) und ruft eine militärisch-gewaltvolle Semantik auf: »Al primo ingresso nel Museo mi lasciai correre e mi diedi a far scorrerie rimote assai dal mio limitato proposito [...]«[26] (Br. 240, an Baldani, 30. September 1758, Winckelmann 1952, 418). Diese ›Streifzüge‹, die sich 1760 in der Publikation der *Description des pierres gravées du feu Baron de Stosch* materialisieren, verdeutlichen auch, dass Winckelmann in Italien natürlich keineswegs in einem menschenleeren, verlassenen Gebiet unterwegs ist, sondern sich vielmehr geschickt durch die komplizierte Welt römisch-vatikanischer Intrigen und Machtspiele manövriert. Immer wieder spielt er gekonnt drei mächtige Kardinäle gegeneinander aus, um Einfluss, Zugang zu Antikensammlungen sowie Ämter und Geld zu erlangen. Ab 1759 arbeitet er bei Kardinal Albani als Bibliothekar, später wird er *Scriptor* an der Vatikanischen Bibliothek (vgl. Roettgen 2017, 30, 32). Als er am 11. April 1763 zum *Commissario delle Antichità* und damit zum obersten Präfekten der vatikanischen Antikensammlung ernannt wird (Roettgen 2017, 32), kommt er gewissermaßen im Zentrum der Macht an. Als *Commissario* hat er drei Aufgaben: erstens Überwachung und Schutz der antiken Denkmäler und Bauten in Rom, zweitens die Aufsicht über neue Funde und Grabungen, wofür er »zur Erteilung von Grabungslizenzen Stellungnahmen verfassen« muss, und drittens die Überwachung der Ausfuhr von Kunstgegenständen (per Gutachten) (Fröhlich 2011, 55). Die Rhetorik von der Kolonialisierung der Antike übersetzt sich also auch in konkrete Praktiken, und Winckelmann kontrolliert die Antike nicht mehr nur imaginär, sondern ganz materiell. Hatte er zuvor schon

26 Dt.: »Als ich das Museum zum ersten Mal betrat, ließ ich mich treiben und begab mich auf weit von meinem begrenzten Vorhaben entfernte Streifzüge [...]« (Übers. QI).

andere – v.a. italienische – Gelehrte rhetorisch aus der Antike vertrieben, so kann er ihnen jetzt ganz konkret den Zugang verwehren. Noch zwei Jahre zuvor, 1761, bemerkt Winckelmann über den Abtransport antiker Kunstgegenstände: »Man könnte mit zehen beladenen Wagens von hier gehen, ohne daß ein Hahn darüber krähet«. (Br. 444, an L. Usteri, 3. Oktober 1761, Winckelmann 1954, 183) Dies ändert sich (jedenfalls in Winckelmanns Darstellung) nun. Über seinen baldigen Amtsantritt als *Commissario* schreibt Winckelmann: »Carica onorifica, di genio mio, senza fatica, e sufficiente per ora al mio mantenimento, unita poi con un posto alla Vaticana che non mi mancherà, può dispormi a piantare il mio tugurio in quest'Alma lontano da tutti i guai«[27] (Br. 550a, an Bianconi, 9. April 1763; Winckelmann 1954, 305). Die hier entscheidende Formulierung, dass er nun seine Hütte aufschlage (»piantare il mio tugurio«), verwendet er mehrfach:

> Ich habe nunmehro meine Hütte auf ewig in Rom aufgeschlagen, [...]. (Br. 572, an Berg, 21. Juni 1763, Winckelmann 1954, 328)

> Folglich werde ich meine Hütte in Rom auffschlagen, [...]. (Br. 553, an C. Füssli, 9. April 1763, Winckelmann 1954, 305–306)

> Ich kann also nunmehr mein Gezelt in diesem Lande der Menschenliebe auffschlagen, als der erste Deutsche, welcher hier das Haupt in der Antiquität erhoben hat. (Br. 551, an Walther, 9. April 1763, Winckelmann 1954, 305–306)

Winckelmanns Besiedelung erhebt den imperialen Anspruch der ›Ewigkeit‹, und die Landnahme der Antike findet hier also ihren metaphorischen Abschluss, wenn der Amtsantritt mit Inbesitznahme und Bebauung gleichgesetzt wird. Dies verbindet sich für Winckelmann mit denselben ökonomischen Interessen, die auch den europäischen Kolonialismus begleitet haben, wenn er immer wieder betont, dass er jetzt finanziell ausgesorgt habe. Es ist daher kaum überraschend, dass er das oben erwähnte Recht auf Kontrolle der Grabungen auch in Briefen reklamiert: »Es darf auch niemand ohne meine Erlaubniß nach Alterthümern auch in seinem eigenen Grunde graben« (Br. 554, an L. Usteri, 16. April 1763, Winckelmann 1954, 309). Bemerkenswert daran ist allerdings, dass Winckelmanns ›Recht‹ also Vorrang vor den konkreten Besitzverhältnissen hat.[28] Winckelmann hat jetzt die Antike imaginär kolonialisiert und auch das zeitge-

27 »Ein Ehrenposten, von meinem eigenen Genie ausgedacht, ohne Anstrengung, und zu meinem Unterhalt für den Augenblick ausreichend, dann verbunden mit einem Posten in der Vatikanischen Bibliothek, der mir nicht fehlen wird, kann mich dazu bringen, meine Hütte in dieser reichen Stadt fernab aller Schwierigkeiten aufzuschlagen« (Übers. QI).

28 Zu den Eigentumstheorien des 18. Jahrhunderts – vor allem in Anschluss an Rousseaus *Discours*

nössische Italien konkret ›besetzt‹ bzw. hält jedenfalls konkrete Rechte an Kunstgegenständen wie an Grund und Boden.[29] Diese Imagination von Territorialmacht, eine auf Landbesetzung, aber auch symbolische Inbesitznahmen abzielende Kolonialisierung im Sinne Osterhammels und Jansens (s.o.), gipfelt schließlich in der Selbstinszenierung als Herrscher, die Martin Disselkamp herausgearbeitet hat. Im Rahmen der sommerlichen Aufenthalte auf dem Lande, der *villeggiatura*, besonders im Umfeld des Kardinals Albani, »bezieht Winckelmann aristokratische Lebensgewohnheiten« (Disselkamp 2015, 384): Er kleidet sich pompös und bewegt sich souverän in der Villa Albani. Indem er in dieser und anderen »auf historischem Boden und im Geist der Antike errichteten Villen« residiert, errichtet er sein »Imperium des Gelehrten« (Disselkamp 2015, 386). Mit Blick auf seinen Gastgeber Albani kann Winckelmann daher die Hierarchien verkehren: »Es sollte scheinen, er baue für mich, er kaufe Statuen für mich; denn es geschiehet nichts, was ich nicht billige. Ich bin Herr auf allen dessen Lusthäusern, und in allen ist eine Reihe Zimmer für mich« (Br. 688, an Genzmer, 22.12. 1764, Winckelmann 1956, 75). So hat er jetzt eine imaginäre wie territoriale Macht erlangt, die er schließlich imperial codiert: Wie andere koloniale Reiseberichte verfassen, so berichtet Winckelmann gegenüber seinen Briefpartnern selbstbewusst »[d]as Neueste aus dem Reiche der Alterthümer« (s.o., Br. 565, an Riedesel, 4. Juni 1763, Winckelmann 1954, 323); und es ist dies *sein* ›Reich‹, eben dasjenige eines, wie Winckelmann sich bezeichnet, »Patrioten unter einem fremden Himmel« (Br. 753, an Heyne, 4. Januar 1766, Winckelmann 1956, 152).

5. Epistemizide und Kolonialität in der *Geschichte der Kunst*

Winckelmanns Kolonialisierung der Antike metaphorisiert sich nicht nur in seinen Briefen, sondern beherrscht auch die Epistemologie seiner *Geschichte der Kunst des Altertums* (1764). Mit ihr legt Winckelmann eine Abhandlung nicht nur über die griechisch(-römisch)e, sondern u.a. auch zur ägyptischen, persischen und etruskischen Kunst vor, die allesamt in ihren historischen Entwicklungsverläufen verfolgt werden.

Schon der Beginn der *Geschichte der Kunst des Altertums* setzt die von Winckelmann in den Briefen entworfene koloniale Topik der Antike fort. Erscheint die Antike dort als »unberührtes Feld«, so präsentiert Winckelmann sich jetzt als erster, der jemals *Geschichte* schreibe:

---

sur l'inégalité – vgl. Kimmich 2021, 25–30.

29 Vgl. aber Roettgen 2017, 33: »Tatsächlich scheint sich W. nur dann persönlich um die Lizenzen zur Ausfuhr von Kunstwerken gekümmert zu haben, wenn ihn die Objekte interessierten und wenn er sie für so wichtig hielt, dass er die Ausfuhr untersagte.«

> Es sind einige Schriften unter dem Namen einer Geschichte der Kunst an das Licht getreten; aber die Kunst hat einen geringen Antheil an denselben: denn ihre Verfasser haben sich mit derselben nicht genug bekannt gemachet, und konnten also nichts geben, als was sie aus Büchern, oder von sagen hören, hatten. In das Wesen und zu dem Innern der Kunst führet fast kein Scribent, und diejenigen, welche von Altertümern handeln, berühren entweder nur dasjenige, wo Gelehrsamkeit anzubringen war, oder wenn sie von der Kunst reden, geschieht es theils mit allgemeinen Lobsprüchen, oder ihr Urtheil ist auf fremde und falsche Gründe gebauet. (Winckelmann 2002, XVI)

Winckelmann will also der erste sein, der aus einem unterschiedslosen Kontinuum antiker Kunst eine Abfolge von Entwicklungen macht, der in das »unberührte Feld« Linien und Furchen einzieht, Anfang und Ende, Abbrüche und Diskontinuitäten einzeichnet. Dazu befähige ihn wie erwähnt seine direkte Anschauung. Da er gerade diese direkte Anschauung, also Grabungen und Zirkulation von Kunstgegenständen aber als *Commissario* kontrolliert, beansprucht er ein reales wie imaginäres Regime über die Antike. Er formuliert hier also einen historiographischen ›Vorsprung‹ und legt sich eine epistemologische Überlegenheit zu: Gerade so, wie später laut Walter Mignolo die ›Entdeckung‹ der Tiefenzeit eine »confirmation of the superiority of Western knowledge« (Mignolo 2011, 170) darstelle, so ist Winckelmanns *Geschichte* eine Bestätigung seiner eigenen Wissensübermacht. Er dringt in die Tiefe der Antike vor, während alle anderen nur als »scartabellatori« (»Blätterer«) vergeblich im Papier wühlten.[30]

Aus seiner direkten Anschauung entwickelt Winckelmann nun eine Entwicklungsgeschichte der Kunst, die aus dem Zeitkontinuum ›Antike‹ eine Folge von Veränderungen macht. In einem ersten Schritt besteht die Kolonialisierung der Antike, wie Winckelmann sie in der *Geschichte der Kunst des Altertums* vornimmt, in einer historischen Differenzierung:[31] Er überschreibt das bekannte Wissen[32] mit Entwicklungs-

30 Mignolo argumentiert, dass der europäische Anspruch, die Tiefenzeit ›entdeckt‹ zu haben, eine Überlegenheit über andere Wissensysteme impliziere: »What matters, however, is that with the discovery of ›deep time‹ European science was able to imagine the age of the universe in a dimension that surpassed the calculus achieved until then by other civilizations. ›Deep time‹ was in a way a confirmation of the superiority of Western knowledges over the rest of the planet and other advanced civilizations.« (Mignolo 2011, 170) Diesem Anspruch ähnlich, ist auch Winckelmann überzeugt, als Pionier in überlegener Weise die Historizität antiker Kunst zu erkennen.

31 Diese Differenzierung läuft darauf hinaus, eine »zivilisatorische Rangordnung« (Décultot 2017, 233) aufzuzeigen, und sie appliziert Modelle europäischer Kulturgeschichte auf Kunst und Gesellschaften aus anderen Kontexten und Zusammenhängen; daher dient die Differenzierung letztlich einer Homogenisierung der ›anderen‹ Kunst.

32 Winckelmanns Zugang betont besonders die Abfolge und Entwicklung, während andere zeitgenössische Altertumswissenschaftler sich katalogartig den Einzelobjekten widmen, so etwa Montfaucon in seiner *L'Antiquité expliquée et représentées en figures* von 1722 oder der Comte de

schemata und betont (wie auch Goethe bemerkt, s.o.) die unterschiedlichen »Völker« und »Zeiten«. Doch sollen sich diese historischen Aspekte mit der normativen Dimension des »Lehrgebäude[s]« verbinden (Décultot 2017, 228). Dem korrespondiert der Aufbau des Gesamtwerkes, der paradox Historie und ahistorische Normativität zusammenbringt (vgl. Décultot 2018): In einem ersten Teil handelt Winckelmann ethnographisch Ägypter, Phönizier, Perser, Etrusker, Griechen und Römer ab, um im zweiten Teil dann die griechische Kunst als höchstentwickelte zu fokussieren. Wie Élisabeth Décultot argumentiert hat, zieht Winckelmann dabei in die ethnographischen Kapitel ebenfalls Entwicklungslinien ein, anhand derer er einen »Entwicklungsstil der Völker« (2017, 233) propagiert. Während ›die Griechen‹ also sehr entwicklungsfreudig seien und überdies harmonische Übergänge zwischen den einzelnen Kunstphasen hätten, seien etwa ›die Ägypter‹ äußerst träge und kannten nur sehr disparate Stile. Die Fähigkeit, eine Geschichte zu besitzen, wird von Winckelmann, der selber in seinem Modell eine Art übergeordnete Position einnimmt, hier abgestuft und mit Vorstellungen zivilisatorischen Fortschritts verbunden: Die polymorphe Geschichte griechischer Kunst erscheint höherwertig als das angeblich Unverbundene ägyptischer oder persischer Stilmonotonie. Winckelmann kolonisiert hier also zunächst durch die Einordnung auf einer zeitlich organisierten Skala, indem er manche ›Völker‹ eher der Natur, andere eher der Kultur zuordnet. Dies läuft über eine Analyse unterschiedlicher Faktoren ab:

> Die Kunst ist für W. zum einen eminenter Ausdruck der Verfasstheit und Geschichte eines Volkes, also das Produkt einer spezifischen Gemengelage politischer, sozialer, kultureller, klimatischer und anatomischer Faktoren, die – obgleich den Kunstwerken *sensu stricto* äußerlich – dennoch einen direkten Einfluss auf selbige ausüben. (Décultot 2017, 231)

Diese »Gemengelage«, analysiert Décultot Winckelmann weiter, sei in Griechenland mustergültig gewesen, wo dank der Umstände »der unübertroffene Höhepunkt der ethnohistorischen Entwicklung der antiken Völker erreicht und von einer Abwärtsbewegung unter den Römern wieder abgelöst wird« und zugleich in eine durch ihren jeweiligen ›Abstand‹ zu Griechenland bestimmte »Abfolge der Zivilisationen« mündet: »Demnach gibt es archaische Völker, wie etwa die Ägypter, die von der zivilisatorischen Perfektion, wie sie die Griechen verkörpern, noch weit entfernt liegen, und es gibt wiederum solche, wie die Etrusker, die ihr schon nahe kommen« (Décultot 2017, 233).

Caylus, der in seinen *Recueils D'Antiquités Egyptiennes, Etrusques, Grecques et Romaines* (1752–67) die Antike als fragmentarisch und obskur, sich dem synthetischen Geschichtsnarrativ widersetzend wahrnimmt.

›Ungriechische‹ Kunst erscheint bei Winckelmann als ›grob‹, unharmonisch und letztlich ›barbarisch‹. Die Entwicklung hin zur ›Kultur‹ ist also nur unter spezifischen Bedingungen möglich und letztlich nur im antiken Griechenland mustergültig gelungen; sie figuriert dort als ›zweite‹ Natur, wie sie sich etwa im idealisierten nackten Körper zeigt, der zwischen ›roher‹ und idealer Natur changiert (vgl. Immisch 2022).

Die Differenzierung dient also der Überschreibung: Kaum disponiert, eine andere Kunst als die griechische zu würdigen, treibt Winckelmann andere Gesellschaften förmlich aus seiner Geschichte hinaus. Sie werden beinahe nur behandelt, um ihre Unterlegenheit zu demonstrieren, wie etwa die zahlreichen rassistischen Passagen zeigen. Als er über Verlust bzw. vielmehr Zerstörung antiker Kunst schreibt, betont er, dass aufgrund ihrer schwarzen Farbe deutlich mehr ägyptische Kunst zerstört worden sei.

> Diese Wuth veranlassete vermuthlich die schwarze Farbe dieser Statuen, und der daraus erwachsene Begriff von Werken des Fürsten der Finsterniß, und von Bildern böser Geister, die man sich in schwarzer Gestalt einbildete. (Winckelmann 2002, 126)

Winckelmann perpetuiert diesen Vorgang gewissermaßen: So wie das antike Schwarze zerstört worden sei, so wird es auch bei ihm epistemologisch delegitimiert und aus der *Geschichte* getrieben. Denn gegenüber dem dämonisierten Schwarz betont er das mit göttlichem Licht assoziierte Weiß: »Da nun die weiße Farbe diejenige ist, welche die mehresten Lichtstrahlen zurückschicket, [...] so wird auch ein schöner Körper desto schöner seyn, je weißer er ist, ja er wird nackend dadurch größer, als er in der That ist, erscheinen« (Winckelmann 2002, 248). Auch wenn für Winckelmann »der tägliche Umgang mit Mohren das widrige der Farbe benimmt« (Winckelmann 2002, 248), ist damit ein Modus rassifizierter (aber ästhetisch ›begründeter‹) Abwertung entworfen. Auf dieselbe Weise akzeptiert er auch nur ›die Griechen‹ als ›schön‹:

> Die gepletschte Nase der Calmucken, der Sinesen, und anderer entlegenen Völker, ist ebenfalls eine Abweichung: denn sie unterbricht die Einheit der Formen, nach welcher der übrige Bau des Körpers gebildet worden, und es ist kein Grund, warum die Nase so tief gesenkt liegt, und nicht vielmehr der Richtung der Stirne folgen soll; so wie hingegen die Stirn und Nase aus einem geraden Knochen, wie an Thieren, wider die Mannigfaltigkeit in unserer Natur seyn würde. Der aufgeworfene schwülstige Mund, welchen die Mohren mit den Affen in ihrem Lande gemein haben, ist ein überflüßiges Gewächs und ein Schwulst, welchen die Hitze ihres Clima verursachet, so wie uns die Lippen von Hitze, oder von scharfen salzigen Feuchtigkeiten, auch einigen Menschen im heftigen Zorne, aufschwellen. Die kleinen Augen der entlegenen Nordlichen und Ostlichen Länder sind in der Unvollkommenheit ihres Gewächses mit begriffen, welches kurz und klein ist. (Winckelmann 2002, 246)

Es könnte kaum offensichtlicher sein, wie das ›Andere‹ am Apollon-Maßstab gemessen und die Antike so homogenisiert wird: Allein das griechische Ideal besitzt Gültigkeit, und alles Abweichende wird von Winckelmann aus der *Geschichte der Kunst* herausgedrängt – sowohl epistemologisch als auch ganz konkret geographisch. Denn es sei zuallererst Griechenland als Raum mitsamt seinem angeblich favorablen Klima, das für die Höherwertigkeit sorge:

> Der Einfluß des Himmels muß den Saamen beleben, aus welchem die Kunst soll getrieben werden, und zu diesem Saamen war Griechenland der auserwählte Boden [...]. Vieles, was wir uns als Idealisch vorstellen möchten, war die Natur bey ihnen. Die Natur, nach dem sie stuffenweis durch Kälte und Hitze gegangen, hat sich in Griechenland, wo eine zwischen Winter und Sommer abgewogene Witterung ist, wie in ihrem Mittelpuncte gesetzt, und je mehr sie sich demselben nähert, desto heiterer und fröhlicher wird sie, und desto allgemeiner ist ihr Wirken in geistreichen witzigen Bildungen, und in entschiedenen und vielversprechenden Zügen. (Winckelmann 2002, 213)

So wie Griechenland also der »Mittelpunct« der Welt ist, so ist es auch der Dreh- und Angelpunkt seiner Kunstgeschichte, in der alle anderen als Peripherie vom metropolitan-kolonialen Zentrum abhängen. Ägypter und Perser sowie »Mohren« liegen nicht nur geographisch fernab, sie haben laut Winckelmann unansehnliche Körper, verfügen über ›weniger‹ Geschichte, und sie werden als Akteure der mediterranen Antike von Winckelmanns Traktat performativ verdrängt und ausgelöscht, indem die griechische Kunst zur einzig gültigen Ästhetik wird. Hinter Winckelmanns Objekten – den griechischen Skulpturen – tritt also die Vielstimmigkeit der Antike zurück, ganze Menschenmassen verstummen hinter der formelhaft gewordenen »edle[n] Einfalt und [...] stille[n] Größe« (Winckelmann 2016, 66).

Diesen Epistemizid expliziert Winckelmann in gewisser Weise sogar lange vor der *Geschichte der Kunst des Altertums:* In seinem Aufsatz über die Gedanken vom mündlichen Vortrag der neueren allgemeinen Geschichte unterscheidet er »Erfinder« und »Copisten«: »Von Gelehrten und Künstlern verewigt die allgemeine Geschichte nur Erfinder, nicht Copisten; nur Originale, keine Sammler [...]« (Winckelmann 1968, 21). Damit ist einerseits Winckelmanns eigene Position als Pionier (und nicht Nachahmer) im Bereich der Altertumskunde angesprochen und die Topik des ›Neuen‹ mitsamt der kolonialen ›Neuen Welt‹ aufgerufen; darüber hinaus geht es aber explizit um Kunst, wie ja auch die *Geschichte der Kunst* stets das griechische ›Original‹ privilegiert: »Dieses ist der Grundsatz, den man beym Vortrag der neueren allgemeinen Geschichte vor Augen haben muß: alles Subalterne gehöret in die Special-Geschichte« (Winckelmann 1968, 21). Andere Epistemologien sind damit aus der Geschichte verdrängt.

Die Kolonialität der *Geschichte der Kunst* erweist sich somit als Ausganspunkt für Untersuchungen einer ›Kolonialisierung der Antike‹. Die Kolonialisierung der Antike wird in der metaphorischen Rede in den Briefen vorbereitet, sie zeigt sich dann aber in der *Geschichte der Kunst* vor allem als spezifische Form der intendierten Abwesenheit, die hier mit dem Konzept des Epistemizids zu umkreisen versucht wurde. Diese Form der Kolonialisierung indiziert also eine Leerstelle bzw. ›Lücke‹ im historischen Narrativ. Bei der Analyse von ›Kolonialität‹ kommt es daher auch darauf an, dasjenige anzuzeigen, was nicht mehr ›da ist‹, und die Strategien und konkreten Gesten der Auslöschung sichtbar zu machen, um so die Epistemizide zu rekonstruieren und das Ausgelöschte sichtbar zu machen. Das Konzept des Epistemizids kann helfen, einen (wenigsten partiellen) Perspektivwechsel vom Kolonialisator zu den Kolonialisierten zu vollziehen, um das vom hegemonialen Diskurs Verdrängte, das ausgelöschte Wissen wieder sichtbar zu machen. Gerade deswegen kann die Suche nach den Epistemiziden in der europäischen Kulturgeschichte auch einen Ansatz für eine post-postkoloniale Kulturwissenschaft darstellen, die nicht Alterität und Differenz aufeinandertreffender Realitäten fokussiert, sondern eher (angedeuteten und verlorenen) Präsenzen nachgeht. Fragen nach *Global Epistemologies* aufzunehmen, wird eine der Herausforderungen für die Kulturwissenschaften darstellen; die Integration von Konzepten wie dem des Epistemizids bietet Potenziale, bei der Reflexion auf Kulturgeschichte einen globalen Rahmen anzulegen und im Verweis auf die Gesten ihrer Auslöschung andere Wissensformen jedenfalls in ihrer Abwesenheit zu vergegenwärtigen: So könnte sich die ›Arbeit am Material‹ mit dessen ›Provinzialisierung‹ verbinden, die Aufmerksamkeit für strukturelle Kolonialität, wie sie etwa in der ›Kolonialisierung der Vergangenheit‹ zutage tritt, den Ausgangspunkt für dekoloniale Vergangenheitsverhältnisse bilden.

In Winckelmanns Kolonialisierung der Antike überlagern sich verschiedene Dimensionen in kaum unterscheidbarer Weise. Die epistemische Kolonialisierung der Antike als Wissensbestand bzw. -raum, wie sie in den Briefen metaphorisiert ist und der *Geschichte der Kunst* epistemologisch zugrunde liegt, ist nicht nur Zugriff auf eine Vergangenheit, sondern auch Selbstinszenierung als Altertumswissenschaftler, der ›Neues‹ entdeckt. Die Kolonialisierung der Antike betrifft also auch die ihr zugeordnete Disziplin der Altertumswissenschaften, die sich im 18. Jahrhundert zu systematisieren und entfalten beginnen. Künftige Untersuchungen könnten daher einerseits die Kolonialisierung der Antike auch in anderen Texten und Quellen des 18. Jahrhunderts in den Blick nehmen, sodass möglicherweise auch jenseits von Winckelmann eine grundsätzliche Kolonialität der Klassik sichtbar wird. Andererseits setzen sich die von Winckelmann vorgenommenen kolonialen Einschreibungen in die Epistemologie der antikebezogenen Wissensbestände bis in die Gegenwart fort und sind auch in den aktuellen Debatten über die Dekolonialisierung der Altertumswissenschaften, der klassischen Philologie und der Classics präsent. Eine systematische Untersuchung kolonialer Strukturen im Wissen von der Antike könnte hier auch Einsichten in die Affirmationen und Widerstände dieser Debatte bieten, in der brisant Kulturgeschichte und Wissenschaftspolitik aufeinandertreffen (vgl. Immisch/ Schomber 2023).

Literaturverzeichnis

Primärliteratur

Goethe, Johann Wolfgang von (2000a): Winckelmann. In: *Werke. Hamburger Ausgabe*, hg.v. Erich Trunz. Bd. 12. München: DTV, S. 96–129.

Goethe, Johann Wolfgang von (2000b): *Autobiographische Schriften.* In: *Werke. Hamburger Ausgabe*, hg.v. Erich Trunz. Bd. 11. München: DTV.

Heyne, Christian Gottlob (1778): *Sammlung antiquarischer Aufsätze.* Bd. 1. Leipzig: Weidmanns Erben und Reich.

Winckelmann, Johann Joachim (1952): *Briefe.* Hg. v. Walther Rehm. Bd. 1. 1742–1759. Berlin: De Gruyter.

Winckelmann, Johann Joachim (1954): *Briefe.* Hg. v. Walther Rehm. Bd. 2. 1759–1763. Berlin: De Gruyter.

Winckelmann, Johann Joachim (1956): *Briefe.* Hg. v. Walther Rehm. Bd. 3. 1764–1768. Berlin: De Gruyter.

Winckelmann, Johann Joachim (1968): Gedanken vom mündlichen Vortrag der neueren allgemeinen Geschichte. In: *Kleine Schriften. Vorreden. Entwürfe.* Hg. v. Walther Rehm. Berlin, S. 17–25.

Winckelmann, Johann Joachim (2002): *Geschichte der Kunst des Alterthums. Text.* In: *Schriften und Nachlaß.* Bd. 4/1. Hg. v. Adolf H. Borbein et al. Mainz: Philipp von Zabern.

Winckelmann, Johann Joachim (2016): Gedancken über die Nachahmung der Griechischen Wercke in der Mahlerey und Bildhauer-Kunst. In: *Schriften und Nachlaß.* Bd. 9/1. Hg. v. Adolf H. Borbein et al., S. 27–77.

Sekundärliteratur

Bhatti, Anil/ Kimmich, Dorothee (Hgg.) (2015): *Ähnlichkeit. Ein kulturtheoretisches Paradigma.* Konstanz: Konstanz University Press.

Blumenberg, Hans (1960): Paradigmen zu einer Metaphorologie. In: *Archiv für Begriffsgeschichte*, 6, S. 7–142.

Burrows, Mathew (1986): ›Mission civilisatrice‹: French Cultural Policy in the Middle East, 1860–1914. In: *The Historical Journal*, 29/1, S. 109–135.

Cooper, Frederick (1992): Colonizing Time: Work Rhythms and Labor Conflict in Colonial Mombasa. In: Dirks, Nicholas B. (Hg.): *Colonialism and Culture.* Ann Arbor: University of Michigan Press, S. 209–245.

Décultot, Elisabeth (1999): Winckelmann naturaliste. L'histoire naturelle et la naissance de l'histoire de l'art. In: *Dix-huitième siècle*, 31 (Baridon, Michel/ Rolland, Christine (Hgg.): *Mouvement des sciences et esthétiques(s)*), S. 179–194.

Décultot, Elisabeth (2000): Les lectures françaises de Winckelmann. Enquête sur une généalogie croisée de l'histoire de l'art. In: *Revue germanique internationale*, 13 (Décultot, Elisabeth (Hg.): *Ecrire l'histoire de l'art : France-Allemagne, 1750–1920*), S. 49–65.

Décultot, Elisabeth (2005): *Untersuchungen zu Winckelmanns Exzerptheften. Ein Beitrag zur Genealogie der Kunstgeschichte im 18. Jahrhundert*. Übers. v. Wolfgang von Wangenheim und René Mathias Hofter. Ruhpolding: Franz Philipp Rutzen.

Décultot, Elisabeth (2009): Anthropologie et ethnologie de l'histoire de l'art au XVIIIe siècle. In: *Études germaniques*, 64/4, S. 821–839.

Décultot, Elisabeth (2016): Lesen versus sehen? Winckelmanns Umgang mit den gegenständlichen und schriftlichen Quellen zur antiken Kunst. In: von Ammon, Frieder/ Rémi, Cornelia/ Stiening, Gideon (Hgg.): *Literatur und praktische Vernunft. Festschrift für Friedrich Vollhardt zum 60. Geburtstag*. Berlin/ Boston: De Gruyter, S. 317–334.

Décultot, Elisabeth (2017): »Geschichte der Kunst des Alterthums« und »Anmerkungen über die Geschichte der Kunst des Alterthums«. In: Disselkamp, Martin/ Testa, Fausto (Hgg.): *Winckelman-Handbuch. Leben – Werk – Wirkung*. Stuttgart: Metzler, S. 224–241.

Décultot, Elisabeth (2018): Zwischen Norm und Geschichte. Winckelmanns Kunsthistoriographie und der Begriff des Klassischen. In: *Publications of the English Goethe Society*, 87/1, S. 15–23.

Derrida Jacques (1995 [1993]): *Marx' Gespenster*. Übers. v. Susanne Lüdemann. Frankfurt a.M.: Fischer.

Descola, Philippe (1996): Constructing Natures: Symbolic Ecology and Social Practice. In: Descola, Philippe/ Pálsson, Gísli (Hgg.): *Nature and Society. Anthropological Perspectives*. London: Routledge, S. 82–102.

Descola, Philippe (2005): *Par-delà nature et culture*. Paris: Gallimard.

Descola, Philippe (2017): Les animaux et l'histoire, par-delà nature et culture. Entretien avec Philippe Descola. In: *Revue d'histoire du XIXe siècle*, 54/1, S. 113–131.

Descola, Philippe (2021 [2011]): *Jenseits von Natur und Kultur*. Übers. v. Eva Moldenhauer. Berlin: Suhrkamp.

Disselkamp, Martin (2015 [1993]): *Die Stadt der Gelehrten. Studien zu Johann Joachim Winckelmanns Briefen aus Rom*. Berlin: De Gruyter.

Espagne, Michel (1995): Antiquité, nature et nation chez Winckelmann. In: *Dix-huitième Siècle*, 27, S. 143–158.

Fabian, Johannes (1983): *Time and the Other. How Anthropology makes its Objects*. New York: Columbia University Press.

Fanon, Frantz (1981 [1961]): *Die Verdammten der Erde*. Übers. v. Traugott König. Frankfurt a.M.: Suhrkamp.

Ferrari, Stefano (2018): Il contributo di Winckelmann alla nascita della moderna storia dell'arte. In: Balestreri, Isabella Carla Rachele/ Facchin, Laura (Hgg.): *Arte e cultura fra classicismo e lumi. Omaggio a Winckelmann*. Milano: Jaca Book, S. 141–159.

Ferrari, Stefano (2019): Sistema, congettura e storia nell'opera di Winckelmann. In: *Studi germanici*, 15–16, S. 7–29.

Franke, Thomas (2021): Fiktionalität in der *Geschichte der Kunst des Alterthums:* Zur Bedeutung der Hypothesenbildung für Winckelmanns Kunstgeschichtssystem und ihre wissenschaftshistorischen Voraussetzungen. In: Décultot, Elisabeth/ Dönike, Martin/ Feloj, Serena/ Slavazzi, Fabrizio (Hgg.): *Die Winckelmann-Rezeption in Italien und Europa. Zirkulation, Adaption, Transformation.* Berlin/ Boston: De Gruyter, S. 227–239.

Freccero, Carla (2007): Queer spectrality. Haunting the Past. In: Haggerty, George E./ McGarry, Molly (Hgg.): *A Companion to Lesbian, Gay, Bisexual, Transgender, and Queer Studies.* Malden, Mass.: Blackwell, S. 194–213.

Fröhlich, Thomas (2011): Winckelmann als Commissario delle Antichità. In: Bruer, Stephanie-Gerrit/ Rößler, Detlef (Hgg.): *Festschrift für Max Kunze. Der Blick auf die antike Kunst von der Renaissance bis heute.* Ruhpolding/ Mainz: Franz Philipp Rutzen.

Holdenried, Michaela/ Post, Anna-Maria (Hgg.) (2021): *»Land in Sicht!«. Literarische Inszenierungen von Landnahmen und ihren Folgen.* Berlin: Erich Schmidt.

Immisch, Quintus (2022): Imagining the Naked Body. Winckelmann, the Origin of Art, and the Cultural History of Nudity in the Eighteenth Century. In: *CompLit. Journal of European Literature, Arts and Society,* 3/1, S. 89–105.

Immisch, Quintus/ Schomber, Saskia (2023): Dekolonialisierung und Diversifizierung des Wissens von der Antike. Zur Debatte um ›Antike und Identität‹ in den Altertumswissenschaften. In: *Antike und Abendland,* 69, S. 21–43.

Kassung, Christian/ Macho, Thomas (2019): Einleitung. In: Kassung, Christian/ Macho, Thomas (Hgg.): *Kulturtechniken der Synchronisation.* München/ Paderborn: Fink, S. 9–21.

Kaufmann, Sebastian (2020): *Ästhetik des ›Wilden‹. Zur Verschränkung von Ethno-Anthropologie und ästhetischer Theorie 1750–1850.* Basel: Schwabe.

Kimmich, Dorothee (2017): *Ins Ungefähre. Ähnlichkeit und Moderne.* Paderborn: Konstanz University Press.

Kimmich, Dorothee (2021): *Leeres Land. Niemandsländer in der Literatur.* Göttingen: Konstanz University Press.

Kimmich, Dorothee (2022): Ähnlichkeit: Kulturtheoretisches Paradigma, methodische Herausforderung und ein Beitrag zu den *Global Epistemologies.* In: Kimmich, Dorothee in Zusammenarbeit mit Anil Bhatti, Nicole Colin, Quintus Immisch (Hgg.): *Nach dem Postkolonialismus? Ähnlichkeit als kulturtheoretisches Paradigma.* In: Laura Auteri (Hg.): *Akten des XIV. Internationalen Germanistenkongresses Palermo 2021: Wege der Germanistik in transkulturellen Perspektiven,* Band 4, Bern u.a.: Peter Lang, S. 479–498.

Kirtsoglou, Elisabeth/ Simpson, Bob (2020): Introduction. The time of anthropology: studies of contemporary chronopolitics and chronocracy. In: Kirtsoglou, Elisabeth/ Simpson, Bob (Hgg.): *The Time of Anthropology. Studies of Contemporary Chronopolitics.* London: Routledge, S. 1–30.

Kontje, Todd (2020): Decentering Germany's Classical Center: Colonial Critique and Weimar Classicism. In: *The German Quarterly,* 93/2, S. 221–236.

Koschorke, Albrecht (2015): Ähnlichkeit. Valenzen eines post-postkolonialen Konzepts. In: Bhatti, Anil/ Kimmich, Dorothee (Hgg.): *Ähnlichkeit. Ein kulturtheoretisches Paradigma,* Konstanz: Konstanz University Press, S. 35–45.

Leucht, Robert (2015): Griechische Wilde. Vergleiche zwischen Antike und Neuer Welt, 1752–1821 (Lafitau, Böttiger, Winckelmann, Bougainville, Forster, Chamisso). In: *Euphorion*, 109/4, S. 375–399.

Mattar, Karim (2020): *Specters of World Literature. Orientalism, Modernity, and the Novel in the Middle East.* Edinburgh: Edinburgh University Press.

Matuschek, Stefan (2003): Winckelmänner der Poesie. Herders und Friedrich Schlegels Anknüpfung an die Geschichte der Kunst des Altertums. In: *DVJs*, 77/4, S. 548–563.

Michaud, Eric (2017): Was die moderne Anthropologie und Ethnologie von Winckelmann lernten. Eine kritische Sichtung. In: Décultot, Elisabeth et al. (Hgg.): *Winckelmann. Moderne Antike*, München: Hirmer, S. 115–126.

Mignolo, Walter D. (2011): *The Darker Side of Western Modernity. Global Futures, Decolonial Options.* Durham/ London: Duke University Press.

Osterhammel, Jürgen/ Jansen, Jan C. (2017): *Kolonialismus. Geschichte, Formen, Folgen.* 8. aktualisierte Aufl. München: Beck.

Padilla Peralta, Dan-el (2020): Epistemicide: The Roman Case. In: *Classica*, 33/2, S. 151–186.

Patrut, Iulia-Katrin/ Rössler, Reto (Hgg.) (2019): *Ähnlichkeit um 1800. Konturen eines literatur- und kulturtheoretischen Paradigmas am Beginn der Moderne* (= Ähnlichkeiten; 1). Bielefeld: Aisthesis.

Pilar Blanco, María del/ Peeren, Esther (Hgg.) (2013): *The Spectralities Reader. Ghosts and Haunting in Contemporary Cultural Theory.* New York: Bloomsbury Academic.

Riedel, Volker (2006): Zwischen Klassizismus und Geschichtlichkeit. Goethes Buch *Winckelmann und sein Jahrhundert.* In: *International Journal of the Classical Tradition*, 13/2, S. 217–242.

Robert, Jörg (2012): Ethnofiktion und Klassizismus. Poetik des Wilden und Ästhetik der ›Sattelzeit‹. In: Robert, Jörg/ Günther, Friederike F. (Hgg.): *Poetik des Wilden. Festschrift für Wolfgang Riedel*, Würzburg: Königshausen & Neumann, S. 3–39.

Roettgen, Steffi (2013): Vom ›Aggregat der Zufälligkeiten‹ zum ›organischen Ganzen‹. Kunstgeschichtliche Entwürfe zwischen Winckelmann und Rumohr. In: Rosenbaum, Alexander (Hg.): *Johann Heinrich Meyer. Kunst und Wissen im klassischen Weimar* (= Ästhetik um 1800; 9). Göttingen: Wallstein, S. 119–139.

Roettgen, Steffi (2017): Winckelmann in Italien. In: Disselkamp, Martin/ Testa, Fausto (Hgg.): *Winckelmann-Handbuch. Leben – Werk – Wirkung.* Stuttgart: Metzler, S. 18–47.

Santos, Boaventura de Sousa (2014): *Epistemologies of the South. Justice against epistemicide.* New York: Routledge.

Santos, Boaventura de Sousa (2016): Epistemologies of the South and the future. In: *From the European South*, 1, S. 17–29.

Santos, Boaventura de Sousa (2018): *The End of the Cognitive Empire. The Coming of Age of Epistemologies of the South.* Durham/ London: Duke University Press.

Schmidt, Jochen (1993): Griechenland als Ideal und Utopie bei Winckelmann, Goethe und Hölderlin. In: *Hölderlin-Jahrbuch*, 28, S. 94–110.

Viveiros de Castro, Eduardo (1997): Die kosmologischen Pronomina und der indianische Perspektivismus. In: *Bulletin de la Société Suisse des Américanistes*, 61, S. 99–114.

Werner, Sylwia (2022): »Der Schrecken des Südens. Italophobie in deutschen Reiseberichten der Goethezeit«. In: *Zeitschrift für interkulturelle Germanistik*, 13/1, S. 27–45.

Zantop, Susanne M. (1999 [1997]): *Kolonialphantasien im vorkolonialen Deutschland (1770–1870)* (= Philologische Studien und Quellen; 158). Berlin: Erich Schmidt.

Rabea Conrad

Ausgrabungen, Untergrabungen

Über eine foucaultsche Poetik der Archäologie in Kenah Cusanits *Babel*

»All die Historiker, all die Philologen, Archäologen, um den Boden der Zivilisation auszuheben und auszustellen und sich selbst obendrauf zu stellen.«[1]

ABSTRACT: This essay focusses on Kenah Cusanit's novel Babel, in which archaeology is both the subject of the plot and made visible as a practice of colonizing the (foreign) past. Cusanit's writing explores the historical circumstances and forces at the height of European colonialism around 1900, when European archaeology set out to excavate the origins of civilization. Cusanit's literary project is meta-archaeological: it applies Michel Foucault's ›archaeological‹ method and metaphor to the research practice of archaeology itself. The essay shows how Cusanit transforms Foucault's approach – to examine certain historical discourse formations – into a poetics for her archaeological novel. As the ground of archaeological certainty erodes, both scientific theories and colonial narratives are undermined. What remains are not ›objective‹ time-transcending, but radically historical formations of a past that cannot easily be colonized in one's own interests.

KEYWORDS: discourse, archaeology, Foucault, history of knowledge, poetics, Babel/Babylon

Die Archäologie hält einen großen Metaphernschatz für den Umgang mit ›Geschichte‹ bereit. Sie setzt die Suche nach dem Ursprung, dem Grund und der Vorgeschichte ins Bild, sie liefert plastisches Material für die Darstellung abstrakter Tätigkeiten – besonders von Wissenschaftler:innen. Aus dieser Perspektive wird verständlich, warum sich die Rede von der ›Archäologie‹ anbietet, wenn ein lebendiges, an ein Heute rührendes Begreifen ›der Geschichte‹ ermöglicht werden soll – insbesondere, wenn es dabei um eine gegenwärtig so brisante Geschichtsschreibung wie die der Kolonisation und damit zusammenhängend um die Provenienzforschung zu archäologischer Raubkunst geht. Der vorliegende Aufsatz widmet sich vor diesem aktuellen Hintergrund Kenah Cusanits Roman *Babel*, in dem die Archäologie Sujet der erzählten Handlung ist und dabei als Praxis der Kolonialisierung von (fremder) Vergangenheit sichtbar wird. Cusanits Schreiben selbst lässt sich dabei als meta-archäologisch beschreiben, denn es fragt diskursarchäologisch nach den historischen kolonialen Umständen und Vorstellungen zur Zeit des Hochimperialismus, von denen ausgehend die europäische Archäologie die ›Ursprünge der (eigenen) Zivilisation‹

1 Cusanit, Kenah (2019): *Babel*. 1. Aufl. München: Hanser, S. 177.

auszugraben sich aufmachte. Dabei fällt schnell auf, dass Cusanits literarisches Projekt auch an Michel Foucaults *Archäologie des Wissens* anknüpft; wobei sie dessen metaphorische Verwendung dieses Begriffs für seine ›Methode‹ gewissermaßen ›erdet‹, indem sie seine ›Archäologie des Wissens‹ auf die Forschungspraxis der Archäologie um 1900 selbst anwendet. Foucaults *Archäologie* entsteht aus einem Interesse an der Gegenwart und fragt nach den Bedingungen der Möglichkeit bestimmter historischer Diskursformationen. Cusanit greift diese Herangehensweise auf, nimmt deren metaphorische Benennung wörtlich und macht daraus – so die These – ein poetologisches Programm für ihren Roman. Dabei stellt sich schnell heraus: Wenn das Graben auf keinen festen Grund mehr stößt und sobald die ausgrabenden Europäer mit dem Problem konfrontiert sind, »Lehm von Lehm zu unterscheiden«,[2] erodieren in dieser Archäologie der Archäologie sowohl wissenschaftliche Theorien als auch koloniale Narrative: Zurück bleiben keine überzeitlichen, sondern nur radikal historische Formationen einer Vergangenheit, die sich nicht so einfach als Fundament des Eigenen vereinnahmen lassen.[3]

1. Ein historischer Archäologie-Roman als Beitrag zur Provenienzdiskussion?

Kenah Cusanits Debütroman *Babel* lässt sich auf den ersten Blick als eine Art historischer ›Zeitroman‹ beschreiben, der von der Ausgrabung Babylons durch die Deutsche Orientgesellschaft in Mesopotamien von 1899 bis 1917 erzählt. Schnell fällt die relative äußere Handlungsarmut im Vergleich zu langen essayistisch-reflektierenden Passagen und die Wiedergabe von Streitgesprächen auf, was an Musils *Mann ohne Eigenschaften* oder Thomas Manns *Zauberberg* erinnert. Maren Lickhardts Kritik an dieser Bezeichnung ›Zeitroman‹ als allzu allgemeine Kategorie für einen Roman, der auf irgendeine Art und Weise den Charakter einer bestimmten Zeit reflektiert,[4] bringt jedoch einen weiteren Begriff ins Spiel, den ich an dieser Stelle zur Beschreibung von Cusanits Roman aufgreifen möchte: den des ›Diskursromans‹.

2 Cusanit: *Babel*, S. 187.

3 Auch Edward Saids berühmte Studie *Orientalism* von 1978 verbindet Foucaults Diskursanalyse aus der *Archäologie des Wissens* mit einem postkolonialen Ansatz. Ihm geht es jedoch weniger um den Begriff der Archäologie oder eine Diskursanalyse im strengen Sinne, sondern vielmehr um eine von Antonio Gramsci inspirierte Machtanalyse mit Blick auf die vorgefundenen ›Diskurse‹ über den Orient (vgl. Said, Edward (2003): *Orientalism*. London: Penguin Books, bspw. S. 3, 7 u. 23). Cusanit nimmt Foucault in ihrem postkolonialen Roman dagegen sprichwörtlich ›beim Wort‹, wie ich im Folgenden zeigen möchte.

4 Vgl. Lickhardt, Maren (2009): *Irmgard Keuns Romane der Weimarer Republik als moderne Diskursromane*. Heidelberg: Universitätsverlag Winter, S. 233f.

1.1. Babel als ›Diskursroman‹

Meine Charakterisierung *Babels* als ›Diskursroman‹ erfolgt zunächst in einer Foucault'schen Abgrenzung gegenüber dem Ideenroman: So wie Foucault die Diskursgeschichte von Ideengeschichte unterschieden wissen will, indem er das Interpretierende, Kontinuität Herstellende, die Ideen auf das Subjekt und ihren Kern Zurückrechnende der Ideengeschichte zurückweist,[5] ist auch Cusanits Ansatz eher ein diskurs- als ein ideengeschichtlich interessierter: Es geht ihr nicht darum, Widersprüche zu glätten oder einen allzu kontinuierlichen, d.h. direkten und eindimensionalen Bezug zu aktuellen Debatten herzustellen. Vielmehr fragt ihr Ansatz nach den widersprüchlichen Wissensformationen der Archäologie und des Kolonialismus um 1900.

Der Gattungsbegriff ›Diskursroman‹ hat darüber hinaus – wie bereits angedeutet – eine eigene Geschichte, an die ich hier produktiv anknüpfen möchte: Zuerst geprägt von Ulf Eisele in Bezug auf den modernen Roman schlechthin (insofern er reflexiv und metafiktional ist),[6] wird er von Lickhardt für die Beschreibung von Irmgard Keuns Romanen *Gilgi – eine von uns* und *Das kunstseidene Mädchen* aufgegriffen und zu einer neuen analytischen Qualität präzisiert: Anders als Eisele nimmt sie direkt Bezug auf Foucaults Diskursanalyse, nutzt dessen transzendentales Modell jedoch nicht, um selbst diskursanalytisch ›von außen‹ auf den Roman zu blicken und die in ihm wirksamen Diskurse zu bestimmen, wie dies etwa Wolfgang Rohe tut, von dem sie sich explizit distanziert.[7] Ihr geht es vielmehr darum zu zeigen, wie Keuns Romane das von ihnen importierte (Sprach-)Material, also die Diskurse, die sie aufnehmen und die die ›naiven‹ Protagonistinnen konstituieren, als Fremdes ausstellen und reflektieren:

> Der Diskursroman ist ein diskursanalytischer Roman, aber im Gegensatz zum Zeitroman richtet er sein diskursanalytisches Verfahren reflexiv und metafiktional auf sich selbst. Aus einem Roman in Bezug auf Diskurse seiner Zeit wird ein Roman in Bezug auf die Diskurse seiner Zeit, die ihn konstituieren und die ihm zu eigen sind.[8]

---

5 Vgl. Foucault, Michel (1981): *Archäologie des Wissens.* Übers. von Ulrich Köppen. 1. Aufl. Frankfurt am Main: Suhrkamp, S. 198f.

6 Vgl. Lickhardt: *Irmgard Keuns Romane der Weimarer Republik*, S. 239. Sie bezieht sich auf: Eisele, Ulf (1984): *Die Struktur des modernen deutschen Romans.* Tübingen: Niemeyer.

7 Vgl. Lickhardt: *Irmgard Keuns Romane der Weimarer Republik*, S. 13. Sie bezieht sich auf: Rohe, Wolfgang (1993): *Roman aus Diskursen. Gottfried Keller »Der grüne Heinrich« (Erste Fassung; 1854/55).* München: Fink. Dessen Verständnis habe den Nachteil, dass – insofern die Diskurse eines Romans außerhalb dieses Romans in dessen Kontexten gesucht werden – potentiell jeder Roman als Diskursroman beschreibbar wird.

8 Lickhardt: *Irmgard Keuns Romane der Weimarer Republik*, S. 237.

Blickt man mit dieser Bestimmung auf Cusanits Roman, lässt sich dieser vielleicht am ehesten als ›historischer Diskursroman‹ bestimmen: Während Keun die Diskurse ihrer Zeit aufgreift, bezieht sich *Babel* auf bereits historisch gewordene Diskurse, denn Cusanit schreibt im 21. Jahrhundert über die Zeit um 1900: Die ganze Rahmenhandlung besteht aus einem Tag des Jahres 1913 an der Ausgrabungsstätte Babylon. Alle weiteren Handlungselemente (eine Rückblende ins Jahr 1909 nach Berlin, eine Flussfahrt auf dem Euphrat, diplomatische Treffen mit lokalen politischen Akteuren, europäische Besuche auf der Grabungsstätte) werden als Erinnerungen des Grabungsleiters und Protagonisten Robert Koldewey erzählt. Während sich dieser in der erzählten Gegenwart zunächst nicht einmal bewegt, wird die statische Szene der Erzählung von Schriftstücken wie Telegrammen, Briefen oder Namenslisten belebt, die sich in Koldeweys Arbeitszimmer stapeln oder aus seinem immer mitgeführten Notizbuch-Kalender fallen. Aus diesen erfahren die Leser:innen von – in der Erzählzeit – bereits vergangenen oder räumlich entfernten parallelen Ereignissen. Diese collageartigen Elemente unterbrechen den handlungsarmen auktorialen Erzählfluss, der immer wieder in ausufernden philosophischen, religions- und wissenschaftstheoretischen Abschweifungen Koldeweys steckenzubleiben droht, die von winzigen Beobachtungen und Irritationen dieser Figur ihren Ausgangspunkt nehmen. Durch solche in den Roman eingearbeiteten Reflexionen Koldeweys aber ist Cusanits Protagonist den keunschen Protagonistinnen diametral entgegengesetzt: Denn diese bestehen Lickhardt zufolge ganz aus den Diskursen ihrer Zeit, nehmen also selbst keinerlei kritische Distanz zu diesen ein. Sie argumentiert, dass die reflexive Ebene der Romane Keuns weder in der Psychologie der Figuren noch in einem expliziten Erzählerkommentar verortet werden kann, sondern allein durch die Erzählweise und Form, also z.B. durch komische Überzeichnung und Stereotypisierung, durch polyfone Strategien wie die Collage oder durch eine metafiktionale Form wie die des Tagebuchs erzeugt wird.[9] Auch wenn Cusanit in *Babel* also ähnliche Verfahren wie bspw. die Collage nutzt, ist ihr historischer Diskursroman auf einer viel expliziteren Ebene reflexiv: Zwar ist auch bei ihr der (heterodiegetische) Erzähler konsequent intern fokalisiert und verlässt nie die Perspektive des Protagonisten. Aber anders als in Keuns Romanen reflektiert der so gar nicht naive Koldewey als Wissenschaftler die Wissensformationen seiner Zeit in ihrer Disparatheit: Den Leser:innen wird die Wahrnehmung der erzählten Welt durch das Kaleidoskop eines »Universalwissenschaftler[s] alter Schule«,[10] der sich jedoch in der Moderne zurechtfinden muss, zugemutet. Dessen idiosynkratische Art führt zudem an die Grenzen des unzuverlässigen Erzählens: Nicht nur die Leser:innen, auch die an-

9 Vgl. Lickhardt: *Irmgard Keuns Romane der Weimarer Republik*, S. 230f.

10 So bezeichnet Cusanit ihren Protagonisten in einem Interview mit Frank Mayer (28.01.2019): Der Mann, der Babylon ausgrub. Gespräch im *Deutschlandfunk Kultur:* https://www.deutschlandfunkkultur.de/kenah-cusanit-babel-der-mann-der-babylon-ausgrub-100.html. 08.09.2022.

deren Figuren des Romans stellen sich bisweilen die Frage, ob dieser Professor nicht eigentlich verrückt ist.[11] Gerade diese Verschrobenheit des Protagonisten macht Cusanits Roman wieder anschlussfähig an Lickhardts Verständnis des Diskursromans: Versteht man die Verrücktheit analog zur Naivität der keunschen Protagonistinnen – insofern den so charakterisierten Figuren die Fähigkeit zu verstehen auf der Ebene der *histoire* jeweils auf die eine oder andere Art aberkannt wird –, schaffen diese psychologischen Defekte auf der Ebene des *discours* erst die Bedingung der Möglichkeit für diese Romane, tatsächlich ein literarisches Reflexionsmedium ihrer eigenen Diskurse zu sein, wie ich anhand der Figur Koldewey zeigen möchte.

1.2. Die Kolonialisierung der Vergangenheit

Um welche Diskurse es in *Babel* dabei konkret geht, wird anhand der Rahmenhandlung schnell deutlich: Koldewey ist Architekt und Chef-Archäologe der Babylon-Mission – und ein ausgeprägter Hypochonder. Die ersten 150 Seiten des Romans liegt er mit einer vermutlich eingebildeten Blinddarmentzündung exzentrisch leidend in seinem Arbeitszimmer in der Nähe der Grabungsstätte, ohne sich zu bewegen. In der zweiten Hälfte des Romans rafft er sich schließlich auf: Ihn hat die Nachricht erreicht, dass Gertrude Bell, die britische Forschungsreisende und Geheimdienstmitarbeiterin, »in der Nähe des Turms gesichtet«[12] wurde. Dieser Turm ist dabei – der Titel lässt es schon ahnen – kein geringerer als der biblisch legendäre *Turm zu Babel*. Sofort macht Koldewey sich auf den Weg, um ihr entgegenzugehen, denn angesichts des drohenden Weltkrieges, den er gewissermaßen atmosphärisch sich am europäischen Horizont zusammenbrauen fühlt, ist so ein diplomatisch begabtes ›Fräulein Bell‹ für ihn die einzige Möglichkeit, die ausgegrabenen Funde (insbesondere die Fragmente des Ischtartors und der Prozessionsstraße) zu retten und nach Berlin bringen zu lassen. Es ist dieses Projekt der Verschiffung der Kulturgüter, das den ganzen Roman wie ein »thematische[r] Grundton«[13] durchzieht und Koldewey immer knapp unterhalb der Bewusstseinsschwelle umtreibt. Hier wird deutlich, dass auch für die Figur des kritisch reflektierenden Wissenschaftlers die seine eigene Arbeit bedingenden nationalen und kolonialistischen Diskurse unverfügbar bleiben und bleiben müssen, da sie psychologisch und ökonomisch die Grundlage der eigenen Tätigkeit darstellen: Während er auf dem Weg zu Gertrude Bell das Ischtartor passiert, fragt sich Koldewey, warum ausgerechnet er, »dem jahrelang wissenschaftliche Befunde wichtiger gewesen waren als

11 Vgl. bspw. Cusanit: *Babel*, S. 83f.

12 Cusanit: *Babel*, S. 153.

13 Cusanit: *Babel*, S. 193.

auszustellende Funde, sich dafür verantwortlich fühlte, die Ziegelkisten nach Berlin zu bringen«.[14]

Es ist dieses große und schwierige Projekt des babylonischen Ziegeltransports, das den Roman nicht nur leitmotivisch durchzieht, sondern ihn auch in seiner Konzeption zusammenhält: Denn dieser materielle Transfer bindet die beiden ungleichen Schauplätze Babylon und Berlin aneinander,[15] auf der Ebene der *histoire* motiviert er die Korrespondenzen und Interaktionen der Figuren und auf der des *discours* stellt er auf den ersten Blick leicht durchschaubare strukturierende und bedeutungsstiftende Metaphern und Analogien bereit: Denn dass das Grabungsprojekt selbst dem biblisch-babylonischen Turmbau gleicht, sowohl im nicht bewältigbaren Umfang des Vorhabens, als auch in den vielfältigen Verständigungsproblemen der beteiligten Figuren – Stichwort ›Sprachverwirrung‹ –, ist wohl eine der offensichtlicheren Pointen von *Babel*. Doch diese Parallelisierung von Babylon und Berlin, die als historischer Topos markiert ist, weil sie die zeitgenössisch allgegenwärtige ›Hure Babylon‹ in der deutschsprachigen Großstadtprosa und -lyrik des frühen 20. Jahrhunderts aufruft,[16] führt bei Cusanit auch in die Irre: Zwar zitiert der Roman die Metapher eines babylonischen Berlins zu Beginn des 20. Jahrhunderts, versieht diese aber auch mit ironischen Brechungen[17] und betont dadurch auch immer wieder die historischen und kulturellen Abstände, die zwischen beiden liegen.[18] Vielmehr erscheint die Rede von ›Babylon Berlin‹ im Kontext der deutschen Interessen an dem archäologischen Projekt als Teil einer kolonialen Konstellation, in der der ›Orient‹ weniger territorial als kulturhistorisch angeeignet wird. Diese Form der kulturellen Aneignung beschränkt sich dabei gerade nicht auf die metaphorische Ebene, sondern materialisiert sich im Zie-

14 Cusanit: *Babel*, S. 193.

15 Vgl. Cusanit: *Babel*, S. 35. Dort heißt es: »Die Ungleichung: Berlin ≠ Babylon«.

16 Vgl. bspw. Alexander Döblins *Berlin Alexanderplatz* (1929). Auch in *Metropolis* (1927) von Fritz Lang, einem frühen Film der Weimarer Republik, kommt das Motiv vor. In Zusammenhang mit der modernen Großstadt wird nicht zuletzt auch der babylonische Gott Baal aufgegriffen, vgl. Heym, Georg: *Der Gott der Stadt* (1910).

17 Vgl. Cusanit: *Babel*, S. 227. »Sprachlich waren sich die beiden Städte ja schon immer sehr nahe, hatten sie doch, würden die Philologen sagen, sehr ähnliche Wurzelkonsonanten: BBL und BRL, zuzüglich einer Endung, die auf N auslautete.« Der Verweis auf die – von Koldewey durchweg verachteten – Philologen lässt bereits erkennen, für wie konstruiert und abgegriffen ihm der von seinen Chicagoer Kollegen bemühte Vergleich bereits erscheint.

18 Vgl. bspw. Cusanit: *Babel*, S. 208 u. 215. Dabei verfährt Cusanit grundsätzlich anders, als die deutsche Fernsehserie *Babylon Berlin* (2017, Tom Tykwer), die nur ein paar Jahre vorher erschien und von deren Erscheinen die Autorin eigenen Angaben in einem Interview im *Deutschlandfunk Kultur* zufolge noch nichts ahnte, als sie mit ihrer Arbeit am Romanprojekt begann. Vgl. Mayer/Cusanit: Der Mann, der Babylon ausgrub.

geltransport, dessen Ziel es ist – in den Worten des deutschen Kaisers – »[d]ie berühmten Mauern Babylons [...] in Berlin wiedererstehen«[19] zu lassen: »Egal wie.«[20]

Trotzdem unterstellt Frank Meyer in einem Interview im Deutschlandfunk Kultur Cusanit nach Erscheinen ihres Romans im Januar 2019, die aktuelle Frage nach der kolonialen Raubkunst »außenvor« zu lassen.[21] Zu diesem Zeitpunkt ist die Diskussion um die Provenienz kolonialer Sammlungsgüter und die Möglichkeit ihrer Restitution in Europa gerade in vollem Gange; in Deutschland ist die Debatte außerdem eng mit dem zu dieser Zeit im Entstehen begriffenen Humboldtforum in Berlin verbunden, das im Sommer 2021 schließlich eröffnet wurde. Eine der Protagonist:innen dieser Diskussion ist die französische Kunsthistorikerin Bénédicte Savoy, die bis zu ihrem Austritt 2017 aufgrund von ›fachlichen Differenzen‹ auch Teil des Expertenbeirates des geplanten Humboldt-Forums war. In ihrer Antrittsvorlesung desselben Jahres am Collège de France in Paris verweist sie darauf, dass neben der Kunstgeschichte und der Ethnologie auch die Archäologie nie eine ›neutrale Wissenschaft‹ gewesen sei, sondern immer und bis heute nur in ihren politischen, diplomatischen und militärischen Kontexten verstanden werden müsse.[22] In diesem Zusammenhang schildert sie die Ausgrabungs- und Sammelwut, die Europa spätestens ab der zweiten Hälfte des 19. Jahrhunderts erfasst hat und vor deren Hintergrund auch die Romanhandlung bei Cusanit situiert ist:

> Während der europäische Kunstmarkt ein beispielloses Wachstum erlebt, gerät mit dem Ausbau des Eisenbahnnetzes und der Dampfschifffahrt, der Beschleunigung des Warenaustausches und der Konkurrenz der Kolonialmächte das Kulturerbe der Menschheit zu einem Politikum im Ringen um nationale Behauptung innerhalb Europas. [...] So wendet sich seit etwa 1850 die Archäologie all jenen Regionen zu, die Schauplätze des Alten und Neuen Testaments sind: Ägypten, Mesopotamien, dem heutigen Libanon, Syrien, Jordanien und Israel. Dies ist die Zeit, in der sich die Depots der europäischen Museen rasend schnell mit Papyrusfragmenten, tausenden Tontafeln und Tonzylindern füllen. Ihre Inventarisierung und Entzifferung ist aufgrund der schieren Masse heute noch nicht abgeschlossen. Zur selben Zeit überlässt das Osmanische Reich den europäischen Mächten, insbesondere dem Deutschen Reich, spektakuläre Zeugnisse der griechischen Antike in Kleinasien.[23]

---

19 Cusanit: *Babel*, S. 240.

20 Cusanit: *Babel*, S. 240.

21 Vgl. Mayer/ Cusanit: Der Mann, der Babylon ausgrub.

22 Vgl. Savoy, Bénédicte (2018): *Die Provenienz der Kultur. Von der Trauer des Verlusts zum universalen Menschheitserbe.* Aus dem Französischen von Philippa Sissis und Hanns Zischler. Berlin: Matthes & Seitz, S. 33.

23 Savoy: *Die Provenienz der Kultur*, S. 33f.

In diese von Savoy für Europa beschriebene, komplexe und politisch überdeterminierte Interessenlage in Bezug auf die Kulturgüter der ›Menschheitsgeschichte‹ zur Zeit des Hochimperialismus ist auch der historische Robert Koldewey als deutscher Wissenschaftler im Osmanischen Reich zu Beginn des 20. Jahrhunderts verstrickt. Indem sich Cusanit dieser Figur widmet, macht sie auch diese koloniale Verstrickung des Deutschen Reiches zum Thema. Die Journalistin Katharina Borchardt fasst das Interesse des Romans in ihrer Laudatio zum Uwe-Johnson-Förderpreis für Kenah Cusanit so zusammen: »Es geht um die wilhelminische Orientbegeisterung und den Kolonialwettstreit der westlichen Mächte. Und [es geht] um nichts weniger als darum, die Wiege der Menschheit und somit den Ursprung des Abendlandes freizulegen.«[24] Diese Einordnung ruft mit der Erinnerung an den deutschen Orientalismus den sprichwörtlich gewordenen »Platz an der Sonne« von Bernhard von Bülow auf,[25] der nicht nur ein macht- und wirtschaftspolitisches Streben des Deutschen Reiches bezeichnet, sondern auch einen kultur- und wissenschaftspolitischen Anspruch auf das kulturelle Erbe der Menschheit – insbesondere aber des ›christlichen Abendlandes‹ – erhebt. Der Literaturkritiker Ijoma Mangold bemerkt zu der Motivation hinter diesem ehrgeizigen Unterfangen in seiner Rezension des Romans in der *ZEIT* pointiert: »Als Kolonialmacht war Deutschland ein Nachzügler, aber die Welt ist nicht nur Raum, sondern auch Zeit, und die Vergangenheit kann man sich aneignen, indem man sie ausbuddelt.«[26] In *Babel* geht es also gewissermaßen um eine nicht nur räumliche, sondern auch zeitliche Form von Aneignung, eine *Kolonialisierung der Vergangenheit.* Schließlich zielt der Kolonisationswillen der Deutschen hier gerade nicht auf eine räumliche politische Landnahme im engeren Sinne, d.h. auf die Installation eines ›Schutzgebiets‹ mit Kolonialverwaltung,[27] sondern interessiert sich insbesondere für die Geschichte und das ideelle und historische kulturelle Eigentum des mesopotamischen ›Orients‹. So wird es auch im Roman dargestellt:

---

24 Borchardt, Katharina (2021): Laudatio zum Uwe-Johnson-Förderpreis 2019 auf Kenah Cusanit. In: Gansel, Carsten/ Engelhard, Gundula/ Raczynski, Karin et al. (Hgg.) (2020): *Uwe-Johnson-Preis 2020. Irina Liebmann »Die große Hamburger Straße«.* Berlin: Okapi, S. 95–101, hier S. 100.

25 Aus Bernhard von Bülows (zu diesem Zeitpunkt Staatssekretär des Auswärtigen Amtes des Deutschen Kaiserreiches) Beitrag zur Reichstagsdebatte am 6.12.1897 zur deutschen Kolonialpolitik: »Mit einem Worte: wir wollen niemand in den Schatten stellen, aber wir verlangen auch unseren Platz an der Sonne.« In: Penzler, Johannes (Hg.) (1907): *Fürst Bülows Reden nebst urkundlichen Beiträgen zu seiner Politik. Mit Erlaubnis des Reichskanzlers gesammelt. I. Band 1897–1903.* Berlin: Georg Reimer, S. 6–8, hier S. 8.

26 Mangold, Ijoma (2019): Wenn Preußen buddeln. In: *DIE ZEIT* 2019/5, S. 41.

27 Wobei natürlich auch die komplexen geopolitisch-kolonialen Verstrickungen dieser Zeit eine Rolle spielen, insbesondere im Zusammenhang mit dem Osmanischen Reich. Die Pointe des Romans zielt aber eher darauf, das Selbstverständnis der Deutschen, nach welchem das Deutsche Reich sich nur wenig an der Kolonisierung beteiligt habe, auch mit Blick auf kulturimperialistische Bemühungen infrage zu stellen.

›Wie gesagt‹, schrieb Delitzsch, ›die Schätze als solche mögen… zu beliebigem Teil der Türkei verbleiben, aber dem Schutte entrissen, zuerst verwertet und veröffentlicht möchten sie durch die deutsche Assyriologie werden, also dass Deutschland der Ruhm bleibt, der Wissenschaft Erkenntnisquellen geöffnet zu haben, deren eminente Bedeutsamkeit … bei allen Fachmännern feststeht.‹ *Ja!* hatte der Kaiser neben dem offenbar von ihm Unterstrichenen vermerkt und darunter: *Ja, wir werden das Licht des Deutschen Genius auch dorthin tragen.*[28]

Der europäische Kolonialismus kennt nicht nur die Weite, sondern auch die Tiefe. Als nicht nur politisches, sondern auch kulturell-zivilisatorisches Projekt bedient er sich der Wissenschaften, um sowohl den Raum (über Kartographie, Vermessung und Landnahme), als auch die Zeit bzw. die Vergangenheit (durch archäologische, ethnologische und kunsthistorische Forschung und die materielle und ideelle Aneignung der Grabungsfunde) der kolonisierten Völker in Besitz zu nehmen – nur um dieses Wissen gleich wieder für nationale, ›wohlmeinende‹ kulturimperialistische Zwecke zu nutzen (wie z.B. »das Licht des Deutsche Genius« in die Welt zu tragen).

Cusanit selbst verweist in ihrer Antwort auf Mayers Unterstellung, sie habe sich nicht oder kaum mit dem Problem der Raubkunst beschäftigt, auf die vielschichtigen Zusammenhänge von Kolonialismus und Archäologie:

Finden Sie? Also ich finde, es hat ja viele Grundlagen, diese Diskussion, die jetzt stattfindet, und ich finde, die sind vielleicht indirekt schon ausgebreitet. Es wird ja in diesem Roman nichts so direkt angesprochen, also das ist eine Diskussion, die ist wirklich sehr, sehr komplex. Ich finde Raubkunst, schon das Wort, was ist Raub, was ist Kunst. Es gab natürlich Fundverträge mit dem Osmanischen Reich, aber die Kunst, über die verhandelt wurde, gehörte ja eigentlich einer Region, die auch das Osmanische Reich usurpiert hatte sozusagen. Und die Menschen, zu deren Kultur die Kunst gehörte, sahen sie aber gar nicht als Kunst an, die Funde, sondern als etwas, was Baumaterial war, das man wiederverwendete.[29]

Diese Aussage ist vor allem vor dem Hintergrund einer Provenienzdiskussion, wie sie heute in Deutschland und Europa geführt wird, interessant: Cusanit greift die Figur des Robert Koldewey einerseits auf, um eine doppelte Aneignung (materiell und symbolisch) ›orientalischer‹ Kulturschätze schlicht anzuprangern. Darüber hinaus nutzt sie dessen ambivalentes Verhältnis zur eigenen Position als – nur vermeintlich objektiver – Wissenschaftler zur Darstellung eines kolonialen Macht- und Interessengeflechtes: Denn Koldewey ist zwar von einem durchaus glaubhaften Idealismus für den Erhalt

28 Cusanit: *Babel*, S. 238f. Hervorhebungen im Original.
29 Mayer/ Cusanit: Der Mann, der Babylon ausgrub.

dieser historischen Funde geleitet, wurde aber zugleich von verschiedenen Kommissionen und Akademien des Deutschen Reiches mit der Beschaffung von Fundtrophäen betraut und ist gezwungen, im kulturpolitischen Interesse seiner Auftrag- und Geldgeber zu handeln. In ihrer Antwort auf Mayer verweist Cusanit auf die Komplexität und den Facettenreichtum der Diskussion um koloniale Raubgüter, in der es nicht darum gehen darf – wie auch Savoy anmahnt – »die blutigen Plünderungen während der Kolonialkriege und die archäologischen Grabungen des 19. Jahrhunderts [...] über einen Kamm [zu] scheren«.[30] Statt um eine eindeutige Lösung gehe es darum, so Cusanit, »diese *Basis*, auf deren Grundlage man diskutieren kann, zu finden«.[31] Sie erinnert damit wiederum an den ›archäologischen‹ Ansatz von Foucaults Diskursanalyse, der ebenfalls darum bemüht ist, einen Diskurs als Objekt zu beschreiben,[32] ihn als ›Monument‹ darzustellen, das es freizulegen gilt, ohne immer schon zu interpretieren und dadurch eine ungebrochene Eindeutigkeit und Kontinuität zu erzeugen.[33]

2. Der Diskursanalytiker als Archäologe: Sedimentschichten einer Metapher

Was im bereits zitierten Interview Mayers mit Cusanit auffällt, ist das metaphorische Ausgreifen der Archäologie-Thematik des Romans auf die Metaebene des Diskurses *über* diesen Roman: Es geht um die *Basis*, die *Grundlagen* einer Diskussion, die Cusanit finden möchte. *Ausgraben*, gewissermaßen, aus den Archiven, die sie für die Recherche zu diesem Buch ausgiebig genutzt hat.[34] Im gleichen Interview mit Mayer, antwortet Cusanit – gefragt nach der Wirkungsästhetik und Poetik Ihres Romans – folgendermaßen:

> Es ist schon so, dass ich die Geschichte *ausgraben* wollte, wie Robert Koldewey Babylon ausgegraben hat, mehr kann ich dazu gar nicht sagen. Also er wollte die Stadt auferstehen lassen und ich einfach diese Geschichte und auch diese Epoche. Insofern ist der Roman auch sehr *archäologisch* geworden, und so ein archäologisches Verfahren korrigiert sich ja beim Machen auch immer selbst, und ich finde, das hallt darin wider. Und ja, ich denke, der Leser muss die *Schaufel* mit in die Hand nehmen.[35]

30 Savoy: *Die Provenienz der Kultur*, S. 53.
31 Mayer/ Cusanit: Der Mann, der Babylon ausgrub. Hervorhebung R.C.
32 Vgl. Foucault: *Archäologie des Wissens*, S. 200.
33 Vgl. Foucault: *Archäologie des Wissens*, S. 198f.
34 Vgl. Borchardt: Laudatio, S. 97.
35 Mayer/ Cusanit: Der Mann, der Babylon ausgrub. Hervorhebungen R.C.

Diese Archäologiemetapher durchzieht auch die Rezensionen von Cusanits Debüt in den Feuilletons: Mangold erklärt, dass *Babel* die historischen *Tiefenschichten* unserer Debatte *freilege*,[36] Sigrid Löffler bemerkt im Deutschlandfunk, dass Cusanit die tollsten Kuriositäten aus den Archiven *zutage gefördert* habe,[37] während es in der FAZ heißt, Cusanit habe mit ihrem Romandebüt einen archäologischen Solitär *ausgegraben*.[38] Borchardt formuliert in ihrer Laudatio, dass die Autorin »in historischen Koldewey-Dokumenten und auch in sich selbst *gegraben* [habe], um eine erstaunliche Geschichte zu *heben*«[39], und auch Paul Jandl in der NZZ spricht von den »Sedimenten der Religionen und Wissenschaften« und attestiert dem Roman, eine »fortlaufende *Archäologie* moderner Erkenntnis« zu sein.[40]

Besonders diese letzte Bemerkung von Jandl verweist meines Erachtens bereits darauf, dass man diese archäologische Metaphorik für die Poetik Cusanits nicht einfach als feuilletonistisch-seichte Suggestion abtun, sondern diese vielmehr heuristisch ernst nehmen sollte. Sie verweist bereits auf Foucaults metaphorisch-methodologische Verwendung des Archäologischen: auf *Die Ordnung der Dinge*, die bekanntlich den Untertitel *Eine Archäologie der Humanwissenschaften* trägt, und insbesondere auf seine *Archäologie des Wissens*. Die Frage ist nun, wie und warum Cusanit für ihren Roman auf Foucaults ›Archäologie‹ zurückgreift: Welchen metaphorischen Mehrwert bietet die Rede von der ›Archäologie‹ für Foucaults Werk und seine ›Methode‹? Wie greift Cusanit diese Metapher auf und was passiert, wenn sie diese ›erdet‹ und auf die Archäologie selbst zurückwendet?

Schließlich soll es darum gehen, welche *Poetik* ein solches diskursarchäologisches Projekt, das nach den kultur- und kolonialgeschichtlichen Bedingungen für die Produktion von Wissen über die Vergangenheit fragt, hervorbringt. Dabei interessiert mich vor allem das Verhältnis von Wissenschaftstheorie und Poetologie: Wie lässt sich überhaupt eine dekoloniale Kritik an der europäischen Wissenschaftstradition und ihren politischen Verstrickungen formulieren, wenn wir bis heute in einer postkolonial

---

36 Mangold: Wenn Preußen buddeln, S. 41.

37 Löffler, Sigrid (2019): Eine Ausgrabung als Komödie. *Deutschlandfunk Kultur:* https://www.deutschlandfunkkultur.de/kenah-cusanit-babel-eine-ausgrabung-als-komoedie-100.html. 08.09.2022.

38 Küchemann, Fridtjof (2019): Die innovativsten Ausgräber im Orient. In: *FAZ.NET:* https://www.faz.net/aktuell/feuilleton/buecher/rezensionen/belletristik/die-innovativsten-ausgraeber-kenah-cusanits-roman-babel-16016269.html. 08.09.2022.

39 Borchardt: Laudatio, S. 100. Hervorhebungen R.C.

40 Jandl, Paul (2019): Kaiser Wilhelm und das Ischtar-Tor von Babylon: Kenah Cusanit erzählt in »Babel« beeindruckend über Archäologie am Euphrat. In: *NZZ.CH:* https://www.nzz.ch/feuilleton/kenah-cusanit-babel-ist-ein-grandioser-debuetroman-ld.1455493. 08.09.2022. Hervorhebung R.C.

formatierten Welt leben, in der die Folgen des Kolonialismus und die alten Denkmuster noch immer nachwirken – bis hinein in unsere Wissenschaften?

2.1. Foucault: Archiv und Archäologie

Der Rückgriff auf Foucault, wenn es darum geht, einen historischen Roman über einen Archäologen zu schreiben, liegt zugleich nahe und nicht nahe. Denn ein wichtiger Konsens in Bezug auf die *Archäologie des Wissens* besteht darin, dass es um *Archäologie* im strengen Sinne in diesem vierten großen Werk Foucaults gerade nicht gehe.[41] Schon in der *Archäologie* selbst verweist Foucault darauf:

> Das Recht der Wörter – das nicht mit dem der Philologen zusammenfällt – gestattet es, allen diesen Untersuchungen den Titel Archäologie zu verleihen. Dieser Ausdruck fordert nicht zur Suche nach irgendeinem Anfang auf; er rückt die Analyse nicht in verwandtschaftliche Nähe zu Ausgrabung oder geologischer Sondierung. [...] Die Archäologie beschreibt die Diskurse als spezifizierte Praktiken im Element des Archivs.[42]

Immer wieder muss Foucault sich für dieses begriffliche Wortspiel, das Archäologie auf das Archiv bezieht und nicht auf die Suche nach tiefvergrabenen Anfängen (*arché*), und dadurch eben die Missverständnisse produziert, die er auszuschließen versucht, in Paratexten rechtfertigen. In einem Interview, das er anlässlich des Erscheinens seines Werkes gegeben hat, weist er noch einmal die landläufigsten Konnotationen der Rede vom Archäologischen zurück: die der Suche nach ›dem‹ Anfang, im Sinne von Ursprung, Grundlegung, und die des Ausgrabens von grundlegenden »geheimen, verborgenen Beziehungen«.[43] Es gehe ihm vielmehr um bloß »relative Anfänge«, »eher Einführungen oder Transformationen als Fundamente und Grundlegungen«, und statt Tiefverborgenem erforsche er Beziehungen, »die an der Oberfläche der Diskurse liegen«.[44]

41 Vgl. Prokić, Tanja (2009): *Einführung in Michel Foucaults Methodologie. Archäologie – Genealogie – Kritik.* Hamburg: Diplomica, S. 34.

42 Foucault: *Archäologie des Wissens*, S. 190.

43 Foucault, Michel (2001): Michel Foucault erklärt sein jüngstes Buch (Gespräche mit J.-J. Brochier April/Mai 1969). In: ders.: *Dits et Ecrit. Band I 1954–1969.* Hg. von Daniel Defert und Francois Ewald. Aus dem Französischen von Michael Bischoff, Hans-Dieter Gondek, Hermann Kocyba und Jürgen Schröder. Frankfurt am Main: Suhrkamp, S. 980–991, hier S. 981.

44 Foucault: Michel Foucault erklärt sein jüngstes Buch, S. 981.

Wenn Archäologie für Foucault also schlicht »Beschreibung des Archivs«[45] bedeutet, stellt sich mit Tanja Prokić jedoch die Frage, »weshalb er seiner Methode den Namen einer bereits existierenden positiven Wissenschaft verleiht«.[46]

Doch auch diese Definition, die die Archäologie mit dem *Archiv* verbindet (und uns dadurch auch gleich an die Entstehung von Cusanits Roman aus akribischer Archivarbeit erinnert), ist alles andere als selbsterklärend. Ohne die gesamte *Archäologie des Wissens* an dieser Stelle rekapitulieren zu können, und insbesondere unter Ausklammerung des Anspruchs dieses Werks, die vorangegangenen Schriften Foucaults theoretisch einzuholen,[47] möchte ich dennoch kurz versuchen, die Grundzüge dieses Archiv-Verständnisses von Foucault skizzenhaft wiederzugeben, um zu verstehen, wie die Archäologie-Metapher funktioniert.

Prokić verweist in ihrer Einführung in Foucaults Methodologie auf dessen Auseinandersetzung mit Kant und sieht gewisse Parallelen in den Ansätzen der beiden Philosophen. Anders als Kant geht es Foucault jedoch nicht um unumstößliche, transzendentale Kategorien, auch wenn er ebenfalls nach einem *Apriori* fragt.[48] Dieses foucaultsche *Apriori* ist jedoch ein historisches, »rein empirische[s]«, kein »formales«, es »entgeht [...] nicht der Historizität«:[49]

> [E]s konstituiert sich nicht über den Ereignissen und in einem Himmel, der unbeweglich bliebe, eine zeitlose Struktur; es definiert sich als die Gesamtheit der Regeln, die eine diskursive Praxis charakterisieren: nun erlegen sich diese Regeln [...] nicht von außen auf; sie sind in das einbezogen, was sie verbinden [...].[50]

Foucaults Archäologie sucht also nach den *historisch variablen* Bedingungen der Möglichkeit für Wissen, die dieses formatieren bzw. die Regeln dafür vorgeben, was als Wissen sichtbar wird – in Form von Aussagen. Gesucht wird zunächst eine zusammengehörige Menge von Aussagen, die diskursive Formation oder – der Diskurs:[51]

> Der so verstandene Diskurs ist keine ideale und zeitlose Form, [sondern sie ist] durch und durch historisch: Fragment der Geschichte, Einheit und Diskontinuität der Geschichte selbst, und stellt das Problem seiner eigenen Grenzen, seiner Einschnitte, seiner Transformationen [...].[52]

---

45 Foucault: Michel Foucault erklärt sein jüngstes Buch, S. 981.
46 Prokić: *Einführung in Michel Foucaults Methodologie*, S. 34.
47 Vgl. Foucault: *Archäologie des Wissens*, S. 27.
48 Vgl. Prokić: *Einführung in Michel Foucaults Methodologie*, S. 34.
49 Foucault: *Archäologie des Wissens*, S. 185.
50 Foucault: *Archäologie des Wissens*, S. 185.
51 Vgl. Foucault: *Archäologie des Wissens*, S. 169f.
52 Foucault: *Archäologie des Wissens*, S. 170.

Das Archiv beschreibt nun »*das allgemeine System der Formation und der Transformation der Aussagen*«, »es ist das, was *die* Diskurse in ihrer vielfachen Existenz differenziert und sie in ihrer genauen Dauer spezifiziert«.[53] Weiterhin zeichnet das Archiv aus, dass es »in seiner Totalität nicht beschreibbar« ist und immer nur fragmentarisch vorliegt.[54]

Insofern es bei der foucaultschen Archäologie als Archiv-Rekonstruktion also tatsächlich darum geht, die das Wissen ermöglichende historische Diskursformation freizulegen, ist sie tatsächlich eine Art Suche nach etwas Grundlegendem, was aber kein Grund im stratigraphischen oder auch nur baustatischen Sinne ist. Auch Prokić wendet sich noch einmal dezidiert gegen das Missverständnis, welches in der Archäologie-Metapher angelegt ist:

> Es handelt sich [also] nicht um Ausgrabungen von einstigen Zeiten und verschütteten Ursprüngen. Obwohl es sicherlich das ist, woran der Begriff als erstes denken lässt, vor allem, da Foucault diesen Eindruck durch zahlreiche Metaphern immer wieder zu bestätigen scheint. Im Zentrum seines Interesses stehen jedoch die konstitutiven Bedingungen, nicht die Ursprünge unseres Wissens.[55]

Warum jedoch greift Foucault nicht nur auf den Begriff der ›Archäologie‹ zurück, sondern nutzt für seine Beschreibung auch immer wieder Formulierungen, die an die Tätigkeit des Archäologen erinnern? Ähnlich wie bei Cusanit ist diese Metaphorik noch dazu ansteckend, auch bei Foucault infiziert sie die Metadiskurse: Das fällt beispielsweise an Gilles Deleuze' Versuch, die foucaultsche Archäologie zu beschreiben, auf.[56] Foucault will ihm zufolge das sichtbar machen, »was gesagt worden ist« und insofern gar nicht unbedingt *verborgen* ist – auch wenn es, da es »von Sätzen und Proportionen« überlagert wird, zugleich auch »nicht unmittelbar wahrnehmbar ist«.[57]

Angesichts dieses Paradoxons von gleichzeitiger Sichtbarkeit und Nicht-Sichtbarkeit versucht Deleuze, Foucaults Methode mit topologischen Begriffen zu beschreiben, die aus dem Metaphernfeld der Archäologie stammen: Man müsse den »Sockel« der Aussagen »entdecken« und »polieren«,[58] es gehe um das »Monument des Archivs,

53 Foucault: *Archäologie des Wissens*, S. 188. Hervorhebungen im Original.

54 Foucault: *Archäologie des Wissens*, S. 189.

55 Prokić: *Einführung in Michel Foucaults Methodologie*, S. 35.

56 Vgl. Deleuze, Gilles (1992): *Foucault*. Übers. von Hermann Kocyba. Frankfurt am Main: Suhrkamp.

57 Deleuze: *Foucault*, S. 28.

58 Vgl. Deleuze: *Foucault*, S. 29.

nicht Dokument«,[59] die Aussagen seien »keine Wörter, Sätze oder Propositionen, sondern Formationen«[60] – und die gelte es freizulegen.

2.2. Archäologie: Metapher und Methode?

Warum also verwendet Foucault diese zu Missverständnissen verführende und wuchernde Metapher? Interessanterweise kommt ihre Bildsprache immer dann ins Spiel, wenn Foucault seine eigene Schreibweise reflektiert. So spricht er von der »vorsichtige[n] und tastende[n] Weise dieses Textes«[61] – gemeint ist der vorliegende Text, also die *Archäologie des Wissens.* Und er präzisiert:

> In jedem Augenblick nimmt er [der Text, R.C.] Distanz ein, stellt nach allen Seiten seine Maße fest, tastet nach seinen Grenzen, stößt sich an dem, was er nicht sagen will, höhlt Gräben aus, um seinen eigenen Weg zu definieren.[62]

Diese Form des Textes, die hier durch die Metapher der vorsichtigen, empirisch sich vorantastenden archäologischen Grabung dargestellt wird, ist keinesfalls zufällig oder aus theoretischer Faulheit oder Unsauberkeit heraus entstanden. Sie ist vielmehr konstitutiv mit Foucaults Theorie und deren Funktionsweise verbunden, was sich daran zeigt, dass er über diese Theorie, die seine Methode historischer Analyse zu definieren versucht und die er ›Archäologie‹ nennt, sagt: »Der Boden, auf dem sie ruht, ist der von ihr entdeckte.«[63]

Gerade, weil es Foucault nicht um »Analysen in Termini kultureller Totalität«[64] geht und er sich so scharf von einer Ideengeschichte abgrenzt, die auf einer Vorstellung von Kontinuität[65] beruht und nach einem allgemeinen »System homogener Beziehungen«[66], einem »Netz der Kausalität«[67] sucht, bietet sich die Rede von der Archäologie für eine neue Art von Geschichtsschreibung an:

> Es gab eine Zeit, in der die Archäologie als Disziplin der stummen Monumente, der bewegungslosen Spuren, der kontextlosen Gegenstände und der von der Vergangenheit

59 Deleuze: *Foucault*, S. 29.
60 Deleuze: *Foucault*, S. 31.
61 Foucault: *Archäologie des Wissens*, S. 29.
62 Foucault: *Archäologie des Wissens*, S. 29.
63 Foucault: *Archäologie des Wissens*, S. 28.
64 Foucault: *Archäologie des Wissens*, S. 29.
65 Vgl. Foucault: *Archäologie des Wissens*, S. 17f.
66 Foucault: *Archäologie des Wissens*, S. 19.
67 Foucault: *Archäologie des Wissens*, S. 19.

> hinterlassenen Dinge nur durch die Wiederherstellung eines historischen Diskurses zur Geschichte tendierte und Sinn erhielt; man könnte, wenn man etwas mit den Worten spielte, sagen, daß die Geschichte heutzutage zur Archäologie tendiert – zur immanenten Beschreibung des Monuments.[68]

Eine »immanente Beschreibung des Monuments« ist Foucaults archäologische Geschichtsschreibung auch deshalb, weil »die Geschichte ihre Position gegenüber dem [historischen] Dokument verändert«:[69] Es gelte nicht mehr, dieses auf einen in ihm liegenden Sinn hin zu *transzendieren*, d.h. es zu interpretieren, sondern es gehe um das »dokumentarische[ ] Gewebe«,[70] seine zugrundeliegende, d.h. *historisch-transzendentale* Materialität selbst.[71] Diese zur Archäologie tendierende Geschichte macht sich »die Vervielfältigung der Brüche in der Ideengeschichte«[72] zur Aufgabe: Es geht künftig nicht mehr um die Rekonstruktion von »einfacher Kausalität«, die Serien hervorbringt, sondern um »das Problem der Konstituierung von Serien« und »die Beziehungen zwischen verschiedenen Serien [...], um so Serien von Serien oder ›Tableaus‹ zu konstituieren«.[73] Diese Tableaus zeichnen sich durch eine »Multiplikation der Schichten«[74] aus, die jeweils spezifisch sind und nicht einfach so miteinander homogenisiert werden können oder sollten. Es geht vielmehr darum, diese Schichten auseinanderzuhalten und in ihren Grenzverläufen freizulegen.

Foucaults Archäologiebegriff bezieht sich also weniger auf das Ziel (*telos*) des eigenen historischen Erkenntnisinteresses, also bspw. einen absoluten Anfang (*arché*) auszugraben, als vielmehr auf die Art und Weise, wie die eigene Wissenschaft betrieben wird: die Methode. Dass jedoch sein zentraler methodischer Begriff eine Metapher ist, ja, dass er auf einem Wortspiel beruht, wie Foucault selbst schreibt, hat viel Irritation hervorgerufen: In einem Gespräch mit Studierenden in L.A. 1978 wird er beispielsweise

68 Foucault: *Archäologie des Wissens*, S. 15.

69 Foucault: *Archäologie des Wissens*, S. 14.

70 Foucault: *Archäologie des Wissens*, S. 14.

71 Diese ›Materialität‹ ist nicht im Sinne einer Geist-Materie-Dichotomie wörtlich zu nehmen, sondern metaphorisch als historische Bedingung der Möglichkeit zu verstehen: als das ›Material‹ (die Aussagen), aus dem die Sätze sind. Damit unterstreicht Foucault, dass es nicht um den Sinn *hinter* den Sätzen geht, oder um die Ideen, die *darüber* schweben, sondern um die *zugrundeliegenden* Voraussetzungen der Sätze, die sagbar wurden. Und bei diesen geht es wiederum nicht in erster Linie um die medialen Voraussetzungen (Pergament, Papier, Tonaufnahmen, Fotographie etc.), sondern um das metaphorische ›Aussagenmaterial‹, also die unausgesprochenen, aber allem Ausgesprochenen oder Aufgeschriebenen zugrunde liegenden, in ihm implizierten Regeln, die auch den widersprüchlichen Sätzen innerhalb eines Diskurses gemeinsam sind.

72 Foucault: *Archäologie des Wissens*, S. 16.

73 Foucault: *Archäologie des Wissens*, S. 16.

74 Foucault: *Archäologie des Wissens*, S. 16.

gefragt, »ob die Archäologie [nun] eine neue Methode oder *nur* eine Metapher« sei, worauf Foucault wiederum mit einem Verweis auf den *semantischen Mehrwert* dieses Begriffs antwortet, mit dem man *spielen* könne.[75] Und auf die – als Wiederholung referierte – Unterstellung Shigehiko Hasumis (in einem Gespräch ein Jahr zuvor in Paris), sein Projekt »stehe der Literatur näher« als der Wissenschaft, entgegnet Foucault, er habe »Lust darauf zu antworten, es stimmt, dass ich mich nicht in erster Linie für Wahrheit interessiere«.[76] Auch Deleuze spricht mit Blick auf Foucaults Arbeit von einer »archäologische[n] Poesie«:[77]

> Möglicherweise ist das, was Foucault in dieser Archäologie vorlegt, weniger sein »Discours de la méthode« als das Gedicht seines vorangegangenen Werkes, und er gelangt bis an den Punkt, an dem die Philosophie notwendig zur Poesie wird, zur strengen Poesie dessen, was gesagt worden ist [...].[78]

Obwohl der Anspruch Foucaults in der *Archäologie des Wissens* klar lautet, die eigene Methode zu reflektieren, verweist die titelgebende Metapher schon darauf, dass wir es hier mit einer anderen Art des wissenschaftlichen Sprechens zu tun haben, das keine strenge Methodik im engen Sinne mehr erlaubt. Das ist auch der Grund, weshalb Foucault seine methodologische Schrift *nach*liefert – und sie nicht schon der *Geburt der Klinik* und der *Ordnung der Dinge* vorangestellt hat. Gerade weil etwas zu Tage gefördert werden soll, dessen Grenzen und Beschaffenheit nicht von Anfang an feststehen, können die Begriffe nicht im Vorhinein festgelegt werden, haben alle methodischen Überlegungen den Charakter nachträglicher Reflexionen über das eigene Schreiben. Insofern Foucaults Gegenstand keine ihm vorausgehende Methodik erlaubt, haben seine Reflexionen eher den Status einer Poetologie.

In der Literaturwissenschaft spricht man normalerweise dann von ›Poetologie‹ (im Sinne einer Reflexion auf die Prinzipien des poetischen Schreibens), wenn im Unterschied zu einer normativen Poetik bspw. eines Aristoteles eine moderne, rein de-

75 Vgl. Foucault, Michel (2003): Gespräch über Macht. »Dialogue on power«, Gespräch mit Studenten in Los Angeles, Mai 1975. In: ders.: *Dits et Ecrit. Band III 1976–1979.* Hg. von Daniel Defert und Francois Ewald. Aus dem Französischen von Michael Bischoff, Hans-Dieter Gondek, Hermann Kocyba und Jürgen Schröder. 1. Aufl. Frankfurt am Main: Suhrkamp, S. 594–608, hier S. 599. Hervorhebungen R.C.

76 Foucault, Michel (2003): Macht und Wissen. »Kenryoku to chi« (Gespräch mit Shigehiko Hasumi, das am 13. Oktober 1977 in Paris aufgezeichnet wurde). In: ders.: *Dits et Ecrit. Band III 1976–1979.* Hg. von Daniel Defert und Francois Ewald. Aus dem Französischen von Michael Bischoff, Hans-Dieter Gondek, Hermann Kocyba und Jürgen Schröder. 1. Aufl. Frankfurt am Main: Suhrkamp, S. 515–534, hier S. 533.

77 Deleuze: *Foucault*, S. 34.

78 Deleuze: *Foucault*, S. 32.

skriptive Poetik bezeichnet werden soll.[79] Poetologische Überlegungen sind nicht präskriptiv und erfolgen zumeist im Nachhinein oder sind als autoreflexive Momente sogar Teil des Werks, auf das sie bezogen sind. Für Foucault lässt sich gerade auch deshalb besser von einer Poetologie, d.h. von einer Poetik im modernen Sinne, als von einer Methodik sprechen,[80] da er nicht einmal im Nachhinein seine ›Methode‹ als eine solche verstanden wissen möchte.[81]

Die *Archäologie des Wissens* ist insofern eine poetologische Schrift, als dass sich das in ihr beschriebene diskursanalytische Vorgehen niemals ohne Rest auf eine logische, vollständig systematisierbare Methodik reduzieren lassen könnte. Das Freilegen der Diskursformationen erfordert es vielmehr, das eigene Denken und Schreiben immer wieder neu dem vorgefundenen Aussagenmaterial anzupassen – insofern ist es ein kreativer oder auch poietischer Prozess, der jeweils nur rückblickend und niemals *apriori* als solcher reflektiert werden kann.

Aufschlussreich ist in diesem Zusammenhang auch die Charakterisierung als Metapher oder Wortspiel: Indem Foucault tatsächlich mit der Sprache, d.h. mit dem Begriff ›Archäologie‹ spielt, kann er schon über den lautlichen Gleichklang von ›Archäologie‹ und ›Archiv‹, die noch dazu eine etymologische Wurzel teilen, die Semantik dieses Begriffs verschieben, wodurch auch dessen Status als definitorisch festgelegter ›Begriff‹ einer Wissenschaft unterlaufen wird. Trotzdem oder gerade deshalb kann Foucault ihn noch für sich fruchtbar machen: Die ›ursprüngliche‹ Metaphorizität auch der philosophischen Sprache wird sichtbar, indem der abstrakte Raum des Archivs mit der ›empirischen‹ und handwerklichen Arbeit des Archäologen verbunden wird. Nun kann er im Archiv nach Diskursereignissen ›graben‹, wie Archäolog:innen nach materiellen Überresten vergangener Epochen.

3. Der Archäologe als Diskursanalytiker: die Metapher erden

Nach Deleuze liegt ein weiterer Grund dafür, warum die Metapher der Archäologie für Foucault so fruchtbar war, in der Verwandtschaft dieser Wissenschaft mit einem topologischen Denken und Verstehen, das theoretisch immer nur annäherungsweise

79 Vgl. Fricke, Harald (2007): »Poetik«. In: Müller, Jan-Dirk (Hg.): *Reallexikon der Deutschen Literaturwissenschaft (Neuauflage). Bd. III. P-Z.* Berlin: De Gruyter, S. 100–105, hier S. 100f.

80 Auch ist die vermeintlich analoge Unterscheidung ›Methodologie/Methodik‹ nicht in dem gleichen Maße philosophisch ausdifferenziert bzw. trägt nicht die gleiche Konnotation: Selbst wenn die Methodologie eher den wissenschaftstheoretischen und vergleichenden Blick auf wissenschaftliche Methoden darstellt, und die Methodik dagegen die Lehre von der Methode einer Einzeldisziplin, haftet an beiden Begriffen die Vorstellung eines festen Regelsystems, das eine bestimmte logische Vorgehensweise vorschreibt.

81 Vgl. Foucault: Macht und Wissen, S. 521.

eingeholt, nie jedoch vorweggenommen werden kann.[82] So benennt Foucault in seiner Selbstexplikation gegenüber den kalifornischen Studierenden eine weitere fruchtbare Konnotation der Archäologiemetapher:

> Der zweite Grund, warum ich dieses Wort benutze, betriff ein Ziel, das ich mir gesetzt habe. Ich versuche, ein historisches *Feld* in seiner Gesamtheit, in all seinen politischen, ökonomischen, sexuellen Dimensionen zu rekonstruieren.[83]

Diese topologische Assoziation, die die Metapher der Archäologie ebenfalls impliziert, ist auch in Cusanits Roman entfaltet, auf den ich nun zurückkommen möchte.

3.1. *Kritik der logischen Wissenschaft*

Offenbar bedient sich Cusanit nicht nur der konventionellen Bildsprache, die mit der Archäologie assoziiert wird, sondern kennt auch Foucaults Verwendung des Begriffs. Indem sie diesen in einem Roman über einen Archäologen wieder aufgreift, führt sie die Metapher auf ihren buchstäblichen oder auch materiellen Grund zurück und fragt nach dem historischen Archäologiediskurs in der Epoche des Hochimperialismus. Schließlich war der historische Robert Koldewey derjenige, der die Archäologie durch seine neuartige Herangehensweise revolutionierte. Er grub nicht nur nach einzelnen, repräsentativen Fundstücken, wie es ihm zunächst auch von Berlin aus aufgetragen war; er wollte – wie es im Roman heißt – »Babylon nicht punktuell [...] erfassen, sondern die gesamte Stadt mit einer Fläche von zehn Quadratkilometern zusammenhängend«[84] ausgraben. Cusanits Erzähler bringt diese neue Grabungsstrategie in Babylon pole-

82 Vgl. Deleuze: *Foucault*, S. 26. Deleuze beschreibt Foucaults ›topographische‹ Denkweise in Abgrenzung zu theoretischen Ansätzen, die weiterhin auf der metaphysischen Subjektphilosophie beruhen: »Weder gibt es [bei Foucault, R.C.] das Eine noch das Mannigfaltige; hieße das doch nur, sich am Ende wieder auf ein Bewußtsein zu beziehen, das vom Einen ausginge und sich im Anderen entwickelte. Es gibt lediglich knappe Mannigfaltigkeiten mitsamt singulären Punkten und leeren Plätzen für diejenigen, die dort einen Moment als Subjekte funktionieren, kumulierbare, wiederholbare und sich selbst erhaltende Regelmäßigkeiten. Die Mannigfaltigkeit ist weder axiomatisch noch typologisch, sondern topologisch. Foucaults Buch verkörpert einen sehr entscheidenden Schritt hin zu einer Theorie-Praxis der Mannigfaltigkeiten« (ebd.). Die Rede vom Topologischen erlaubt es also Deleuze, Foucaults schwer greifbare, da die traditionelle Axiomatik der Theorie verlassende Herangehensweise dennoch theoretisch beschreibbar zu machen: mithilfe einer Metapher.

83 Foucault: Gespräch über Macht, S. 599. Hervorhebung R.C.

84 Cusanit: *Babel*, S. 37.

misch auf den Punkt: »Die Engländer dachten in Funden, die Deutschen in Befunden. Denken in Zusammenhängen unter Berücksichtigung der Details«.[85]

Mit dem Begriff ›Befund‹ ist dabei noch eine weitere wissenschaftliche Disziplin aufgerufen, mit der sich die Figur Koldewey intensiv beschäftigt: die Medizin. Wie oben erwähnt, liegt er zu Beginn des Romans ostentativ an Bauchschmerzen leidend in seinem Arbeitszimmer herum und blättert – aus selbstdiagnostischen Motiven – immer wieder in Liebermeisters *Grundriss der inneren Medizin*.[86] Dabei wird die Grundrissmetapher entfaltet, die nicht nur Medizin und Archäologie, sondern auch Geographie und Architektur in ihrer topologischen Herangehensweise engführt:

> Etwas einen Grundriss nennen. Einen Grundriss der inneren Medizin. Etwas Inneres musste etwas Äußeres haben. Es sei denn, es war gerissen und in sich zusammengefallen. Einen plastischen Körper zur Fläche gemacht. Einen Grundriss gemacht. [...] Auch vom Turm zu Babel war allein ein Grundriss geblieben.[87]

Es folgen Passagen, die diese Vorliebe fürs Kartieren als ein Kennzeichen der westlichen Wissenschaft generell reflektieren:[88] Nachdem die Faszination für Grundrisse als Blickrichtung identifiziert wurde, die ins Innere, in die Tiefe oder zumindest ›unter‹ die Oberfläche zielt (nur, um dadurch selbst wieder eine Oberfläche zu erzeugen), räsoniert der intern fokalisierte Erzähler mit Koldewey:

> Man war daran gewöhnt, von allen Dingen, die man naturgemäß, das hieß mit eigenen Augen oder in der Heimat nicht sehen konnte, ein Bild zu erstellen, eine Karte Amerikas, des Nordpols, des Orients, des eigenen Körpers. Auf die Kartierung der Welt folgte die Topographie der Organe, man kartographierte deren Wundstellen und legte zugleich offen, was letztlich den Tod herbeiführen würde. Man begann den Tod zu lokalisieren im offenen, hell erleuchteten Körper der pathologischen Anatomie, hatte einen Vordergrund ausgeleuchtet, vor dem das Leben in den Hintergrund trat und undurchsichtig

---

85 Cusanit: *Babel*, S. 106f.

86 Vgl. Cusanit: *Babel*, S. 32f.

87 Cusanit: *Babel*, S. 69.

88 In diesem Zusammenhang wäre auch ein Blick auf die historische Verflechtung von Geographie und Kolonialismus, der Zusammenhang von einer ›Vermessung der Welt‹ (vgl. Daniel Kehlmanns gleichnamigen Roman) und ihrer Eroberung interessant. Siehe z.B. Phillips, Richard (1997): *Mapping Men and Empire. A Geography of Adventure.* London/ New York: Routledge sowie die Tagung *Die Erfassung der Welt und die Vermessung des Wissens* (2022, https://www.apb-tutzing.de/Tagungsprogramme/2022/24-1-22-programm.pdf). Danke an Mira Shah für diese weiterführenden Hinweise.

und dunkel erschien. Das pathologische Schicksal hatte sämtliche Ideen der abendländischen Geschichte verkehrt[89].

Diese sehr dichte Passage ist besonders ergiebig, da sie etliche steile wissenschaftstheoretische Überlegungen enthält: Zunächst einmal wird die Fixiertheit auf das Unsichtbare als Todesversessenheit und damit auch als potentiell tödlich beschrieben. Die Kartierung dient dieser Beschreibung zufolge letztlich dazu, das Krankhafte, den Tod, das Anomale sichtbar zu machen und ›Licht ins Dunkel‹ des Körpers zu bringen; aber gerade durch diesen Fokus gerät das Sichtbare und Lebendige in den Hintergrund, wird uninteressant und selbst dunkel. Die darin enthaltene, implizite Wertung ist Teil einer immer wieder über den Roman hinweg aufgegriffenen, mal mehr, mal weniger expliziten Kritik an der vermeintlichen Objektivität der abendländischen Wissenschaften und ihrem logisch-methodischen Wahrheitsstreben.

So wird an einer Stelle eine Aussage der Figur Delitzsch wiedergegeben, der – als klassischer Philologe – in dieser Funktion immer wieder als Feindbild und argumentativer Gegner Koldeweys herhalten muss. Delitzsch ist überzeugt, der Wissenschaftler »schreite voran, indem er Anomalien entdecke und eliminiere«.[90] Die Reaktion Koldeweys auf diese Aussage, die der Erzähler schildert, ist dabei sehr aufschlussreich: »Das war der Augenblick, in dem Koldewey die Bleistiftspitze abbrach. Aber er antwortete nichts und dachte, dass Delitzsch vielmehr voranschritt, indem er Anomalien *produzierte* und eliminierte.«[91] Kontext des Disputes ist an dieser Stelle Delitzsch' Projekt, die Bibel von allen Stellen vorbiblischer und also babylonischer Provenienz zu säubern, um so zu einer idealen, nicht von historisch-kontingenten Bestandteilen kontaminierten *Heiligen Schrift* zu gelangen. In dieser Methodik erweist sich Delitzsch als prototypischer Philologe im Sinne Karl Lachmanns,[92] der bestrebt ist, durch die wissenschaftliche Textkritik einen reinen ›Urtext‹ zu rekonstruieren. Er ist also auf der Suche nach dem idealen Ursprung, der *arché*. Dieses Projekt beruht jedoch auf der nicht reflektierten Prämisse einer ursprünglichen Einheit, einer im Prinzip linearen Geschichte, die auf ein bestimmtes *telos* hinausläuft, welche sowohl von der Figur Koldewey als auch von Foucaults Diskursanalyse durch ihre archäologische Herange-

89 Cusanit: *Babel*, S. 90f.

90 Cusanit: *Babel*, S. 139.

91 Cusanit: *Babel*, S. 139. Hervorhebung R.C.

92 Karl Lachmann gilt als der Begründer der germanistischen Textkritik und Editionsphilologie, da er im frühen 19. Jh. damit begann, altphilologische Textrekonstruktionsverfahren auch auf deutschsprachige Texte des Mittelalters anzuwenden. Durch ihn wurde aus einem Instrument für spezifische Texte einer bestimmten Epoche ein Universalverfahren, das zum Ziel hatte, einen ›Originaltext‹ aus z.T. voneinander abweichenden Überlieferungen zu ›destillieren‹. Vgl. Nutt-Kofoth, Rüdiger (2007): »Textkritik«. In: Müller, Jan-Dirk (Hg.): *Reallexikon der Deutschen Literaturwissenschaft (Neuauflage). Bd. III. P-Z.* Berlin: De Gruyter, S. 602–607, hier S. 605.

hensweise radikal infrage gestellt wird. Bei ihnen wird diese Annahme als Setzung sichtbar, die ein die modernen Wissenschaften antreibendes Begehren in Gang setzt und hält.

3.2. Wie man Lehm von Lehm unterscheidet

Auch die Archäologie, wie Koldewey sie betreibt, ist ein foucaultsches tastendes Vorgehen und entbehrt einer *Methodik* im strengen deduktiven Sinne. Auch in dieser Beschreibung der durchaus systematischen koldeweyschen ›Methode‹, die sich jedoch nicht im Vorhinein festlegen lässt, ist die Ähnlichkeit zu Foucaults Diskursarchäologie erkennbar. Koldeweys Grabungsmethoden können nicht theoretisch vorgegeben werden, sondern müssen immer an die Gegebenheiten vor Ort angepasst, ja anhand des Vorgefundenen erst entwickelt werden. Anders als in den mathematischen und technischen Wissenschaften, zu denen mit ihren Vermessungs- und Berechnungsmethoden bspw. auch die Geographie und ihre Abstraktion von realen Landschaften, sowie die auf Konstruktion ausgelegte Architektur gehören, kann der Archäologe nicht mit vorgefertigten Erkenntnisinstrumenten seine Grabung und deren Kartierung beginnen. Die Herangehensweise wird vielmehr vom Gegenstand vorgegeben. Im Roman heißt es dazu:

> Als sie anfingen, Babylon auszugraben, wussten sie nicht, worauf sie zu achten hatten, welche Art Architektur sie antreffen würden, welchen Baustoff, wie er zu erkennen und vor allem unbeschadet freizulegen war. Kaum dachten sie, die geeignete Technik gefunden zu haben, gelangten sie in eine Bauschicht, deren Gebäude einen festeren Mörtel aufwiesen oder einen weicheren oder einen, dessen Materialeigenschaften wohl noch nicht restlos bekannt gewesen waren [...]. Jedes Areal, in dem sie den Spaten ansetzten, verströmte noch den Geist der großen Stadt, die zu erwarten schien, dass man die Grabungstechnik bitte immer genau auf sie, die elegant und divers, aber auch launisch war, anpasste. Ein Anspruch, der absolut geeignet war, mit anderen Ansprüchen zu kollidieren, der endlos geforderten Inschriftensuche etwa oder der ebenso aus Berlin herangetragenen Erwartung, Koldewey möge einmal seine Grabungstechnik erläutern beziehungsweise logisch begründen und während seines nächsten Berlin-Aufenthalts in einem Vortrag zur Diskussion stellen. Niemals würde Koldewey solch einen absurden Vortrag halten, dessen absurder Titel vermutlich in der Frage gipfelte, wie man es schaffte, Lehm von Lehm zu unterscheiden.[93]

93 Cusanit: *Babel*, S. 186f.

Koldewey stellt hier also für seine eigene ›Methode‹ die Tauglichkeit einer bestimmten Form von Wissenschaft infrage, deren deduktiv-logische Erkenntnismechanismen in der Konfrontation mit der Materialität von etwas absolut Unbekannten ad absurdum geführt werden und notwendig scheitern müssen, weil sie nur abstrakte Tautologien oder Kontradiktionen formulieren können.

Es ist genau diese Methoden-Polemik, die sich in analoger Form bei Foucault findet. Die Pointe seiner Archäologie-Metapher für das eigene Tun besteht nämlich, wie oben bereits gezeigt, gerade darin, die Vorstellung einer strengen Methodik zu unterlaufen. In einem Gespräch über die *Archäologie* steigert er diese Methodenskepsis noch einmal:

> Die *Archéologie du savoir* ist kein methodologisches Buch. Ich habe keine Methode, die ich unterschiedslos auf verschiedene Bereiche anwendete. Im Gegenteil, ich möchte sogar sagen, ich isoliere ein und denselben Gegenstandsbereich, ein und denselben Objektbereich mit Hilfe von Instrumenten, die ich vorfinde oder die ich mir während meiner Forschungsarbeit selbst schaffe, ohne dabei dem Problem der Methode eine besondere Stellung einzuräumen.[94]

In Abgrenzung zum Interesse des Strukturalismus spricht Foucault an dieser Stelle auch davon, dass es ihm nicht um irgendeine Form von Universalität oder Allgemeinheit gehe, die sich auf die unterschiedlichsten Objekte anwenden lasse. Sein Versuch sei vielmehr »die Grenzschicht [...] zwischen Wissen und Macht, zwischen Wahrheit und Macht sichtbar zu machen.«[95]

Dieser Fokus auf die *Grenzschicht* hat wiederum eine Entsprechung in *Babel*. Koldeweys archäologisches Problem wird dort an einer Stelle folgendermaßen beschrieben:

> [...] beide Gebäudeelemente, Mauern wie Füllung, [übten] durch ihr eigenes Gewicht gegenseitig Druck aufeinander aus und nahmen dadurch einen Teil der Qualitäten des anderen an, bis sie sich irgendwann so ähnelten, dass sie nicht mehr zu unterscheiden waren. Die Schwierigkeit bestand darin, diesen Prozess umzukehren, indem man nicht versuchte, Lehmziegel zu erkennen, wenn es doch sinnvoller war, das zu erkennen, was sie einst haptisch zusammengehalten, aber sichtbar auseinandergehalten hatte: Fugen.[96]

Die Figur Koldewey offenbart sich hier als diskursanalytisch geschulter Archäologe: Sein archäologischer Ansatz ermöglicht in Anschluss an Foucaults Erkenntnis den Blick auf die Fuge, die Grenzschicht, die Differenzen erzeugt und Differenzierungen

94 Foucault: Macht und Wissen, S. 521.

95 Foucault: Macht und Wissen, S. 521.

96 Cusanit: *Babel*, S. 187.

zuallererst ermöglicht. Der Fokus liegt nicht auf der Identität und Einheit der ausgegrabenen Monumenten als Zeugnisse eines Ursprungs, sondern auf dem, was diese Monumente überhaupt ermöglicht und was sie noch heute erkennbar macht: die Methode ihrer Herstellung aus Disparatem, ihre Verfugung. Der Blick auf die Fuge ist der Blick auf die unhintergehbare Differenz und die nicht einholbare Historizität des Vergangenen. In der *Archäologie des Wissens* heißt es dazu:

> Die so verstandene Diagnose erreicht nicht die Feststellung unserer Identität durch das Spiel der Unterscheidungen. Sie stellt fest, daß wir Unterschiede sind, daß unsere Vernunft der Unterschied der Diskurse, unsere Geschichte der Unterschied der Zeiten, unser Ich der Unterschied der Masken ist. Daß der Unterschied, weit davon entfernt, vergessener und wiedererlangter Ursprung zu sein, jene Verstreuung ist, die wir sind und die wir vornehmen.[97]

In welchem Verhältnis steht nun aber ein so verstandenes archäologisches Unterfangen zum Problem des Kolonialismus? Und welche spezifische Poetik entwächst seiner Metaphorik?

4. Ausgrabungen, Untergrabungen

In ihrem Foucault-Studienhandbuch scheinen die Autoren Sverre Raffnsøe, Marius Gudmand-Høyer und Morten Sørensen Thaning ein ähnliches Argument wie Deleuze vorzubringen, wenn dieser von der *Poesie* Foucaults spricht:

> Foucaults Überlegungen in *L'Archéologie du savoir* haben [...] den Charakter einer vorläufigen Inventur seines bisherigen Schaffens und der Herangehensweisen, deren er sich bedient hat [...]. Das bedeutet, dass *L'Archéologie du savoir* in mancher Hinsicht eher einen der Poetik eines modernen Dichters entsprechenden Status einnimmt, als dass es eine umfassende Methodologie darstellt. Es handelt sich nicht um die Ausformulierung und Kanonisierung einer bereits etablierten Theorie, sondern um eine Inventur mit dem Ziel sich zu neuen Erkenntnissen fortbewegen zu können.[98]

In der Auseinandersetzung mit dem eigenen Werk, in der rückblickenden Reflexion darüber, was er dort eigentlich getan hat, liefert Foucault gerade keine theoretische Grundlegung (s)einer Methode. Seine Aussagen haben vielmehr den Status eines

97 Foucault: *Archäologie des Wissens*, S. 190.

98 Raffnsøe, Sverre/ Gudmand-Høyer, Marius/ Thaning, Morten Sørensen (2011): *Foucault. Studienhandbuch*. München: Wilhelm Fink, S. 192f.

poetologischen Programms, das heißt, sie sind Reflexionen auf die Prinzipien seines eigenen Schreibens. Dass Foucault für sein tastendes Vorgehen die Archäologiemetapher aufgreift, erscheint nach der Lektüre von Cusanits Roman alles andere als zufällig: Cusanits Chef-Archäologe erhält die Form seiner Instrumente – ebenso wie Dichter:innen die Form ihrer Sprache – vom Gegenstand der Auseinandersetzung selbst.[99]

Die Stärke der foucaultschen poetologischen Verwendung der Archäologiemetapher liegt zudem darin, dass jede moderne explizite Poetik – wie oben bereits erwähnt – sekundär ist: Poetologische Aussagen sind eine nachträgliche Reflexion auf das bereits erfolgte oder gerade sich vollziehende eigene Sprechen. Da sie keinen Anspruch auf eine universelle Systematik erheben und nicht präskriptiv sind, sind sie offen für Revisionen in der Zukunft. Im Unterschied zu einer vorher logisch definierten Methodik der Wissenschaft, die theoretische Prämissen setzt, hinter die sie nicht zurückkann, können Poetiken außerdem auf die Bedingungen ihrer eigenen Möglichkeit reflektieren. Genauer gesagt: Sie sind nicht nur dazu in der Lage, genau das ist ihr Metier, und insofern ähneln sie auch in ihrem Interesse dem der Diskursanalyse: Ihre jeweils »*archäologische* Untersuchung [gestattet], im Nachhinein eine Systematik freizulegen«.[100]

Genau das ist dann auch der Punkt, der für die Reflexion eines kolonialistischen Erbes der Wissenschaften wichtig und deshalb für Cusanits meta-archäologischen Diskursroman interessant wird. Denn koloniales Gedankengut ist nicht einfach ein Fremdkörper, von dem man die abendländischen Wissenschaften reinigen könnte, um so den guten, fortschrittlichen, aufklärerischen Kern wieder zum Vorschein bringen zu können. Es ist vielmehr wichtig zu verstehen, inwiefern die ganze auf Wahrheit und Logik gründende Architektur der Wissenschaften, dieses Fundament, selbst inhärent kolonialistisch ist – und wie sich das durch Selbstreflexion und Kritik auch verändern lässt. In Cusanits *Babel* geht es genau darum: dieses schwierige Erbe nicht nur aus-, sondern auch umzugraben – und letzten Endes in seiner für die Wissenschaften und die ›aufgeklärten‹, ›westlichen‹ Gesellschaft selbstvergewissernden Funktion zu untergraben.

99 Es bliebe zu fragen, inwiefern dieses Vorgehen auch auf die tatsächlichen (historischen und vor allem kontemporären) Grabungsmethoden der Archäologie zutrifft, deren Grabungstechnik seit 1900 eine Systematisierung durchlaufen hat, um den wissenschaftlichen Ansprüchen objektiver Erkenntnis zu genügen. Trotzdem würde ich an dieser Stelle auch die Unterscheidung zwischen einer induktiv gewonnenen und einer deduktiv-logischen Methodik aufrechterhalten: Insofern die Archäologie auch eine empirische Wissenschaft ist, werden ihre Grabungsmethoden – so systematisch sie auch sein mögen – immer auch von der Beschaffenheit ihrer Funde abhängen. Dass das gerade an den Anfängen der modernen Archäologie sichtbar wird, wo es noch um die Gewinnung dieser Instrumente ging, zeigt Cusanits Roman.

100 Raffnsøe/ Gudmand-Høyer/ Thaning: *Foucault. Studienhandbuch*, S. 199.

Um eine solche archäologische Poetik umzusetzen, nutzt Cusanit nicht nur essayistisch-reflektierende Schreibverfahren und die ambivalente, verschiedene Diskurse miteinander in Verbindung bringende Perspektive eines hypochondrischen, aus der Zeit gefallenen Universalgelehrten.[101] Darüber hinaus lässt sie sich auf der Ebene des *sujets* beobachten: Denn Cusanit schließt offenbar dezidiert an Foucaults an einem historischen *Apriori* interessierten Archäologiebegriff an, um ihn dann aber im wörtlichen Sinne wieder zu ›erden‹, an seinen metaphorischen ›Ursprung‹ zurückzuführen: Sie schreibt einen Roman über einen historischen Archäologen, der die Grundlagen des Okzidents und seiner kulturkonstitutiven, identitätsstiftenden biblischen Mythen ausgräbt: ein auf den ersten Blick ideengeschichtlicher Ansatz. Doch wie bei Foucault wird dieser auch in *Babel* problematisch – spätestens, wenn sich diese Mythen im Laufe des Prozesses als babylonisch erweisen:

> Delitzsch hatte vorgeschlagen, [im] Boden einige Kilometer südlich von Babylon in einer Nebengrabung nach Dokumenten der ausgerechnet ältesten Schriftkultur der Welt zu suchen, der sumerischen. Diese fanden sie auch, ebenso wie den antiken Namen des Ortes, Schuruppak, an dem der Held der allerersten Sintflutsage lebte, die als Basis aller Sintflutmythen auch die biblische Version ermöglichte und es nun Delitzsch ermöglichte das Fundament des Alten Testaments weiter zu untergraben.[102]

Es ist wiederum Koldeweys Blick auf den Philologen Delitzsch, der das europäische Projekt der Selbstvergewisserung entlarvt. Dessen Projekt, das Alte Testament von allen Stellen, »die vorbiblischen Ursprungs waren«,[103] zu reinigen, führt in seinem Ergebnis zum Gegenteil eines reinen Ursprungs: nämlich zu einer Infragestellung des biblischen Textes, oder in der Metaphorik des oben zitierten Abschnitts – zu dessen Untergrabung. Die archäologischen Grabungen führen nicht zu einem sicheren Fundament des Eigenen, sondern untergraben den festen Boden der Identität.

Kenah Cusanits Diskursroman *Babel* greift auf Foucaults Archäologiebegriff zurück, um aus dem historischen, visionären Archäologen Koldewey die Figur eines Diskursanalytikers avant la lettre zu machen. Es ist gerade das Unzeitgemäße dieser Figur eines exzentrischen Universalgelehrten, das diesen ahistorischen Ansatz fiktional plausibel macht. Um auf Lickhardts Begriff zurückzukommen: Keuns Romane funktionieren als Diskursromane, weil die Naivität der Protagonistinnen die diskursiven Bedingungen

---

101 Das Konzept ›Universalgelehrter‹ ist zu dieser Zeit schon anachronistisch. Darüber hinaus lehnt Koldewey moderne technische Errungenschaften wie die Fotografie ab. An seine entsprechende Polemik schließen sich wiederum interessante wissenschafts- und medientheoretische Reflexionen an, die ich im Kontext dieses Aufsatzes ausgeklammert habe.

102 Cusanit: *Babel*, S. 127.

103 Cusanit: *Babel*, S. 138.

ihrer Zeit durchscheinen lässt. Cusanits Protagonist dagegen ist zwar nicht naiv, aber er kann die diskursiven Bedingungen seiner Zeit aus seiner verschroben-verschobenen, zugleich antiquierten wie avantgardistischen Position heraus offenlegen: Seine von Zeitgenossen attestierte Unvernunft macht transparent, was seine Zeit als Vernunft und Wissen diskursiv anerkennt. Dadurch erlaubt das Genre des *historischen* Diskursromans seiner Autorin, eine weitere reflexive Ebene einzuziehen und eine diskursanalytische Archäologie der Archäologie vorzunehmen: sowohl der Archäologie als historischen Disziplin, mit ihren kolonialen Verstrickungen, als auch der Archäologie als Emblem für das westlich-wissenschaftliche Phantasma der Ursprungssuche. So kann sie Diskursformationen sowohl der Zeit um 1900, als auch der eigenen Gegenwart freilegen.

Daran wird deutlich, wie theoretisch und poetologisch fruchtbar die Metapher der Archäologie sein kann. *Babel* illustriert jedoch anhand der kulturimperialistischen Phantasien des Deutschen Kaisers auch die Gefahr, dass die archäologische Herangehensweise ihr kritisches Potential verliert und nur zu einem weiteren Instrument der kolonialen Aneignung wird:

> Ja, natürlich, sagte der Kaiser. Und nun stelle er sich das mal vor: Berlin als Bewahrerin babylonischer Kultur, der Wiege der Zivilisation, und er in einer Reihe mit Nebukadnezar! So wie dieser in Babylon die Geschichte seiner Vorfahren bewahrt habe, die altbabylonische, die sumerische – jahrtausendealtes Wissen, von deutschen Gelehrten wiederentdeckt und zu neuem Leben erweckt.[104]

Was bei Wilhelm II. bestenfalls als ›harmloser‹ benevolenter Kulturimperialismus erscheint, kann auch andere Formen von fiktionaler genealogischer Selbstlegitimation annehmen. Deren gewaltsame Folgen betreffen uns bis in die Gegenwart: auch Saddam Hussein verstand sich als Nachfolger Nebukadnezars – und heute gründet Putin seine Großmachtphantasien auf historische Fundamente. Einer solchen imperialistischen Kolonialisierung der Vergangenheit durch die Archäologie (oder die Geschichtsschreibung) kann nur durch eine Archäologie der Archäologie vorgebeugt werden, das heißt also durch bewusste historisch-kritische Untergrabungen eines vermeintlich festen Grundes, auf den sich nicht zuletzt imperiale Großmachtphantasien bauen lassen. Dass ein solches Projekt aber auch seine ganz eigenen, postmodernen und postkolonialen Schwierigkeiten mit sich bringt, auch das verschweigt Cusanits Roman nicht:

104 Cusanit: *Babel*, S. 241.

> Es kam [Koldewey] vor, als befände er sich nicht in seinem Arbeitszimmer in dem vor vierzehn Jahren mit statischer Sicherheit gebauten Gebäude der Babylon-Expedition, sondern auf einem einsturzgefährdeten Terrain, das er selbst zum Einsturz brachte, indem er in ihm eine Reihe von Suchgräben zog und untersuchte, ob sich im Fundament selbst eine Antwort darauf befand, weshalb es einsturzgefährdet war.[105]

Literaturverzeichnis

Borchardt, Katharina (2021): Laudatio zum Uwe-Johnson-Förderpreis 2019 auf Kenah Cusanit. In: Gansel, Carsten/ Engelhard, Gundula/ Raczynski, Karin et al. (Hgg.): *Uwe-Johnson-Preis 2020. Irina Liebmann »Die große Hamburger Straße«.* Berlin: Okapi, S. 95–101.

Bülow, Bernhard von (1907): Deutschland und Haiti. – Kiautschou. Sitzung des Reichstages vom 6. Dezember 1897. In: Penzler, Johannes (Hg.): *Fürst Bülows Reden nebst urkundlichen Beiträgen zu seiner Politik. Mit Erlaubnis des Reichskanzlers gesammelt. I. Band 1897–1903.* Berlin: Georg Reimer, S. 6–8.

Cusanit, Kenah (2019): *Babel.* 1. Aufl. München: Hanser.

Deleuze, Gilles (1992): *Foucault.* Übers. von Hermann Kocyba. 1. Aufl. Frankfurt am Main: Suhrkamp.

Foucault, Michel (1981): *Archäologie des Wissens.* Übers. von Ulrich Köppen. 1. Aufl. Frankfurt am Main: Suhrkamp.

Foucault, Michel (2003): Gespräch über Macht. »Dialogue on power«, Gespräch mit Studenten in Los Angeles, Mai 1975. In: ders.: *Dits et Ecrit. Band III 1976–1979.* Hg. von Daniel Defert und Francois Ewald. Aus dem Französischen von Michael Bischoff, Hans-Dieter Gondek, Hermann Kocyba und Jürgen Schröder. 1. Aufl. Frankfurt am Main: Suhrkamp, S. 594–608.

Foucault, Michel (2003): Macht und Wissen. »Kenryoku to chi« (Gespräch mit Shigehiko Hasumi, das am 13. Oktober 1977 in Paris aufgezeichnet wurde). In: ders.: *Dits et Ecrit. Band III 1976–1979.* Hg. von Daniel Defert und Francois Ewald. Aus dem Französischen von Michael Bischoff, Hans-Dieter Gondek, Hermann Kocyba und Jürgen Schröder. 1. Aufl. Frankfurt am Main: Suhrkamp, S. 515–534.

Foucault, Michel (2001): Michel Foucault erklärt sein jüngstes Buch (Gespräche mit J.-J. Brochier April/Mai 1969). In: ders.: *Dits et Ecrit. Band I 1954–1969.* Hg. von Daniel Defert und Francois Ewald. Aus dem Französischen von Michael Bischoff, Hans-Dieter Gondek, Hermann Kocyba und Jürgen Schröder. 1. Aufl. Frankfurt am Main: Suhrkamp, S. 980–991.

Fricke, Harald (2007): »Poetik«. In: Müller, Jan-Dirk (Hg.): *Reallexikon der Deutschen Literaturwissenschaft. (Neubearbeitung) Bd. III. P-Z.* Berlin: De Gruyter, S. 100–105.

Jandl, Paul (2019): Kaiser Wilhelm und das Ischtar-Tor von Babylon. Kenah Cusanit erzählt in »Babel« beeindruckend über Archäologie am Euphrat. In: *NZZ.CH:* https://www.nzz.ch/feuilleton/kenah-cusanit-babel-ist-ein-grandioser-debuetroman-ld.1455493. 08.09.2022

---

105 Cusanit: *Babel,* S. 144.

Küchemann, Fridtjof (2019): Die innovativsten Ausgräber im Orient. In: *FAZ.NET:* https://www.faz.net/aktuell/feuilleton/buecher/rezensionen/belletristik/die-innovativsten-ausgraeber-kenah-cusanits-roman-babel-16016269.html. 08.09.2022

Lickhardt, Maren (2009): *Irmgard Keuns Romane der Weimarer Republik als moderne Diskursromane.* Heidelberg: Universitätsverlag Winter.

Löffler, Sigrid (2019): Eine Ausgrabung als Komödie. *Deutschlandfunk Kultur:* https://www.deutschlandfunkkultur.de/kenah-cusanit-babel-eine-ausgrabung-als-komoedie-100.html. 08.09.2022

Mangold, Ijoma (2019): Wenn Preußen buddeln. *DIE ZEIT* 2019/5, S. 41.

Mayer, Frank/ Cusanit, Kenah (2019): Der Mann, der Babylon ausgrub. Gespräch im *Deutschlandfunk Kultur:* https://www.deutschlandfunkkultur.de/kenah-cusanit-babel-der-mann-der-babylon-ausgrub-100.html. 08.09.2022

Nutt-Kofoth, Rüdiger: (2007) »Textkritik«. In: Müller, Jan-Dirk (Hg.): *Reallexikon der Deutschen Literaturwissenschaft. (Neubearbeitung) Bd. III. P-Z.* Berlin: De Gruyter, S. 602–607.

Phillips, Richard (1997): *Mapping Men and Empire. A Geography of Adventure.* London/ New York: Routledge.

Prokić, Tanja (2009): *Einführung in Michel Foucaults Methodologie. Archäologie – Genealogie – Kritik.* 1. Aufl. Hamburg: Diplomica.

Raffnsøe, Sverre/ Gudmand-Høyer, Marius/ Thaning, Morten Sørensen (2011): *Foucault. Studienhandbuch.* 1. Aufl. München: Wilhelm Fink.

Said, Edward (2003): *Orientalism.* London: Penguin Books.

Savoy, Bénédicte (2018): *Die Provenienz der Kultur. Von der Trauer des Verlusts zum universalen Menschheitserbe.* Aus dem Französischen von Philippa Sissis und Hanns Zischler. 1. Aufl. Berlin: Matthes & Seitz.

Oliver Völker

Die Kolonialisierung der Erdgeschichte

Weirde Geologien und koloniale Rückkopplungen in Arthur Conan Doyles *The Lost World* und H.P. Lovecrafts *At the Mountains of Madness*

ABSTRACT: Arthur Conan Doyle's novel *The Lost World* (1912) and H.P. Lovecraft's story *At the Mountains of Madness* (1931) imagine the discovery of supposedly extinct or entirely unknown life forms from distant periods of earth history that survived in geographically isolated places: the Amazon rainforest and Antarctica. Drawing on discussions of the notion of weird fiction, I emphasize the ambivalent role of these remnants of the geological past. While both texts transfer the colonial appropriation of isolated spaces onto a temporal axis of earth history, the reappearance of the past unsettles the identity of the Western expeditions. In *The Lost World*, the juxtaposition of different temporalities irritates the idea of a teleological natural history heading towards Western civilisation. *At the Mountains of Madness* intensifies this confusion of roles and timescales when the expedition from New England loses its privileged and distanced position towards the past and becomes the object of colonial appropriation.

KEYWORDS: Colonialism, Doyle, Geology, Lovecraft, Weirdness

Zu Beginn von Charles Dickens' *Bleak House* (1852–1853) erscheint London als ein Ort, der von einer alles durchdringenden Mischung aus Dreck, Ruß, Rauch und Nebel bestimmt ist. Erschwert diese materielle Gemengelage die räumliche Orientierung, so bleibt auch die zeitliche Verortung im Vagen und eröffnet einen weiten Spielraum, der vom genau getakteten Kalender der Gerichtstuben bis in das Zeitalter des mittleren Jura reicht:

> LONDON. Michaelmas Term lately over, and the Lord Chancellor sitting in Lincoln's Inn Hall. Implacable November weather. As much mud in the streets, as if the waters had but newly retired from the face of the earth, and it would not be wonderful to meet a megalosaurus, forty feet long or so, waddling like an elephantine lizard up Holborn Hill.[1]

Durch die Vermengung von Gegenwart, biblischer Chronologie und geologischer Tiefenzeit gerät eine klare zeitliche Einordnung ebenso ins Rutschen wie der Schritt auf dem matschigen Untergrund. *Bleak House* spielt dadurch mit Eigenschaften der englischen *Gothic Fiction*[2], die ihrer Struktur nach von der plötzlichen Wiederkehr oder

---

1 Dickens, Charles (1996): *Bleak House.* Hg. von Nicola Bradbury. London: Penguin, S. 13.

2 Zu Dickens' *Bleak House* als Gothic Novel vgl. Pritchard, Allan (1991): The Urban Gothic of *Bleak House.* In: *Nineteenth-Century Literature*, 45/4, S. 432–452.

anachronistischen Präsenz einer archaischen Vergangenheit geprägt ist. Wie Robert Mighall skizziert, sind die räumlichen Ordnungen der *Gothic Novel* durchzogen von »threatening reminders or scandalous vestiges of an age from which the present is relieved to have distanced itself.«[3] In den frühen stilbildenden Romanen aus der zweiten Hälfte des 18. Jahrhunderts, etwa Horace Walpoles *The Castle of Otranto* (1764) oder Matthew Gregory Lewis' *The Monk* (1796), sind es meist vom Katholizismus geprägte Schauplätze in Südeuropa, die als geographische Übergänge in eine dunkle Vergangenheit inszeniert werden. In der zweiten Hälfte des 19. Jahrhunderts verschiebt sich diese Furcht vor einer zeitlichen Durchbrochenheit des Raums zunehmend auf das urbane London, faltet sich also von der europäischen Peripherie zurück in das vermeintlich vertraute Zentrum. Vor dem Hintergrund drastischer Armut und sozialer Ungleichheiten realisiert sich die Persistenz des Früheren unter anderem in Doppelgänger-Figuren, die Züge einer vorgeschichtlichen Vergangenheit tragen und dadurch Diskurse einer evolutionären Degeneration oder Wiederkehr von Atavismen aufrufen.[4] Exemplarisch lässt sich diese Szene einer plötzlichen Rückkehr des Vergangenen an Robert Louis Stevensons Erzählung *The Strange Case of Doctor Jekyll and Mr Hyde* (1886) verfolgen, in der die als »hardly human«[5] beschriebene Figur des Doppelgängers nicht allein im Grenzbereich zwischen Mensch und Tier operiert, sondern, spezifischer, einen biologischen Anachronismus darstellt. Mit einer »ape-like fury«[6] versehen und als »troglodytic«[7] beschrieben, tritt in Hyde ein früherer Entwicklungsstand an die Oberfläche der Gegenwart. Auf der Textebene gestaltet sich dieses Zusammentreffen unterschiedlicher Zeitlichkeiten durch das Nebeneinander sehr heterogener Räume, die aber durch plötzliche Übergange und Öffnungen in der Architektur in Kontakt zueinander treten. Sinnbildlich werden diese Kommunikationslinien durch den Titel des ersten Kapitels verdeutlicht, der die Erzählung *pars pro toto* als eine räumliche Transgression kennzeichnet: »Story of the Door«[8].

---

3 Mighall, Robert (2003): *A Geography of Victorian Gothic Fiction. Mapping History's Nightmares.* Oxford: Oxford University Press, S. 26.

4 Zu Vorstellungen eines kulturell-biologischen Niedergangs in der englischen Literatur des *fin de siècle* vgl. Arata, Stephen (1996): *Fictions of Loss in the Victorian fin de siècle.* Cambridge: Cambridge University Press. Zur Häufung von Doppelgängerfiguren im gleichen literaturhistorischen Kontext vgl. Dryden, Linda (2003): *The Modern Gothic and Literary Doubles. Stevenson, Wilde and Wells.* Hampshire: Palgrave Macmillan, S. 67: »The dimensions of the city, its open spaces and darker recesses, its airy drawing rooms and foul-smelling dens, provides the literary imaginary with the physical geography on which to map its narratives of Gothic Duality.«

5 Stevenson, Robert Louis (2008): *The Strange Case of Doctor Jekyll and Mr Hyde.* In: *The Strange Case of Dr Jekyll and Mr Hyde and Other Tales.* Hg. von Roger Luckhurst. Oxford: Oxford University Press, S. 16.

6 Stevenson: *The Strange Case,* S. 20.

7 Stevenson: *The Strange Case,* S. 16.

8 Stevenson: *The Strange Case,* S. 5.

Stevensons Erzählung entwirft eine Kartographie von London, in der das Innerste, die Hauptstadt des kolonialen Empire, nicht allein als fremd erscheint, sondern in eine vergangene Zeitschicht abzusacken droht. Das Zentrum, in dem Karten für die kolonialen Räume in Übersee angefertigt werden, ist selbst unvertraut.[9] Im Zusammenspiel von als Bedrohung wahrgenommen Migrationsbewegungen, wachsenden Armutsquartieren und sich intensivierenden Debatten über eine biologisch-kulturelle Degeneration der englischen Kolonialmacht erscheint die urbane Landschaft der Moderne als eine instabile, von zeitlichen Hohlkammern durchzogene Oberfläche, auf der ein der Zukunft entgegenstrebender Schritt einzubrechen droht.[10] Parallel wird im Lost-World-Genre, das mit Rider Haggards Roman *King Solomon's Mines* (1885) an Popularität gewinnt, ein Fortbestehen des Vergangenen auf geographisch entfernte Räume der Weltkarte ausgelagert, in denen die westlichen Expeditionen auf eine Vielzahl an untergegangen, als vorkulturell, barbarisch oder ursprünglich inszenierte Zivilisationen treffen.[11] Wie die Forschung rekonstruiert hat, begegnen sich in diesen Erzählungen rassistische Ängste vor einer biologisch-kulturellen Degeneration und der Versuch einer geschichtsphilosophischen Selbstvergewisserung des kolonialen Projekts. In einer Doppelbewegung werden die fremden Räume einerseits als vorkulturelle und ›primitive‹ Vergangenheiten entworfen; ihre gewaltsame Aneignung und Unterwerfung soll andererseits die geschichtliche Distanz und Überlegenheit des Ausgangspunkts sicherstellen.[12]

Im Folgenden untersuche ich mit Arthur Conan Doyles *The Lost World* (1912) und H. P. Lovecrafts *At the Mountains of Madness* (1931) zwei Texte, in denen diese Auslagerungen der Vergangenheit in die peripheren Regionen der westlichen Weltkarte ei-

9 Insbesondere das Londoner East End nimmt im Laufe des 19. Jahrhunderts die Rolle eines anderen, fremden Raums ein, in dem zivilisatorische Errungenschaften ebenso außer Kraft gesetzt sind wie moralische Normen. Vgl. Williams, Raymond (1973): *The Country and the City.* New York: Oxford University Press, S. 221: »Conditions of the East End were being described as ›unknown‹ and ›unexplored‹ (that is by those with access to print) in the middle of the century, and by the 1880s and 1890s ›Darkest London‹ was a conventional epithet.«

10 Zu Diskursen der Degeneration in der englischen Literatur des fin de siècle vgl. Pick, Daniel (1989): *Faces of Degeneration: A European Disorder, c. 1848–1918.* Cambridge: Cambridge University Press; Greenslade, William (2010): *Degeneration, Culture and the Novel 1880–1940.* Cambridge: Cambridge University Press.

11 Vgl. Deane, Bradley (2014): *Masculinity and the New Imperialism. Rewriting Manhood in British Popular Literature, 1870–1914.* Cambridge: Cambridge University Press, besonders das Kapitel 5 »Barbarism and the Lost Worlds of Masculinity«.

12 Vgl. Childs, Peter (2007): *Modernism and the Post-Colonial: Literature and Empire 1885–1930.* London: Bloomsbury. Patrick Brantlinger fasst das Lost-World-Szenario, wie es sich etwa in Haggards *King Solomon's Mines* findet, als Unterform der Imperial Gothic, vgl. Brantlinger, Patrick (2013): *Rule of Darkness: British Literature and Imperialism 1830–1914.* Ithaca: Cornell University Press, besonders des Kapitel 8 »Imperial Gothic: Atavism and the Occult in the British Adventure Novel, 1880–1914«.

nerseits fortgeschrieben, andererseits aber umgedreht werden. Erstens sind die in ihnen aufgerufenen Vergangenheiten auf eine geologische Zeitskala hin erweitert. Die als fremd und menschenfeindlich inszenierten Räume, bei Doyle das Amazonasbecken, bei Lovecraft die Antarktis, »never trodden by human foot or penetrated by human imagination«[13], fungieren als paläontologisch-geologische Zeitspeicher, in denen frühere Lebensformen der Erdgeschichte überdauert haben. Zweitens wird die distanzierte Perspektive der westlichen Expeditionen, die im Fremden überwundene Stufen ihrer eigenen Entwicklung zu erblicken meinen, verunsichert. Diese Verschiebung fasse ich unter dem Begriff der *weirdness* zusammen und orientiere mich damit an einer Vokabel, die besonders im Ausgang der Texte Lovecrafts zum Verdichtungspunkt eines ganzen Genres wurde und in den letzten Jahren enorme Aufmerksamkeit erfahren hat.[14] Der aus der *Weird Fiction* resultierende Horror wird meist an einen Bruch oder eine Unregelmäßigkeit in den gewohnten raumzeitlichen Ordnungen geknüpft, der sich nicht eingrenzen lässt, da er das umfassende Verständnis von Wirklichkeit infrage zu stellen beginnt, von dem aus ein isoliertes Ereignis noch sinnvoll als Abweichung identifiziert werden könnte.[15]

Insbesondere ist dabei die Bedeutung von räumlich-geographischen Phänomenen für die *Weird Fiction* hervorgehoben worden. Demnach ist sie wesentlich an Orte gebunden, die in ambivalenten Zwischenräumen oder an den Rändern der etablierten Raumordnungen gelegen sind.[16] So beschreibt Roger Luckhurst »[t]he focus of weird

---

13 Lovecraft, H.P. (2016): *At the Mountains of Madness.* In: *The Classic Horror Stories.* Hg. von Roger Luckhurst. Oxford: Oxford University Press, S. 191. Verweise auf die Quelle erfolgen ab hier mit dem Kürzel MM und der Seitenangabe in Klammern.

14 Überblicksdarstellungen zu klassischen und neueren Erscheinungsformen einer *Weird Fiction* geben Luckhurst, Roger (2017): The Weird: A Dis/Orientation. In: *Textual Practice*, 31/6, S. 1041–1061; Noys, Benjamin/ Murphy, Timothy S. (2016): Old and New Weird. In: *Genre*, 49/2, S. 117–134. DOI 10.1215/00166928–3512285. Eine umfassende Anthologie bieten VanderMeer, Ann/ VanderMeer, Jeff (2012): *Weird: A Compendium of Strange and Dark Stories.* New York: Tor.

15 Vgl. Fisher, Mark (2016): *The Weird and the Eerie.* London: Verso, S. 15. Vgl. dazu auch Noys/ Murphy: Old and New Weird, S. 117: »[C]entral to attempts to define the weird as a genre has been its estrangement of our sense of reality.« Turnbull, Jonathon/ Platt, Ben/ Searle, Adam (2022): For a New Weird Geography. In: *Progress in Human Geography*, 46/5, S. 1207–1231, S. 7: »[T]he weird conjures a ›sensation of wrongness‹ concerning the location of things in time and space. Weirding unsettles spatiotemporal orderings«.

16 Für diesen Fokus auf die Raumordnungen in der *Weird Fiction* und bei Lovecraft vgl. Turnbull/ Platt/ Searle: For a New Weird Geography; Tabas, Brad (2015): Dark Places: Ecology, Place, and the Metaphysics of Horror Fiction. In: *Miranda*, 11, S. 1–20. DOI: https://doi.org/10.4000/miranda.7012. Greve und Zappe betonen die Ähnlichkeit zwischen *Gothic* und *Weird Fiction* anhand einer gemeinsamen Faszination gegenüber dem Scheitern kartographischer Orientierung und Repräsentation. Greve, Julius/ Zappe, Florian (2019): Introduction: Ecologies and Geographies of the Weird and the Fantastic. In: dies.: *Spaces and Fictions of the Weird and the Fantastic. Ecologies, Geographies, Oddities.* Cham: Palgrave Macmillan, S. 1–12, S. 1f.: »[T]he Gothic and the (New)

writing on unnerving edgelands«[17], und besonders in Bezug auf Lovecraft wurde die Bedeutung räumlicher Übergangszonen hervorgehoben, die insofern selbstreferentiell sind, als sie als Metaphern für den Übergang zwischen gewohnter Wirklichkeit und Fremdheit fungieren.[18] Demgegenüber betone ich in der folgenden Auseinandersetzung mit Doyle und Lovecraft die Bedeutung von tiefenzeitlich-geologischen Phänomenen, die in dem Sinne als ›weird‹ erscheinen, dass sich beide Texte die in ihnen entworfenen erdgeschichtlichen Zeitlandschaften anzueignen versuchen, diese koloniale und gewaltsame Geste aber von Umkehrbewegungen und Rückkopplungseffekten unterlaufen wird, die mit Emotionen des Unbehagens, der Angst und des Horrors einhergehen.[19] Besonders bei Doyle scheinen die Akteure zunächst in ihrer autoritativen Stellung bestärkt zu werden. Ihre Wahrnehmung ist insofern durch koloniale Muster geprägt, als sie in den entfernten Räumen auf Lebewesen treffen, die sie der Prähistorie zuordnen und die sie sich sowohl epistemisch als auch machtpolitisch aneignen können. Diese zeitenthobene Wahrnehmungsposition ist jedoch nur vorläufig. Die für das Modell einer zeitlichen Trennung und Hierarchie konstitutive Unterscheidung zwischen Gegenwart und den verschiedenen Stufen einer von der geologischen Tiefenzeit bis in die menschliche Prähistorie reichenden Vergangenheit, die in der Gegenüberstellung zwischen Heimat und den als fremd inszenierten Räumen Gestalt annimmt, wird in beiden Texten zunehmend brüchig. Besonders in Lovecrafts *Mountains of Madness* erkennen die Figuren, dass die Erde lange vor der Existenz der Spezies Mensch das Objekt von unterschiedlichen Kolonialisierungs- und Invasionsbewegungen bisher unbekannter Lebewesen war, die darüber hinaus das Leben auf der Erde überhaupt erst erschaffen haben. Anstatt in der Antarktis auf die vergangenen Entwicklungsstufen der Naturgeschichte von einem erhöhten Punkt aus herab- und

---

Weird [...] are almost obsessively preoccupied with moments of failure regarding the basic promises of drawing and using maps: to render the abstracts reality of geography comprehensibly.«

17 Luckhurst: The Weird: A Dis/Orientation, S. 1056.

18 Vgl. Kneale, James (2006): From Beyond: H. P. Lovecraft and the Place of Horror. In: *Cultural Geographies*, 13, S. 106–126, S. 113: »Lovecraft's fiction is explicitly concerned with thresholds, with metaphors of contact and transgression.«

19 Zu der in diesen Gefühlen anklingenden metaphorischen Überblendung von medizinischem Wissen und politischen Vorstellungen einer feindlichen Invasion in der Literatur und naturwissenschaftlichen Diskursen des 19. Jahrhunderts vgl. Otis, Laura (1999): *Membranes: Metaphors of Invasion in Nineteenth-Century Literature, Science and Politics.* Baltimore/ London: Johns Hopkins University Press, S. 5: »While they were happy to expand outward, Westerners became horrified when the cultures, peoples and diseases they had engulfed began diffusing, through their now permeable membranes, back toward their imperial cell body.« Während Otis Metaphern der Invasion oder Ansteckung als räumlich-geographische Überschreitungen in den Blick nimmt, geht es in den hier untersuchten Erzähltexten um eine Kontamination der Gegenwart durch die Vergangenheit.

zurückblicken zu können, werden Lovecrafts Figuren zum Nebeneffekt einer ihnen weit vorausgehenden Erschaffung des Lebens auf der Erde.

1. »Contemporary ancestors«

Arthur Conan Doyles *The Lost World* setzt mit einer historischen Situation ein, in der die Existenz von ›weißen Flecken‹ auf den Weltkarten bereits zum Gegenstand nostalgischer Sehnsucht geworden ist. Sich selbst nachträglich in das Genre der *Imperial Romance* einschreibend, heißt es zu Beginn: »The big blank spaces in the map are all being filled in, and there's no room for romance anywhere.«[20] Für den jungen Zeitungsreporter und Ich-Erzähler Ed Malone stellt dies ein unmittelbares Problem dar, da er sich mit der Verlegenheit konfrontiert sieht, seine Heiratsabsicht durch galante Heldentaten verbessern zu müssen. Eine Lösung des Problems eröffnet sich erst durch den exzentrischen Zoologen Professor Challenger, der erfolglos zu beweisen versucht, zwischen Amazonas und Orinoco ein isoliertes Plateau entdeckt zu haben, auf dem Lebensformen aus vergangenen Erdzeitaltern überleben konnten, die in den übrigen Teilen der Erdkugel längst ausgestorben sind. Um Challengers Behauptung für die skeptische wissenschaftliche Gemeinschaft zu prüfen, reist Malone zusammen mit dem Naturwissenschaftler Summerlee und dem Abenteurer Lord John Roxton nach Südamerika. Nach dem plötzlichen Erscheinen von Challenger, der die Führung der Gruppe übernimmt, erreicht diese das Plateau, das in der Folge »Maple White Land« getauft wird: ein verbliebener ›weißer Fleck‹ auf den westlichen Landkarten.[21]

Das durch Beschaffenheit und Lage vom Rest der Welt abgeschnittene Plateau fungiert zunächst als ein paläontologischer Heterotopos: ein lebendiges Archiv, in dessen Räumen die Flora und Fauna aus unterschiedlichen, sehr weit voneinander entfernt liegenden Phasen der Erdgeschichte nebeneinander existiert und dadurch gleich mehrfach aus der Zeit gefallen ist.[22] Das naturwissenschaftliche Fachpersonal

---

20 Doyle, Arthur Conan (2008): *The Lost World.* Hg. von Ian Duncan. Oxford: Oxford University Press, S. 10. Verweise auf diese Quelle erfolgen ab hier mit dem Kürzel LW und der Seitenangabe in Klammern.

21 Diese Namensgebung ist durchaus widersprüchlich. Auf einer vorigen Reise durch das Amazonas-Gebiet findet Challenger einen Hinweis auf das vorzeitliche Plateau im Notizbuch des Amerikaners Maple White. Die Namensgebung ruft dadurch einerseits die koloniale Kartierungspraxis auf, aus westlicher Sicht noch unbekannte Bereiche der Weltkarte nach den Namen ihrer ›Entdecker‹ zu benennen. Andererseits wird das Plateau genau durch diese Namensgebung als ›weißer Fleck‹ inszeniert und damit zu einem noch zu kartographierenden Gebiet.

22 Vgl. Kugler, Lena (2021): *Die Zeit der Tiere. Zur Polychronie und Biodiversität der Moderne.* Konstanz: Konstanz University Press, S. 192.

erklärt diese Besonderheit damit, dass die isolierte Position des Plateaus zu einem Sonderweg der Evolutionsgeschichte geführt haben muss:

> [E]volution has advanced under the peculiar conditions of this country up to the vertebrate stage, the old types surviving and living on in company with the newer ones. Thus we find such modern creatures as the tapir [...] the great deer, and the ant-eater in the companionship of reptilian forms of Jurassic type. (LW 150)

Herrscht durch diese Vielzahl an ungleichzeitigen Spezies bereits ein dichtes Gedränge in der verlorenen Welt, platziert der Roman noch zwei weitere Lebensformen auf dem Plateau, die miteinander in einem andauernden Krieg stehen: eine Affenart, die von den Protagonisten als »anthropoid ape« bzw. als »ape-men« bezeichnet und als evolutionsgeschichtlicher *missing link* im Übergang zwischen Affe und *Homo Sapiens* identifiziert wird sowie die »indians«, die in Höhlen am Rande des Plateaus leben.

Diese von der Londoner Reisegesellschaft als bereits durchlaufene Stufen der Menschheitsgeschichte verstandenen Gruppen bilden in der Folge den Fluchtpunkt der Erzählung. Nachdem die Hauptfiguren in unterschiedlichen Episoden Erfindungsreichtum, Mut und Durchhaltevermögen gezeigt haben und einer Gefangennahme durch die Affenwesen entkommen sind, greifen sie schließlich auf entscheidende Weise in den Kampf zwischen den beiden Parteien ein. In Entsprechung zur räumlichen Erschließung und Kartographierung des Plateaus wird dessen evolutionsgeschichtlicher Umweg auf eine lineare Entwicklung hin festgezurrt, indem die Zwischenform von Mensch und Tier ausgerottet und ein als natürlich postulierter Lauf der Evolutionsgeschichte wiederhergestellt wird: »At last man was to be supreme and the man-beast to find for ever his allotted place« (LW 159). Oder, wie es an anderer Stelle heißt: »Now upon this plateau the future must ever be for man« (LW 159). Wie die Forschung argumentiert hat, sucht Doyles Version der *Imperial Romance* eine lineare Zeitlichkeit zu etablieren, die ihr *telos* in der westlichen Zivilisation findet, als deren Delegation sich die Hauptfiguren verstehen und die alle Nichtweißen auf entsprechend frühere Entwicklungsphasen zurückstuft, wie auch der offene Rassismus der Erzählung dokumentiert. So hält Peter Childs fest, dass die Erzählung eine umfassende Ordnung und Homogenisierung des Raums etabliert, die ihren Zielpunkt auch in der Position der Leser:innen hat: »the armchair reader as much as Conan Doyle's hero can reach across time and space to order the world from a drawing room.«[23]

Diese narrative Konstruktion eines geordneten Raums und einer linearen Zeit wirkt jedoch an verschiedenen Stellen instabil. Zum einen eröffnet die räumliche Gleichzeitigkeit völlig unterschiedlicher Zeitschichten eine Gemengelage, in der die Haupt-

23 Childs, Peter: *Modernism and the Post-Colonial*, S. 6.

figuren eine zeitlich enthobene Stellung einzubüßen drohen, indem sie plötzlich wieder zum Teil eines offenen, als Kampf ums Dasein verstandenen Prozesses der Evolution werden. So bemerkt der Ich-Erzähler gegenüber den Dinosauriern des Plateaus:

> That these monsters should tear each other to pieces was a part of the strange struggle for existence, but that they should turn upon modern man, that they should deliberately track and hunt down the predominant human, was a staggering and fearsome thought. (LW 128)

Diese Bedrängnis der Moderne durch die Vergangenheit setzt sich an Textstellen fort, an denen die Distanz zwischen einer vermeintlich privilegierten epistemischen Position und ihres Gegenübers durch Doppelungen oder Spiegelungen zu kollabieren droht. So hat auch Bradley Deane mit Blick auf *Lost-World*-Erzählungen argumentiert, dass diese insgesamt keine Abgrenzung oder Distanzierung zwischen den Teilnehmern der westlichen Expeditionen und den von ihnen wiederentdeckten Welten vollziehen, sondern eine Identifikation. Die als ›primitiv‹, ursprünglich und archaisch entworfenen Zivilisationen dienen demnach zugleich als Quelle einer virilen Kraft, an der sich die männlichen Figuren mit einer Energie aufladen können, die sie im Verlauf des Zivilisationsprozesses eingebüßt haben.[24] Dies erfolgt in zwei Formen. Erstens impliziert Challengers Überzeugung von einer fortdauernden Existenz vermeintlich früherer und bereits ausgestorbener Spezies auf dem Plateau ein Modell, das eine klare Trennung setzt, zugleich aber das Szenario einer Kontaktaufnahme als Bewährungsprobe imaginiert. So spricht er am Romanbeginn von »our contemporary ancestors, who can still be found with all their hideous and formidable characteristics if one has but the energy and hardihood to seek their haunts.« (LW 44) In »our contemporary ancestors« ist eine Gegenüberstellung entworfen, in der sich alle vergangen Stufen wie auf einer Bühne zu einer konsekutiven Reihe nebeneinanderstellen und diese genealogische Abfolge von einem davon zu unterscheidenden Subjekt gelesen und geordnet werden kann. Dass diese Perspektive allein durch den Beweis einer als spezifisch männlich verstandenen Kraft und Kühnheit erlangt werden kann, gibt zugleich die Marschroute an, welche die Erzählung im weiteren Verlauf nehmen wird, wobei sie sukzessive in Gewalt übergeht. Denn tatsächlich muss in Doyles Roman der Ich-Erzähler erst ein als ursprünglich

---

24 Deane, Bradley: *Masculinity and the New Imperialism*, S. 159: »Lost-world stories thus charted a new course back to the distant past, where lost qualities of manliness might be rediscovered. In order to mediate between the modern and the primitive, these texts frequently promoted an understanding of manliness in which enduringly virile qualities were anchored in the powerful male body: its ostensibly natural impulses, long eroded by the march of civilization, could revitalize the strength and spirit of the Empire while at the same time advancing a definitively male authority.«

beschriebenes und tief in ihm verborgenes Gewaltpotential entdecken, um sich gegenüber den Gefahren des Plateaus zu behaupten:

> There are strange red depths in the soul of the most commonplace man. I am tender-hearted by nature, and have found my eyes moist many a time over the scream of a wounded hare. Yet the blood lust was on me now. I found myself on my feet emptying one magazine, then the other, clicking open the breech to re-load, snapping it to again, while cheering and yelling with pure ferocity and joy of slaughter as I did so. (LW 145)

Diese im Kontakt mit dem Fremden ausgelöste Entdeckung und Re-Integration einer tieferen Schicht des eigenen Selbst, die unter gewöhnlichen Umständen verborgen bliebe, führt indes und damit anders als Deane mit Blick auf *Lost-World*-Erzählungen argumentiert, nicht zwangsläufig dazu, dass die kolonialen Zeitreisenden in ihrer autoritären Virilität gestärkt werden. In einer Verkettung von Spiegelungen kommt besonders der Ich-Erzähler mehrfach in einen unmittelbaren Kontakt mit den ›ape-men‹, wird dabei aber von Gefühlen des Horrors und der Angst überkommen, die seine Position in Bedrängnis bringen.

Zum ersten Mal erfolgt eine solche Begegnung bezeichnenderweise dann, wenn Malone die Spitze eines Baums erklettert, um von dort einen Überblick über das Plateau zu gewinnen, der eine – auch im Roman abgebildete – kartographische Darstellung des Gebiets ermöglicht: »I found myself looking down at a most wonderful panorama of this strange country in which we found ourselves.« (LW 118). Intertextuell steht diese Übersicht in der Tradition einer visuellen Landnahme, wie sie von Marie-Louise Pratt unter der hegemonialen Figur des »all seeing eye«[25] etwa an der Besteigung des Berggipfels und der sich dadurch bietenden Übersicht in Daniel Defoes *Robinson Crusoe* erläutert wurde. Bevor Malone jedoch auf das sich unter seinen Augen zum Panorama ausbreitende Land blicken kann, wird er selbst angesehen. Denn auf dem Weg zur Rundumsicht kommt es zu einer überraschenden Spiegelszene mit der Vorstufe des Menschen, sodass in einer Überblendung von Raum und Zeit die aufwärts-, gewissermaßen den evolutionären Stammbaum emporführende Kletterpartie zu einer Miniatur des Romanverlaufs wird:[26]

> I nearly fell out of the tree in my surprise and horror at what I saw. A face was gazing into mine – at the distance of only a foot or two. The creature that owned it had been

25 Vgl. Pratt, Marie-Louise (1992): *Imperial Eyes. Studies in Travel Writing and Transculturation.* London/ New York: Routledge, S. 58–61.

26 Zum Baum als Metapher der Evolutionsbiologie vgl. Gontier, Nathalie (2011): Depicting the Tree of Life: The Philosophical and Historical Roots of Evolutionary Tree Diagrams. In: *Evolution: Education and Outreach*, 4, S. 515–538, https://doi.org/10.1007/s12052–011–0355–0.

crouching behind the parasite, and had looked round it at the same instant that I did. It was a human face – or at least far more human than any monkey's that I have ever seen. (LW 117)

Proportional zum geringen, ein Gefühl des Horrors auslösenden Abstand zwischen den beiden Gesichtern entsteht eine evolutionsgeschichtliche Nähe zwischen Mensch und Affe. Nicht allein, dass sich beide auf einer Höhe wiederfinden, und zwar in der Nähe des Baumgipfels; Malones Gegenüber erhält in der widersprüchlichen Kennzeichnung als »human face« und »monkey[]« auch eine ambivalente Erscheinung. Für dieses Aufeinandertreffen der beiden Gesichter, oder genauer: das Sehen des genau gleichzeitigen Gesehen-Werdens durch den Anderen, ist auch die im Roman mehrfach betonte irische Herkunft des Erzählers von Bedeutung.[27] Sie führt zu weiteren Szenen, in denen er seinerseits zum Gegenstand eines – in diesem Fall naturwissenschaftlichen – Blicks wird. Verkörpert wird diese Instanz durch Professor Challenger, der Malones Charaktereigenschaften auf biologische, physiognomisch und kraniologisch beschreibbare Eigenschaften zurückzuführen versucht:

He seemed more interested than annoyed at my outbreak. »Round-headed,« he [Challenger] muttered. »Brachycephalic, gray-eyed, black-haired, with suggestion of the negroid. Celtic, I presume?« »I am an Irishman, sir.« »Irish Irish?« »Yes, sir.« »That, of course, explains it. [...]« (LW 26)[28]

Unmittelbar im Anschluss an die Besteigung des Baums wird Malone durch Challengers vermeintlich objektiven Blick auf eine rassistisch verstandene biologische ›Abstammung‹ reduziert. Wie ihm an der Differenzierung zwischen »Irish Irish« und der unausgesprochenen Alternative ›anglo-irish‹ in Erinnerung gerufen wird, ist er als Ire seinerseits Objekt der englischen Kolonialisierung und der Herabstufung auf einen Bereich des Natürlichen und Fremden.[29] In Malone, der mit der Aufgabe versehen ist,

27 Die Szene bildet so auch ein intertextuelles Echo zur Darstellung der Yahoos in Jonathan Swifts *Gulliver's Travels*, die Gulliver zu Beginn des vierten Kapitels von einem Baum aus mit ihren Exkrementen bewerfen. Swift, Jonathan (2002): *Gulliver's Travels.* New York/London: Norton, S. 195: »My Horror and Astonishment are not to be described, when I observed, in this abominable Animal, a perfect human Figure«. Zum Verhältnis der Yahoos und der englischen Kolonialisierung von Irland vgl. Rawson, Claude (2001): *God, Gulliver and Genocide: Barbarism and the European Imagination 1492–1945.* Oxford: Oxford University Press, bes. das Kap. 3 »Killing the Poor: An Anglo-Irish Theme?«.

28 Zu diesen Klassifizierungsformen und ihrer Bedeutung in der Rassentheorie und damit einhergehenden Degenerationsvorstellungen in der englischen Kultur Ende des 19. Jahrhunderts vgl. Pick: *Faces of Degeneration.*

29 Rawson rekonstruiert die historische Nähe zwischen dieser Wahrnehmung von Irland und der kolonialistischen Perspektive auf Südafrika, die Doyles Text zeitlich vorausgeht. Vgl. Rawson:

das Plateau zu kartieren, bildet die Erzählperspektive also ihrerseits eine hybride, zwischen Subjekt und Objekt einer kolonialen Wahrnehmung oszillierende Position. Fortgesetzt wird diese Verunsicherung klarer Identitäten durch eine weitere Entsprechung, indem Challenger, dem von Beginn an eine fast grotesk anmutende Größe und körperliche Robustheit zugeschrieben wird, nach der Gefangennahme durch die »ape-men« zu einer Art Kippfigur wird: »A single day seemed to have changed him [Challenger] from the highest product of modern civilization to the most desperate savage in South America« (LW 144). Im Anführer der »ape-men«, welche die evolutionsgeschichtliche Vergangenheit des Menschen verkörpern sollen, trifft er auf seinen Doppelgänger, »an absurd parody of the Professor« (LW 144), sodass Malones Spiegelszene beim Erklettern des Baums in dieser parodistischen Doppelung von Challenger wiederholt wird.

Erweitert wird diese Doppelung durch die Topographie des Plateaus. Dieses bildet, wie es im Roman heißt, »an area, as large perhaps as Sussex« (LW 35) und ruft dadurch eine wichtige Fundstätte von Fossilien für die britische Paläontologie des 19. Jahrhunderts auf, zugleich aber die Grafschaft, in der Arthur Conan Doyle lebte. In einer ähnlichen Verschaltung von ›eigen‹ und ›fremd‹ entzieht *The Lost World* ihren zentralen Figuren unter der Hand die souveräne Position, mit der sie ihre Entdeckungsreise angetreten haben. In der Sprache der Erzählung ist die sich damit vollziehende Destabilisierung an eine Vokabel gebunden, die vor allem in Lovecrafts Erzählung einen wichtigen Stellenwert einnehmen wird, nämlich das Adjektiv ›weird‹. Bereits bei einer der ersten Begegnungen mit der paläontologischen Fauna des Plateaus initiiert die tiefenzeitliche Durchdringung des Raums beim Erzähler ein Gefühl der *weirdness*: »It was a weird place in itself« (LW 103). Dieser Eindruck verstärkt sich, wenn der Erzähler zum ersten Mal die Wohnstätte der Affenwesen erblickt und an diesem Punkt prospektiv einen Bezug zum Ausgangspunkt seiner Reise herstellt:

> It was a sight which I shall never forget until my dying day – so weird, so impossible, that I do not know how I am to make you realize it, or how in a few years I shall bring myself to believe in it if I live to sit once more on a lounge in the Savage Club and look about on the drab solidity of the Embankment. (LW 143)

Die besondere *weirdness* der Szene ist dadurch bestimmt, dass die aus dem Missverhältnis zwischen Gesehenem und sprachlicher Darstellung resultierende Verstörung auch dann nicht aufgehoben sein wird, wenn die Figuren es in ihre Heimat zurück-

God, Gulliver, and Genocide, S. 110: »In the final quarter of the eighteenth century, Lord Chiefe Justice Clonmell complained that the English treat the Irish ›as the dutch do the Hottentotts‹, and the Irish behave ›as the Hottentots do‹. ›A man in station, in Ireland, is really like a traveller in Africa, in a forest among Hottentots and wild beasts.‹«

geschafft haben werden. Der Ausgangspunkt der Expedition, London, durchläuft eine Veränderung, in deren Folge sich fremd und eigen nicht mehr klar voneinander trennen lassen. Zwar ist der Savage Club nach dem englischen Schriftsteller Richard Savage benannt, er trägt aber eben die Position eines fremden Gegenübers in seinem Namen, der Malone zu entfliehen versucht. Die angepeilte Heimat der Expedition erhält eine widersprüchliche Identität: Durch die unmittelbare Nachbarschaft zu »drab«, das nicht allein die graue Alltäglichkeit des Gewohnten, sondern laut dem *OED* als Verb auch »to associate with harlots; to whore«[30] meint, wird »solidity« semantisch instabil und in seiner Bedeutung ins Gegenteil verkehrt.

Ein solcher Kontakt zwischen vermeintlich getrennten Bereichen findet sich auch am Ende des Romans. Zwar imaginiert *The Lost World* keine feindliche Invasion durch eine überdeterminierte Figur des Fremden, wie sie etwa in Bram Stokers *Dracula* oder H.G. Wells *The War of the Worlds* im Zentrum des Geschehens steht.[31] Dennoch kommt es bei Challengers abschließender Präsentation der Forschungsreise zu einer Szene, in der sich eine Verbindungslinie zwischen London und der *Lost World* eröffnet, die sowohl räumliche als auch zeitliche Entfernungen überbrückt. Durch einen Bootsunfall, der sich bei der Rückfahrt seiner ersten Reise vom Plateau ereignete, verfügt Challenger zu Beginn des Romans über keinen eindeutigen Beweis seiner Thesen über die Existenz eines vorzeitlichen Plateaus. Demgegenüber ist er am Ende in der Lage, in einer überraschenden und aufwendig inszenierten Enthüllung einen lebendigen Flugsaurier zu präsentieren, »the thing itself« (LW 183), der als unmittelbare Evidenz fungieren soll und den er unbemerkt von seinen Mitreisenden nach London schmuggeln konnte. Von dem entstehenden Tumult aufgeschreckt, ergreift dieser jedoch umgehend die Flucht und entkommt durch ein offenstehendes Fenster: »In a moment the creature [...] came upon the opening, squeezed its hideous bulk through it, and was gone.« (LW 183). Zum einen wird im Kontext dieser Szene deutlich, dass die Metropole selbst Eigenschaften des Monströsen trägt, erinnert die entflohene Gestalt den Erzähler doch an die groteske Variante eines mittelalterlichen Wasserspeiers – »the wildest gargoyle that the imagination of a mad medieval builder could have conceived.« (LW 184). Zum anderen steht der Mobilität der ›Entdecker‹ damit eine nicht mindere und offenbar überraschende Beweglichkeit des Sauriers gegenüber.[32] Das offene Fenster in

---

30 The Oxford English Dictionary.

31 Vgl. Otis: *Membranes*, S. 233.

32 In der zufälligen räumlichen Öffnung, durch die der tiefenzeitliche Überrest in die Gegenwart entkommt und London heimsucht, greift *The Lost World* zudem einen literarischen Topos auf und erweitert ihn auf eine geologische Tiefenzeit. So wird in Edgar Allen Poes Kriminalgeschichte *The Murders in the Rue Morgue* (1841) ein grausamer und unlösbar erscheinender Mordfall schließlich durch die Erkenntnis gelöst, dass er durch einen Orang-Utan verübt wurde, der von einem Matrosen von Borneo nach Paris gebracht wurde, wo er seinem Besitzer entkommt. Auch Poes Text nennt die hierfür verantwortliche Öffnung im Raum explizit: »[T]he

Doyles Roman steht damit exemplarisch für eine Reihe an Öffnungen und Entsprechungen zwischen vermeintlich getrennten Bereichen ein. Indem die Expeditionsteilnehmer zum einen den Raum des Plateaus kartographieren und benennen, zum anderen die dort anzutreffenden Lebewesen in die Stufenfolge einer für sie bereits zurückliegenden linearen Naturgeschichte integrieren – was sie zugleich zum legitimen Gegenstand von Gewalt werden lässt –, treten sie als Vertreter eines kolonialen Blicks auf. Im Hintergrund von *The Lost World* steht die Vorstellung einer linearen Natur- als Fortschrittsgeschichte, deren Telos die Expeditionsteilnehmer und ihre ›Zivilisation‹ sind.[33] Während die Beschreibung des Plateaus und seiner Lebewesen Bezug auf das Modell der Evolution nimmt, versteht sich die westliche Expedition zugleich als Spitze einer biblisch verstandenen Hierarchie des Lebens, von der aus die gewaltvolle Herrschaft über alles andere Leben gerechtfertigt erscheint. Die Hierarchie und Einseitigkeit dieser Konstellation wird indes in einer Staffelung von Vertauschungen destabilisiert, wenn Malone in einer Umkehrung der Blickrichtung einem der »ape men« buchstäblich auf Augenhöhe begegnet, im Anschluss durch Challenger seinerseits auf seine irische ›Abstammung‹ und somit auf seinen Status als Teil einer von der englischen Kolonialmacht unterworfenen Gesellschaft reduziert wird, Challenger selbst wiederum aber unter den Bewohnern des Plateaus auf seinen Doppelgänger trifft. Mögen die ursprünglichen Machtverhältnisse durch den finalen Gewaltausbruch wieder stabilisiert werden, so nimmt das heimatliche London nach der Rückkehr zunehmend Eigenschaften des Fremden an, die zuvor der alternativen evolutionären Entwicklung des Lebens auf dem räumlich isolierten Plateau zugeschrieben wurden.

Ourang-Outang sprang at once through the door of the chamber, down the stairs, and thence, through a window, unfortunately open, into the street.« Poe, Edgar Allen (2003): *The Murders in the Rue Morgue*. In: *The Fall of the House of Usher and Other Writings*. Hg. von David Galloway. London: Penguin, S. 173.

33 Diese Vermengung von Naturgeschichte und der Vorstellung eines auf ein bestimmtes Ziel zusteuernden Fortschritts ließe sich dann gegenwärtigen Definitionen kolonialer Herrschaft hinzufügen. Vgl. etwa Osterhammel, Jürgen (2009): *Kolonialismus. Geschichte, Formen, Folgen*. München: Beck, S. 21. »Kolonialismus ist eine Herrschaftsbeziehung zwischen Kollektiven, bei welcher die fundamentalen Entscheidungen über die Lebensführung der Kolonisierten durch eine kulturell andersartige und kaum anpassungswillige Minderheit von Kolonialherren unter vorrangiger Berücksichtigung externer Interessen getroffen und tatsächlich durchgesetzt werden. Damit verbinden sich in der Neuzeit in der Regel sendungsideologische Rechtfertigungsdoktrinen, die auf der Überzeugung der Kolonialherren von ihrer eigenen kulturellen Höherwertigkeit beruhen.«

2. Lovecrafts archäologische Geologie

Es sind diese in Doyles Roman angedeuteten Figuren der Umkehrung und die damit einhergehenden Emotionen des Unbehagens oder gar Horrors, die in H.P. Lovecrafts *At the Mountains of Madness* isoliert und verstärkt werden. Sollen die letzten verbliebenen ›weißen Flecken‹ der westlichen Landkarten bei Doyle noch als Orte der persönlichen Bewährung angesteuert werden, als eine Art geographisches Tonikum der geistig-körperlichen Gesundheit eines erschöpften kolonialen Subjekts, so scheint dieses Potential in Lovecrafts Erzählungen gänzlich verschwunden zu sein. Wiederum vollzieht sich eine Verschränkung zwischen peripheren Orten der westlichen Raumordnung und einer erdgeschichtlichen Tiefenzeit, die nun jedoch einen völlig fremden Verlauf aufweist. Stets sind die narrativen Räume durch eine mitunter mehrfach gestaffelte, in die Erde hinabführende Tiefendimension geprägt, die einen Durchlass in eine dem vermeintlichen Beginn der Evolution weit vorausgehende Geschichte des Lebens auf der Erde bildet. In *The Call of Cthulhu* ist es eine Insel, die durch ein Erdbeben wie ein tiefenzeitlicher Fahrstuhl aus dem Pazifik an die Oberfläche befördert wird und einen Eingang in ein Millionen von Jahren altes Gebäude aufweist. In *The Shadow out of Time* ist es eine Wüstenlandschaft im Westen von Australien, in der bei Minenarbeiten Bruchstücke einer unbekannten Architektur zutage treten, deren Alter von Geologen auf einen Punkt weit vor der Entstehung menschlicher Kulturen datiert wird.

Während bei Doyle das isolierte Plateau in einer Geste der Dominanz erklommen wird, schrecken Lovecrafts Figuren vor der allmählich zur Gewissheit werdenden Ahnung zurück, dass die Oberfläche einen Untergrund von in die Tiefe führenden Schächten und Höhlen, Abgründen und Kellerräumen aufweist. Lovecrafts in den Untergrund führende Erzählungen sind von Grabungen, Bohrungen und Öffnungen bestimmt, in denen eine archäologisch-philologische Perspektive auf einen geologischen Gegenstandsbereich übertragen wird. Die Untersuchung architektonischer Bruchstücke, die als Artefakte einer »terrible antiquity«[34] beschrieben werden, sowie unbekannter, mit einem Oxymoron als »prehistoric writing«[35] bezeichneter Hieroglyphen überträgt die Begrifflichkeit der Archäologie auf eine geologische, dem Menschen weit vorausgehende Zeitlichkeit. In dieser zeitlichen Weitung inszenieren Lovecrafts Erzählungen einen Verlust der Orientierungspunkte, der auf ein plötzliches Fremdwerden der Erde insgesamt zuläuft: »an elder and utterly alien earth« (MM 222).[36] Ihnen ist das epistemologische Prinzip eingeschrieben, dass sich die Wirklich-

34 Lovecraft, H.P. (2016): *The Call of Cthulhu*. In: *The Classic Horror Studies*. Hg. von Roger Luckhurst. Oxford: Oxford University Press, S. 46.

35 Lovecraft: *The Call of Cthulhu*, S. 26.

36 Für eine Verbindung zwischen Lovecrafts Erzählungen und veränderten Modellen und Vorstellungen des Planetarischen im Anthropozän vgl. Morton, Timothy (2013): *Hyperobjects.*

keit nicht auf die Beschaffenheit des menschlichen Bewusstseins reduzieren lässt. Während Doyle zeitgenössische Wissensbestände der Paläontologie aufruft und seinen Roman entsprechend mit vergangenen Phasen der Erdgeschichte versieht, entwirft Lovecraft eine völlig eigene Geschichte des Lebens.

Besonders deutlich wird dieser Aspekt in der Erzählung *At the Mountains of Madness*, welche die Verbindung zwischen geologischen Zusammenhängen und Genreeigenschaften des Horrors zielstrebig durcharbeitet.[37] Lovecraft-typische Elemente erfüllt die Erzählung dadurch, dass die Teilnehmer einer wissenschaftlichen Antarktisexpedition nicht mehr von ihr berichten können, da sie entweder tot, wahnsinnig oder traumatisiert sind. Eine aus Neuengland stammende Forschergruppe stößt bei geologischen Bohrungsarbeiten in der Antarktis auf fossile, Eigenschaften von Pflanze und Tier aufweisende Lebewesen, »monstrous barrel-shaped fossil[s] of wholly unknown nature« (MM 198f.), die nicht allein unbekannt, sondern in Beschaffenheit und Alter völlig inkompatibel mit bisherigen Vorstellungen der Evolutionsgeschichte sind. Durch die fieberhaften Grabungsarbeiten der Geologen werden diese Wesen aber neu zum Leben erweckt. Erst bei der Erkundung einer angrenzenden Gebirgskette und der auf einem Plateau gelegenen, mehrere hundert Millionen Jahre alten Stadt wird nach und nach deutlich, dass es sich dabei um eine extraterrestrische Spezies handelt, die die Erde zu einem Zeitpunkt besiedelte, als diese noch unbelebt war. Möglicherweise handelt es sich bei »the elder things«, wie sie bei Lovecraft heißen, um die Schöpfer von Leben auf der Erde.

Die notorische Kränkung, die der Mensch als Randerscheinung einer geologischen Tiefenzeit erfährt, wird bei Lovecraft damit um ein Vielfaches verstärkt, wenn dem Erzähler in einer »reason-shaking realisation« (MM 237) bei der Erkundung des Plateaus die zeitlichen Verhältnisse deutlich werden, die sich ihm gegenüber abzeichnen:

> The things once rearing and dwelling in this frightful masonry in the age of dinosaurs were not indeed dinosaurs, but far worse. Mere dinosaurs were new and almost brainless objects – but the builders of the city were wise and old, and had left certain traces in

---

Philosophy and Ecology after the End of the World. Minneapolis: University of Minnesota Press, S. 64. Vgl. darüber hinaus Ingwersen, Moritz (2019): Geological Insurrections: Politics of Planetary Weirding from China Miéville to N.K. Jemisin. In: Greve/ Zappe (Hg.): *Spaces and Fictions of the Weird and the Fantastic*, S. 73–92.

37 In *Notes on Writing Weird Fiction* hebt Lovecraft die besondere Verbindung zwischen Angst und großskaligen, nicht-menschlichen Zeiträumen hervor: »The reason why *time* plays a great part in so many of my tales is that this element looms up in my mind as the most profoundly dramatic and grimly terrible thing in the universe. *Conflict with time* seems to me the most potent and fruitful theme in all human expression.« Lovecraft, H.P. (2004): Notes on Writing Weird Fiction. In: *Collected Essays. Volume 2: Literary Criticism.* Hg. von S. T. Joshi. New York: Hippocampus Press, S. 175–178, S. 176.

> rocks even then laid down well nigh a thousand million years – rocks laid down before the true life of earth had advanced beyond plastic groups of cells – rocks laid down before the true life of earth had existed at all. They were the makers and enslavers of that life […]. (MM 237f.)

Im Zusammenhang einer solchen in die geologische Tiefenzeit einer »prehuman world«[38] zurückreichenden Kolonialisierungsgeschichte der Erde wird der Rahmen von Doyles *Lost World* aufgegriffen und zugleich invertiert. »Certainly, we were in one of the strangest, weirdest, and most terrible of all the corners of earth's globe« (MM 248), heißt es in Bezug auf die Antarktis. Doch eine Rückkehr in die zu Beginn noch vertraute, heimatliche Wissensordnung und Weltsicht, in die die Erfahrungen in der Nähe des Südpols sich noch irgendwie integrieren ließen, ist den überlebenden Figuren versperrt. Die bei Doyle auf einzelne Szenen beschränkte Eigenschaft der *weirdness* erweitert sich dadurch zu einem Erzählprinzip, wie dies auch Mark Fisher in seiner Lovecraft-Lektüre unterstreicht. In *The Weird and the Eerie* schreibt Fisher:

> [T]he weird is a particular kind of perturbation. It involves a sensation of wrongness: a weird entity or object is so strange that it makes us feel that it should not exist, or at least it should not exist here. Yet if the entity or object is here, then the categories which we have up until now used to make sense of the world cannot be valid.[39]

Vom Raum auf die bei Lovecraft aufgerufene geologische Zeitlichkeit wechselnd, resultiert die dem »weird object« eigene Störung nicht allein aus dessen Auftauchen im Hier, sondern im Jetzt. Für diesen Verlust einer sicheren zeitlichen Verortung ist jedoch besonders zu berücksichtigen, wie die beiden Erzähler mit den Orten kommunizieren, die sie als ihre jeweilige Heimat verstehen.

Doyles verlorene Welt mag gegenüber dem geographischen Ausgangspunkt noch so isoliert liegen, dennoch erfolgt die Erzählung des Zeitungsreporters Malone in einer gestaffelten und verzögerten Berichterstattung durch eine nicht abreißende Reihe an Briefen, die über eine aufwendige Logistik von subalternen Mittelsmännern und komplizierten Transportsystemen ihren Weg ins Londoner Zeitungshaus finden. Tatsächlich ist das Ende der Expedition dadurch markiert, dass der Körper des Erzählers mit dem letzten Brief wieder zusammenfällt: »It may be that when we reach Para we shall stop to refit. If we do, this letter will be a mail ahead. If not, it will reach London on the very day that I do« (LW 174). Auch Lovecrafts Erzählung ist durch ein Netzwerk der Informationsübermittlung strukturiert, das sowohl auf räumlicher als auch zeitlicher

---

38 Lovecraft, H.P.: The Shadow out of Time. In: *The Classic Horror Studies.* Hg. von Roger Luckhurst. Oxford: Oxford University Press, S. 397.

39 Fisher: *The Weird and the Eerie*, S. 15.

Ebene weite Strecken überbrücken muss. Ähnlich wie bei Doyle steht die Expedition dabei in Kontakt mit der fiktiven Zeitung ›Arkham Advertiser‹ – allerdings über Funk. Ganz anders als bei Doyle sind bei Lovecraft die Kommunikationswege gegenüber dem Unsagbaren durch eine Reihe an sprachlichen Blockaden, Verzögerungen, nachträglichen Korrekturen und eine Verknappung des Wissens bestimmt. Deutlich wird dieser Umstand bereits dadurch, dass die Erzählung eine nachträgliche Richtigstellung und Ergänzung der vorigen Zeitungsberichte ist, dabei aber mehrfach an Punkte des Widerstands stößt, die Lovecrafts Erzählstil insgesamt grundieren: »I come once more to a place where the temptation to hesitate, or to hint rather than state, is very strong« (MM 257). Anstatt die Öffentlichkeit wie bei Doyle durch Verfahren der Evidenz von der Existenz einer ›lost world‹ überzeugen zu wollen, wie dies durch die öffentliche Präsentation des agilen Flugsauriers am Ende des Romans erfolgen soll, konstituiert sich das Erzählen bei Lovecraft bereits im ersten Satz durch eine paradoxe Perspektive. Der Ich-Erzähler tritt allein deshalb an die Öffentlichkeit, um eine weitere, zeitlich unmittelbar bevorstehende Expedition an den Südpol zu verhindern. Vor diesem Hintergrund sieht er sich umso mehr zum Bericht über seine Erfahrungen in der Antarktis genötigt, als das Ausmaß der dort durchlebten Schrecken eine gelingende Darstellung zum Scheitern verurteilt:

> I am forced into speech because men of science have refused to follow my advice without knowing why. It is altogether against my will that I tell my reasons for opposing this contemplated invasion of the antarctic – with its vast fossil hunt and its wholesale boring and melting of the ancient ice caps. And I am the more reluctant because my warning may be in vain. (MM 182)

Die in den Erzählstil eingeschriebenen Schwierigkeiten der Informationsübermittlung zeigen sich auch daran, dass der Erzähler in den ersten Kapiteln seinerseits zum Empfänger einer diskontinuierlichen, in einem Schneesturm schließlich abreißenden Nachrichtenkette wird, wenn sich die Expedition in Folge der sich überstürzenden Ereignisse in mehrere Gruppen aufspaltet und allein über Funk miteinander im Kontakt bleibt. Der Bericht einer Grenzüberschreitung, der als Geste die Erzählung insgesamt bestimmt, wird in dieser selbst verdoppelt, indem der Erzähler mit großer Anspannung den Funkberichten einer Gruppe folgt, deren abgehackte Berichte unmittelbar als Zitat abgebildet sind. Diese fragmentarische Verständigungssituation über weite räumliche Distanzen hinweg wird auf eine tiefenzeitliche Ebene übertragen, wenn die Figuren über die ihrerseits fragmentarischen Fossilien und Gesteinsformen die zunehmend Unverständnis und Schrecken hervorrufende Erdgeschichte der Antarktis zu entziffern versuchen. Lovecrafts Figuren treten nahezu durchgängig als Geologen, Archäologen oder Philologen auf, die aus stets fragmentarisch und verstreut erhaltenen Materialien Sinn zu generieren versuchen, dabei aber an einen Punkt gelangen, an dem die Verbindungs- und Kommunikationslinien in die vertrauten Gebiete eines bereits gesicherten Wissens abbrechen.

Für die Figuren liegt der Schrecken der *Mountains of Madness* entsprechend in der schrittweisen Rekonstruktion einer Erdgeschichte, in deren Verlauf eine völlig unbekannte, dem Menschen überlegene Spezies die Erde kolonisiert und wieder verloren hat. Analog zur »contemplated invasion of the antarctic« (MM 182) durch eine geplante Forschungsexpedition, die der Erzähler durch seinen Bericht zu verhindern sucht, wird die Mobilität der »elder ones« in einem Vokabular der Bewegung und der Besitznahme beschrieben. So ist ihre Ankunft auf der Erde eine »colonisation« (MM 252), während die weiteren Bewegungen als »colonising movements« (MM 243) eingeordnet werden. Dies führt zu einer Invertierung der Subjektposition, die sich mit Stephen Arata als eine »reverse colonization« verstehen lässt; eine Kategorie, die er in Bezug auf die englische Literatur des *fin des siècle* entwickelt und wie folgt definiert:

> In such narratives what has been represented as the ›civilized‹ world is on the point of being overrun by ›primitive‹ forces. [...] In each case a fearful reversal occurs: the colonizer finds himself in the position of the colonized, the exploiter is exploited, the victimizer victimized.[40]

Bei Doyle und Lovecraft erfolgt diese Umkehrung auf doppelte Weise. Während Challenger in *The Lost World* einen Menschen des Plateaus auf eine Weise betrachtet, »as if he were a potted specimen in a classroom« (LW 150), werden die Figuren in Lovecrafts Erzählung genau umgekehrt und unter Tilgung der Vergleichspartikel »if« zum Gegenstand eines vergegenständlichenden Blicks, der allerdings aus einer ganz anderen, tiefenzeitlichen Vergangenheit stammt. Nachdem im Laufe der Erkundung die Leichen von zwei der zuvor verschwundenen Forscher gefunden werden, heißt es von ihnen: »It seems that others as well as Lake had been interested in collecting typical specimen; for there were two here, both stiffly frozen, perfectly preserved [...]. They were the bodies of young Gedney and the missing dog« (MM 264). Eine umfassende Verkehrung der Machtpositionen stellt sich ein, indem *Mountains of Madness* die Geschehnisse in »Maple White Land« imitiert, zugleich aber auf den Kopf stellt. Nehmen dort die Menschen die Herrschaft über das Plateau ein, rekonstruiert der Erzähler bei Lovecraft eine Geschichte der Erde, in der die »Old Ones«, die vor Jahrmillionen die Erde erreichten, aus Protoplasma eine Spezies von Arbeitssklaven erschufen, »Shoggoths«, über die sie aber zunehmend die Kontrolle verloren. Zwar wird der daraus entstehende Kampf explizit mit der Kolonialisierung von Nord-Amerika in Verbindung gebracht: »[T]he sculptures showed a period in which Shoggoths were tamed and

40 Arata: *Fictions of Loss*, S. 108.

broken by armed Old Ones as the wild horses of the American west were tamed by cowboys.« (MM 246) Dennoch erschließt sich für die beiden verbliebenen, in den Ruinen umherwandernden Figuren eine Geschichte, in deren Verlauf sich das Machtgefüge zwischen einer herrschenden und einer subalternen Gruppe allmählich vertauscht. Dies zeigt sich auch daran, dass die Erkundung schließlich ihren Abbruch findet, wenn die verbliebenen Figuren in den Tiefen der vorzeitlichen Stadt auf einen der Shoggoths treffen, dem sie mit Mühe entkommen und dessen monströse Formlosigkeit in einer metafiktionalen Geste den Grenzbereich der sprachlichen Darstellbarkeit evoziert: »It was the utter, objective embodiment of the fantastic novelist's ›thing that should not be‹« (MM 278). In dieser finalen Begegnung verdichtet sich noch einmal die Vertauschung der Ausgangsposition. Bevor der Erzähler und sein Begleiter aus dem Labyrinth von unterirdischen Gängen und Räumen an die Oberfläche gelangen, können sie nicht den Drang unterdrücken, zurück zu blicken und ihren Verfolger in Augenschein zu nehmen. Dieser Moment wird in den Formulierungen »fearful glance backward« (MM 278), »looking back again« (MM 278), »glanced back« (MM 278) und »upon looking back« (MM 278) mehrfach eingeleitet, genauso oft aber hinausgezögert. Durch die tiefenzeitliche Dimension der Erzählung richtet sich dieser ›Rückblick‹ in den Untergrund zugleich auf eine erdgeschichtliche Vergangenheit. Anstatt aber als bloßes Objekt der Beobachtung zu fungieren, weist das aus der Tiefe hervortretende Wesen keine feste Form auf, erscheint vielmehr selbst als nach außen gerichteter Blick: »with myriads of temporary eyes forming and unforming« (MM 278). Indem diese formlose Masse zugleich mit einer herannahenden U-Bahn verglichen wird, wie sie durch »our peaceful native soil thousands of miles away in New England« (MM 278) fährt, wird eine sichere Distanz zum Ausgangspunkt der Expedition hinfällig.

Die wissenschaftliche Erkundung des fremden und lebensfeindlichen Gegenraums führt demnach zu der Erkenntnis, dass die Erde lange vor dem Beginn der Evolutionsgeschichte von außerirdischen Lebewesen kolonialisiert wurde. Vor dem zeitlichen Hintergrund des ›heroic age‹ der Südpolexpedition und dem Erreichen des Südpols durch Roald Amundsen im Jahr 1911 nehmen die Naturwissenschaftler aus Arkham die Antarktis zunächst als einen leeren, vermeintlich leblosen Raum wahr, den sie entdecken, kartieren und sich sukzessive aneignen können.[41] Dieses Bild der Antarktis als einer weißen Fläche wird im Laufe der Erzählung jedoch umgedreht. Stattdessen waren es »the elder ones«, die die Erde in einer frühen Phase der Erdgeschichte frei von Leben vorfanden und die Antarktis besiedelten. Zugleich führt dieser Perspektivwechsel aber dazu, dass die überlebenden Figuren von *At the Mountains of Madness* die Erde nun

41 Zur Kolonialgeschichte der Antarktis vgl. etwa Maddison, Ben (2016): *Class and Colonialims in Antarctic Exploration, 1750–1920.* London/ New York: Routledge, besonders das Kapitel 3 »Imperialism and the Heroic Age of Antarctic Exploration«.

insgesamt so wahrnehmen, wie sie zuvor allein die Antarktis sahen, nämlich als fremd und unvertraut.

Der in der Antarktis lauernde Horror ist damit die Geschichte einer Umkehrung, als deren Resultat den Figuren der Grund unter den Füßen weggezogen wird. Sie können an keine stabile, dem als fremd entworfenen Raum entgegengesetzte Ausgangsposition mehr zurückkehren. Die der Stratigraphie eigene Verschränkung zwischen Erdraum und Erdgeschichte, von Schichten und Zeiten aufrufend,[42] besteht die gemeinsame Eigenschaft der hier untersuchten Erscheinungsformen von *Gothic Novel* und *Weird Fiction* somit in einer tiefenzeitlichen Durchdringung von Räumen, die einen ambivalenten Charakter aufweisen, sich an den Rändern der etablierten Ordnungen befinden oder Übergangsphänomene bilden. Beide Texte übertragen einen Verlust der räumlichen Orientierung auf die zeitliche Dimension, in dessen Folge die vermeintlich distanzierte und gleichsam erhöhte Perspektive, von der aus die Figuren auf die Vergangenheit blicken, destabilisiert und verzeitlicht wird. Doyle und Lovecraft entwerfen ›Kolonialisierungen der Vergangenheit‹, in der die Stellung von Subjekt und Objekt und die damit verbundene Richtung der kolonialen Aneignung in Bewegung gerät. Doyles Roman berichtet von einem ordnenden Eingriff in die fantastische Gleichzeitigkeit von verschiedenen Punkten der Evolutionsgeschichte hin zu einer teleologischen Linearität, die jedoch von vereinzelten Entsprechungen oder Umkehrungen unterlaufen wird. Diese noch in der Latenz verharrende Destabilisierung oder *weirdness* wird bei Lovecraft zum eigentlichen Erzählprinzip. Die Entdeckung einer ganz anderen erdgeschichtlichen Tiefenzeit führt nicht allein zum Wissen, dass das Leben und damit auch die menschliche Spezies als Nebeneffekt einer weit zurückliegenden Kolonialisierungsgeschichte der Erde zu betrachten ist; wenn im Zuge der geologischen Ausgrabungen die Vergangenheit in Gestalt der »elder ones« wieder an die Oberfläche der Gegenwart tritt, aktualisiert die Erzählung diese Konstellation und entlässt die menschlichen Figuren in eine Wirklichkeit, in der sie selbst fremd sind.

42 Zur Verschränkung von Erdtiefe und Tiefenzeit in der Geologie und Stratigraphie vgl. Sepkoski, David (2017): The Earth as Archive. Contingency, Narrative and the History of Life. In: Daston, Lorraine (Hg.): *Science in the Archives. Past, Present, Futures.* Chicago: Chicago University Press, S. 53–83; Schnyder, Peter (2018): übereinander/nacheinander. Zur Metaphorologie der Schicht. In: Berg, Gunhild/ King, Martina/ Rössler, Reto (Hgg.): *Metaphorologien der Exploration und Dynamik (1800/1900). Historische Wissenschaftsmetaphern und die Möglichkeiten ihrer Historiographie* (= Archiv für Begriffsgeschichte 59). Hamburg: Meiner, S. 83–99.

Literaturverzeichnis

Arata, Stephen (1996): *Fictions of Loss in the Victorian fin de siècle.* Cambridge: Cambridge University Press.

Brantlinger, Patrick (2013): *Rule of Darkness: British Literature and Imperialism 1830–1914.* Ithaca: Cornell University Press.

Childs, Peter (2007): *Modernism and the Post-Colonial: Literature and Empire 1885–1930.* London: Bloomsbury.

Deane, Bradley (2014): *Masculinity and the New Imperialism. Rewriting Manhood in British Popular Literature, 1870–1914.* Cambridge: Cambridge University Press.

Dickens, Charles (1996): *Bleak House.* Hg. von Nicola Bradbury. London: Penguin.

Doyle, Arthur Conan (2008): *The Lost World.* Hg. von Ian Duncan. Oxford: Oxford University Press.

Dryden, Linda (2003): *The Modern Gothic and Literary Doubles. Stevenson, Wilde and Wells.* Hampshire: Palgrave Macmillan.

Fisher, Mark (2016): *The Weird and the Eerie.* London: Verso.

Gilbert, Pamela K. (2002): The Victorian Social Body and Urban Cartography. In: dies. (Hg): *Imagined Londons.* Albany, N.Y.: State University of New York Press, S. 11–30.

Gontier, Nathalie (2011): Depicting the Tree of Life: The Philosophical and Historical Roots of Evolutionary Tree Diagrams. In: *Evolution: Education and Outreach,* 4, S. 515–538, https://doi.org/10.1007/s12052-011-0355-0.

Greenslade, William (2010): *Degeneration, Culture and the Novel 1880–1940.* Cambridge: Cambridge University Press.

Greve, Julius/ Zappe, Florian (2019): Introduction: Ecologies and Geographies of the Weird and the Fantastic. In: dies. (Hgg.): *Spaces and Fictions of the Weird and the Fantastic. Ecologies, Geographies, Oddities.* Cham: Palgrave Macmillan, S. 1–12.

Ingwersen, Moritz (2019): Geological Insurrections: Politics of Planetary Weirding from China Miéville to N.K. Jemisin. In: Greve, Julius/ Zappe, Florian (Hgg.): *Spaces and Fictions of the Weird and the Fantastic. Ecologies, Geographies, Oddities.* Cham: Palgrave Macmillan, S. 73–92.

Kneale, James (2006): From Beyond: H. P. Lovecraft and the Place of Horror. In: *Cultural Geographies,* 13, S. 106–126.

Kugler, Lena (2021): *Die Zeit der Tiere. Zur Polychronie und Biodiversität der Moderne.* Konstanz: Konstanz University Press.

Lovecraft, H.P. (2004): Notes on Writing Weird Fiction. In: *Collected Essays. Volume 2: Literary Criticism.* Hg. von S. T. Joshi. New York: Hippocampus Press, S. 175–178.

Lovecraft, H.P. (2016): *The Classic Horror Stories.* Hg. von Roger Luckhurst. Oxford: Oxford University Press.

Luckhurst, Roger (2017): The Weird: A Dis/Orientation. In: *Textual Practice,* 31/6, S. 1041–1061.

Maddison, Ben (2016): *Class and Colonialims in Antarctic Exploration, 1750–1920.* London/ New York: Routledge.

Mighall, Robert (2003): *A Geography of Victorian Gothic Fiction. Mapping History's Nightmares.* Oxford: Oxford University Press.

Morton, Timothy (2013): *Hyperobjects. Philosophy and Ecology after the End of the World.* Minneapolis: University of Minnesota Press.

Noys, Benjamin/ Murphy, Timothy S. (2016): Old and New Weird. In: *Genre*, 49/2, S. 117–134. DOI 10.1215/00166928–3512285.

Osterhammel, Jürgen (2009): *Kolonialismus. Geschichte, Formen, Folgen.* München: Beck.

Otis, Laura (1999): *Membranes: Metaphors of Invasion in Nineteenth-Century Literature, Science and Politics.* Baltimore/ London: Johns Hopkins University Press.

Pick, Daniel (1989): *Faces of Degeneration: A European Disorder, c. 1848–1918.* Cambridge: Cambridge University Press.

Poe, Edgar Allen (2003): *The Murders in the Rue Morgue.* In: *The Fall of the House of Usher and Other Writings.* Hg. von David Galloway. London: Penguin.

Pratt, Marie-Louise (1992): *Imperial Eyes. Studies in Travel Writing and Transculturation.* London/ New York: Routledge.

Pritchard, Allan (1991): The Urban Gothic of Bleak House. In: *Nineteenth-Century Literature*, 45/4, S. 432–452.

Rawson, Claude (2001): *God, Gulliver and Genocide: Barbarism and the European Imagination 1492–1945.* Oxford: Oxford University Press.

Schnyder, Peter (2018): übereinander/nacheinander. Zur Metaphorologie der Schicht. In: Berg, Gunhild/ King, Martina/ Rössler, Reto (Hgg.): *Metaphorologien der Exploration und Dynamik (1800/1900). Historische Wissenschaftsmetaphern und die Möglichkeiten ihrer Historiographie* (= Archiv für Begriffsgeschichte 59). Hamburg: Meiner, S. 83–99.

Sepkoski, David (2017): The Earth as Archive. Contingency, Narrative and the History of Life. In: Daston, Lorraine (Hg.): *Science in the Archives. Past, Present, Futures.* Chicago: Chicago University Press, S. 53–83.

Stevenson, Robert Louis (2008): *The Strange Case of Doctor Jekyll and Mr Hyde.* In: *The Strange Case of Dr Jekyll and Mr Hyde and Other Tales.* Hg. von Roger Luckhurst. Oxford: Oxford University Press.

Swift, Jonathan (2002): *Gulliver's Travels.* New York/ London: Norton.

Tabas, Brad (2015): Dark Places: Ecology, Place, and the Metaphysics of Horror Fiction. In: *Miranda*, 11, S. 1–20. DOI: https://doi.org/10.4000/miranda.7012.

Turnbull, Jonathon/ Platt, Ben/ Searle, Adam (2022): For a New Weird Geography. In: *Progress in Human Geography*, 46/5, S. 1207–1231.

VanderMeer, Ann/ VanderMeer, Jeff (Hgg.) (2012): *Weird: A Compendium of Strange and Dark Stories.* New York: Tor.

Williams, Raymond (1973): *The Country and the City.* New York: Oxford University Press.

Johanna Hügel

Mit den Moai in die Tiefenzeit

Rapa Nui und die Visualisierung von Prähistorie bei Pierre Loti und Vladimir Markov

ABSTRACT: Analyzing two sources – *L'Île de Pâques* [Easter Island, 1899] by Pierre Loti and *Iskusstvo Ostrova Paskhi* [The Art of Easter Island, 1914] by Vladimir Markov – the following article shows how the island Rapa Nui is depicted as a relic of past epochs of a geological deep time. The material culture of the island, and especially the so-called moai, occupy a central role in these depictions. In Loti's text, they represent the material remnants of a megalithic stage of the early history of humankind. Whereas Loti essentially argues for the great age of the moai through the geographical and cultural-historical context of Rapa Nui, Markov instead bases this claim exclusively on the inherent characteristics of the moai, such as their material and their form. The article will show that the evolving aesthetics of deep time conceived by Markov is grounded in the classification schemes of the ethnographic collections in which Markov encountered these objects.

KEYWORDS: Moai, Rapa Nui, Vladimir Markov, Pierre Loti, Visualization of Prehistory

Am 19. September des Jahres 1882 landete die Besatzung der *S.M. Hyäne*, einem Kriegsschiff der deutschen Kaiserlichen Marine, an der Südküste Rapa Nuis. Wie der Kapitänleutnant Wilhelm Geiseler in seinem Bericht an den Chef der kaiserlichen Admiralität schreibt, erfolgte diese Landung auf den Wunsch Adolf Bastians,[1] Gründungsdirektor des Völkerkundemuseums Berlin. Während die weiteren Reisestationen der *Hyäne* nur am Rande erwähnt werden und ihre Teilnahme an der »Strafexpedition« auf der Insel Luf keine Erwähnung in Geiselers Bericht findet,[2] weckte Rapa Nui offenbar besonderes Interesse. So schreibt Geiseler, das Kommando der *Hyäne* habe den Befehl erhalten,

> die Oster-Insel anzulaufen, um die dort noch vorhandenen Reste einer früheren Kultur zu erforschen und für die Ethnologische Abtheilung der königlichen Museen nach Kräften thätig zu sein. Auf der einsam im Stillen Ozean gelegenen kleinen Oster-Insel

---

1 Geiseler, Wilhelm (1883): *Die Osterinsel. Eine Stätte prähistorischer Kultur in der Südsee. Bericht des Kommandanten S. M. Abt. »Hyäne«, Kapitänlieutenant Geiseler, über die ethnologische Untersuchung der Oster-Insel (Rapanui) an den Chef der kaiserlichen Admiralität.* Berlin: Ernst Siegfried Mittler und Sohn, S. 2.

2 Zur »Strafexpedition« auf der Insel Luf siehe Aly, Götz (2021): *Das Prachtboot. Wie Deutsche die Kunstschätze der Südsee raubten.* Frankfurt a.M.: S. Fischer.

> oder Rapanui konzentriren sich gewichtige Probleme, deren Aufhellung vielleicht geeignet ist, auf die Vorgeschichte zweier Kontinente neues Licht zu werfen. Namentlich sind es die auf ihr lokalisirten Steinstatuen sowie die ebenfalls für dort eigenthümlichen Bildertafeln, welche das höchste Interesse verdienen.[3]

Während die »eigenthümlichen Bildertafeln« in Geiselers Bericht kaum weitere Erwähnung finden, nehmen die als »Steinidole«, »Steinkolosse« oder »Riesenkolosse« bezeichneten Moai einen hervorgehobenen Platz ein. Eines von drei Kapiteln in Geiselers knapp fünfzigseitigem Bericht ist ausschließlich den Moai gewidmet. Unter dem Titel »Prähistorisches« wird über eine »Tour« zu den verschiedenen Standorten der Moai berichtet, während der Überlegungen über das Alter, die Herstellung und die Funktion der »Steinidole« angestellt werden.[4] Auf ein besonders hohes Alter einiger umgefallener »Steinidole« deutet für das Kommando der *Hyäne* neben deren Größe insbesondere ein hoher Grad an Verwitterung sowie eine »rohere Bearbeitung« hin.[5] Einige der Moai werden als in einem Stadium des Zerfalls befindlich beschrieben, das ihre Formen nahezu unkenntlich macht, »da sie, von der Witterung ganz zernagt, kaum noch Gesichtszüge und andere Theile des Körpers erkennen lassen«.[6] Die Besatzung der *Hyäne* hätte offenbar gern einen der Moai von der Insel entfernt und nach Berlin verbracht:[7]

> Während der ganzen Tour war die Aufmerksamkeit auch darauf gerichtet, unter den Steinidolen solche ausfindig zu machen, welche sich zur Mitnahme eigneten. Es konnte jedoch keines derselben ausfindig gemacht werden, sämmtliche waren von den oben angedeuteten großen Dimensionen, die einen Transport und Verladung unmöglich gemacht haben würden.[8]

Folglich bringt die *Hyäne* keinen Moai mit nach Berlin. Jedoch verweist der Bericht Geiselers darauf, dass Rapa Nui und dessen materielle Kultur erst dann in den Fokus europäischer Interessen rückten, als die Insel nicht mehr nur für sich stand, sondern als aufschlussreich für die Geschichte ganzer Kontinente und als eine Sonde in die prä-

---

3 Geiseler: *Die Osterinsel*, S. 1.

4 Geiseler: *Die Osterinsel*, S. 6–18.

5 Geiseler: *Die Osterinsel*, S. 6 und 10; weitere Überlegungen zur Datierung der Moai finden sich auf den Seiten 12–14.

6 Geiseler: *Die Osterinsel*, S. 6.

7 Anscheinend beinhaltete der Auftrag Bastians auch die Aneignung ethnographischer Objekte: In einem dem Bericht beigefügten Anhang findet sich neben »[g]esammelten Vokabeln der Rapanui-Sprache« und 21 Bildtafeln mit Zeichnungen ein siebenseitiges Verzeichnis »der auf der Oster-Insel gesammelten und angekauften Gegenstände«, Geiseler: *Die Osterinsel*, S. 48–54.

8 Geiseler: *Die Osterinsel*, S. 11.

historischen Epochen der Menschheitsgeschichte gesehen wurde. Diese These ist der Ausgangspunkt des vorliegenden Artikels. Untersucht wird diese These anhand von zwei Quellen, die in der Hochphase des europäischen Imperialismus in zwei europäischen Metropolen publiziert wurden. Anhand von Pierre Lotis *L'Île de Pâques* [Die Osterinsel] (1899) und Vladimir Markovs *Iskusstvo Ostrova Paschi* [Die Kunst der Osterinsel] (1914) möchte ich zeigen, wie die Gegenwart Rapa Nuis zur Imagination der frühen Menschheitsgeschichte herangezogen wird. Es findet eine gegenseitige Einschreibung statt, bei der einerseits die Gegenwart Rapa Nuis zur Imagination und Deutung der Prähistorie verwendet wird, und andererseits die Prähistorie zum Verständnis und zur Deutung Rapa Nuis und seiner materiellen Kultur dient. Dabei spielen die Moai eine wichtige Rolle: Indem sie von der Inselbevölkerung isoliert und mit den geologischen Ursprüngen der Insel verbunden werden, erscheinen sie als Überreste einer weit zurückliegenden Vergangenheit. In Lotis Reisebericht *L'Île de Pâques* dient Rapa Nui als Kulisse für seine Imaginationen der frühen Menschheitsgeschichte, wobei ich zeigen werde, wie die Moai als Überreste von und Verbindung zu dieser vergangenen Zeit dienen. Markov argumentiert in *Iskusstvo Ostrova Paschi* darüber hinaus, die Moai würden die ursprünglichen Künste ganz Ozeaniens und Asiens repräsentieren. Ich werde zeigen, dass in seiner Argumentation eine Ästhetik der Tiefenzeit entsteht, die eng verflochten ist mit den Klassifikationsschemata der ethnographischen Museen, auf deren Grundlage Markov *Iskusstvo Ostrova Paschi* erarbeitete. Rapa Nui erscheint dabei als ein ikonisches Beispiel dafür, wie die koloniale und imperiale Infrastruktur europäischen Akteuren nicht nur zur physischen Aneignung von materieller Kultur diente. Vielmehr ging diese einher mit einer diskursiven und visuellen Aneignung, die dazu verhalf, die unvorstellbaren Zeithorizonte der geologischen Tiefenzeit und der frühen Menschheitsgeschichte zu imaginieren, zu beleben und in Form von Objekten greifbar zu machen.

Bevor zur Analyse der beiden Quellen übergegangen wird, sollen diese kurz zeitlich verortet werden. Während Rapa Nui bereits seit dem frühen 18. Jahrhundert von europäischen Seefahrern und ›Entdeckern‹ wie James Cook angesteuert wurde, lässt sich der verzeitlichte Blick auf die Insel als »Stätte prähistorischer Kultur«,[9] wie Geiseler seinen Bericht untertitelt, ab den 1870er Jahren feststellen.[10] Dieser Zeitpunkt ist si-

9 Geiseler: *Die Osterinsel*, S. 11.

10 Als ausschlaggebend für die Narrative, die die Deutungen Rapa Nuis und der Moai für die kommenden Jahrzehnte prägen, erweisen sich die Diskussionen in der *Royal Geographical Society of London*, die auf die Expedition der *HMS Topaze* 1868 folgen. Die *HMS Topaze* entfernte erstmals einen der Moai von Rapa Nui. Einige der Besatzungsmitglieder sind in den folgenden Jahren mit Vortrags- und Publikationstätigkeiten aktiv. An den Vortrag des Besatzungsmitglieds Linton J. Palmer in der *Royal Geographical Society* am 24.01.1870 schließt eine Diskussion an, in der (vermutlich erstmals) Thesen diskutiert werden, die die Entstehung der Moai einer ausgestorbenen Rasse zuschreiben oder Verbindungen zu den Steinformationen in Tiahuanaco her-

gnifikant, da ab den 1870er Jahren die evolutionistische Anthropologie entsteht. Durch Publikationen wie Edward B. Tylors *Primitive Culture* (1871) oder Lewis H. Morgans *Ancient Society* (1877) werden die Ideen einer geologischen Tiefenzeit, einer geologischen Evolution der Erde und einer biologischen Evolution des Menschen auf den Bereich des Kulturellen und Sozialen übertragen. Damit ist ein wissensgeschichtliches Paradigma geschaffen, innerhalb dessen die ethnographische Gegenwart verstärkt zur Entschlüsselung der frühen Menschheitsgeschichte herangezogen wird. Die Beschreibung und Illustration der Erdteile, die der europäische Kolonialismus und Imperialismus für sich beanspruchte, dient dabei auch dem Vorstellbar- und Greifbar-Machen einer Vergangenheit, die seit der geologischen Entdeckung der Tiefenzeit ab der zweiten Hälfte des 18. Jahrhunderts unvorstellbar weit zurückreichte.[11]

Der Anthropologe Johannes Fabian hat in seinem Standardwerk *Time and the Other. How Anthropology Makes its Object* darauf hingewiesen, inwiefern durch die Verflechtung zwischen der Entdeckung von geologischer und evolutionistischer Zeit und der ethnographischen Gegenwart eine Verräumlichung der Zeit stattfindet, die die Disziplin der Ethnologie epistemologisch untrennbar mit Kolonialismus und Imperialismus verschränkt.[12] Die Regionen der Erde, die unter den europäischen ethnographischen Blick fielen, wurden verzeitlicht und erschienen als – wie Geiseler formuliert – »noch vorhandene Reste einer früheren Kultur«. Im Wörterbuch der Brüder Grimm wird der Begriff des ›Überrestes‹ wie folgt definiert: »im antiquarischen sinne concret u. abstract: ü. eines architektonischen, literarischen denkmals, eines brauchs, einer sitte, aus einer untergegangenen cultur, wie auch von naturvorgängen«.[13] Er wird in Verbindung gesetzt mit den lateinischen Begriffen ›residuum‹, der im Sinne eines

---

stellen, siehe Palmer, Linton J. (1869–1870): A Visit to Easter Island, or Rapa Nui. In: *Proceedings of the Royal Geographical Society of London*, 14/2, S. 108–120; sowie Palmer, Linton J. (1870): A Visit to Easter Island, or Rapa Nui, in 1868. In: *The Journal of the Royal Geographical Society of London*, 40, S. 167–181. Ebenfalls relevant in dieser Hinsicht ist ein halbseitiger Artikel aus dem Jahr 1872 in der Zeitschrift *Le Monde Illustré:* Bout, H. (1871): Statues Colossales de l'Ile de Paques. In: *Le Monde Illustré*, 24.08.1872, S. 110. Er erscheint als Begleitartikel zu den Skizzen von Louis Julien Marie Viaud, die im Folgenden auch erwähnt werden.

11 Die erste europäische Geschichte der Erde, die eine deutlich ältere Erdgeschichte annimmt, als die bis dahin nach der Genesis angenommenen etwa 6000 Jahre, wird meist dem schottischen Geologen James Hutton (1726–1797) zugerechnet (1785, bzw. 1795 gedruckt in *Theory of the Earth*), siehe Gould, Stephen Jay (1990): *Die Entdeckung der Tiefenzeit. Zeitpfeil und Zeitzyklus in der Geschichte unserer Erde.* München: Hanser, S. 93.

12 Vgl. Fabian, Johannes (2014): *Time and the Other. How Anthropology Makes its Object.* 3. Aufl. New York: Columbia University Press, S. 17.

13 Grimm, Jacob/ Grimm, Wilhelm (2023): Überrest, in: *Deutsches Wörterbuch von Jacob Grimm und Wilhelm Grimm*, Bd. 23, Spalte 473–475, digitalisierte Fassung im Wörterbuchnetz des Trier Center for Digital Humanities, Version 01/23. https://www.woerterbuchnetz.de/DWB. 03.02. 2023.

Rückstandes oder Restes auf den möglicherweise fragilen Zustand oder die geringe quantitative Menge im Sinne eines Spurenelementes verweist, und ›reliquum‹, dessen Wortbedeutung als ›Zurückgelassenes‹ auf die stoffliche Identität und Kontinuität hindeutet. Wie die Reliquie kann der Überrest als fragmentarischer Teil einen materiellen Zugang zu dem Ganzen herstellen, auf das er verweist. Im Folgenden soll der Begriff des Überrestes zur Analyse der Verzeitlichung Rapa Nuis und der besonderen Rolle der Moai in den beiden Quellentexten dienen.

1. Menschheitsgeschichte imaginieren, Tiefenzeit träumen: Pierre Lotis *L'Île de Pâques*

Die erste zu analysierende Quelle ist ein in Paris publizierter Reisebericht des französischen Matrosen, Marineoffiziers und Schriftstellers Louis Julien Marie Viaud (1850–1923). Unter dem Pseudonym Pierre Loti verfasste Viaud zahlreiche Reiseberichte und wurde in der zweiten Hälfte des 19. Jahrhunderts zu einem der meistgelesenen Reiseschriftsteller.[14] Sein Reisebericht zu Rapa Nui wurde zahlreiche Male neu aufgelegt und ist vermutlich eine der bekanntesten zeitgenössischen Publikationen über die Insel. Die kanadische Kulturwissenschaftlerin Beverley Haun bezeichnet ihn als einen der Schlüsseltexte für den Diskurs über Rapa Nui.[15] Viaud besuchte Rapa Nui als Besatzungsmitglied des französischen Kriegsschiffs *La Flore* im Jahr 1872. Im selben Jahr erscheinen einige Skizzen Viauds von Rapa Nui und ein erster Auszug seines Reiseberichtes in den französischen illustrierten Zeitschriften *L'Illustration* und *Le Monde Illustré*.[16] Viauds Reisebericht über seinen Besuch auf Rapa Nui erscheint unter dem Titel *L'Île de Pâques* erst im Jahr 1899, in einer Anthologie mit dem Titel *Reflets sur la sombre route*.[17] Wie auch die anderen von Viaud veröffentlichten Reiseberichte,[18]

---

14 Vgl. Hargreaves, Alec G. (1992): Pierre Loti (Louis-Marie-Julien Viaud) (1850–1923). In: Savage Brosman, Catharine (Hg.): *Nineteenth-Century French Fiction Writers. Naturalism and Beyond, 1860–1900.* Detroit: Gale (Dictionary of Literary Biography, Bd. 123), S. 158–172, hier S. 158.

15 Vgl. Haun, Beverley (2008): *Inventing ›Easter Island‹.* Toronto: University of Toronto Press, S. 215, 288.

16 Viaud, Julien (1872): L'Île de Pâques. Journal d'un sous-officier de l'état major de La Flore. In: *L'Illustration, Journal Universel*, 30/1538, S. 100–103; Viaud, Julien (1872): L'Île de Pâques. Journal d'un sous-officier de l'état major de La Flore. In: *L'Illustration, Journal Universel*, 30/1539, S. 119, 124–125; Bout, H. (1871): Statues Colossales de l'Ile de Paques. In: *Le Monde Illustré*, 24.08. 1872, S. 110.

17 Loti, Pierre (1899): L'Île de Pâques. In: ders.: *Reflets sur la sombre route.* Paris: Calmann Lévy, S. 251–338.

18 Vgl. Gosse, Edmund (1911): Pierre Loti. In: Chrisholm, Hugh (Hg.): *The Encyclopædia Britannica. A Dictionary of Arts, Sciences, Literature and General Information.* 11. Aufl. Cambridge: The Encyclopædia Britannica Company, S. 19–20.

changiert *L'Île de Pâques* zwischen Autobiographie und Fiktion. Glaubt man dem Ich-Erzähler des Reiseberichtes, so schrieb Viaud *L'Île de Pâques* erst viele Jahre nach seinem Besuch auf Rapa Nui. Dieser Erzähler bemerkt zu Beginn, er habe die Insel vor langer Zeit in seiner Jugend besucht, und der Text stelle eine überarbeitete Version seines damals geschriebenen Tagebuches dar.[19] Entsprechend weist *L'Île de Pâques* die Struktur eines Tagebuches auf: für jeden Tag zwischen dem 03.01.1872, an dem die Besatzung der *La Flore* die Insel sichtet, und dem 07.01.1872, an dem sie wieder abreist, existiert ein Eintrag mit einigen Seiten. In der groß gesetzten Fassung des Textes von 1899 umfasst dieser insgesamt knapp 100 Seiten. Direkt zu Beginn des Berichtes wird das Ziel der Expedition erwähnt, einen der Moai von der Insel mit nach Frankreich zu nehmen.[20] Loti beschreibt seine Erlebnisse und Erfahrungen auf der Insel: deren Flora und Fauna, seine Interaktionen mit den Bewohner:innen, deren Lebensweisen und materielle Kultur. Ebenso beschreibt er seine Rolle bei der Aneignung von Objekten sowie in der Erforschung und Dokumentation der Insel in Form von Exkursionen und dem Erstellen von Zeichnungen von den Moai.

Im Folgenden werde ich argumentieren, dass *L'Île de Pâques* Rapa Nui als einen Überrest der Tiefenzeit entstehen lässt. Zunächst wirkt die Insel in den Beschreibungen Lotis wie eine Kulisse für dessen Imaginationen der frühen Menschheitsgeschichte, die die Kultur der Inselbewohner:innen wie einen kulturgeschichtlichen Überrest erscheinen lässt. Die Analogisierung der Inselbewohner:innen selbst mit Kindern verweist auf die Idee, dass Onto- und Phylogenese zusammenfallen, und lässt die Kultur der Inselbewohner:innen als eine entwicklungsgeschichtliche Phase erscheinen, die in Europa längst überwunden sei. Während Loti hier zunächst im Modus der ethnologischen Analogie verbleibt und die Kultur der Inselbewohner:innen sowie ihre Gegenstände als der frühen Menschheitsgeschichte ähnlich beschreibt, so erscheinen die Moai als identisch mit dieser tiefen Vergangenheit, indem sie von der Inselbevölkerung isoliert und mit der Existenz und dem geologischen Ursprung der Insel verbunden werden.

Rapa Nui entsteht in *L'Île de Pâques* zuerst als ein Relikt der Erinnerungen und Träume des Erzählers. Zu Beginn des Reiseberichtes schreibt er, er sei vor langer Zeit, in seiner frühen Jugend mit einem Dreimaster auf Rapa Nui gelandet und ihm bliebe nur die Erinnerung an ein wundersames, traumgleiches Land (»il m'en est resté le souvenir d'un pays à moitié fantastique, d'une terre de rêve«).[21] Die Verbindung von biographischer Erinnerung und Traum setzt den Ton für den gesamten Reisebericht. So erscheint dieser durch die Struktur des Tagebuches stellenweise wie eine genaue Dokumentation der Erlebnisse des Erzählers auf der Insel. Diese Struktur wird jedoch

19 Vgl. Loti: L'Île de Pâques, S. 252.
20 Vgl. Loti: L'Île de Pâques, S. 254.
21 Loti: L'Île de Pâques, S. 252.

immer wieder durch spekulative und fiktive Passagen durchbrochen, wenn sich der Erzähler die frühe Menschheitsgeschichte vorstellt. Diese Passagen werden mit den semantischen Feldern des Träumens, Schlafens und Erwachens verbunden. So schreibt der Erzähler in Bezug auf einen seiner frühmorgendlichen Besuche auf der Insel:

> Et ces formes nues, ces attitudes primitives, que la lueur des feux révèle, sont pour plonger l'esprit dans un rêve des anciens temps: cela devait être ainsi, une aube préhistorique, dans des régions nuageuses, commençant d'éclairer le réveil et la petite activité d'une tribu humaine à l'âge de pierre…
>
> Und diese nackten Formen, dieses primitive Verhalten, welches der Schein des Feuers enthüllt, lassen den Geist eintauchen in einen Traum alter Zeiten: So muss es gewesen sein, wenn in bewölkten Regionen eine prähistorische Morgendämmerung das Erwachen und die beginnenden Aktivitäten eines menschlichen Stammes der Steinzeit zu erleuchten begann…[22]

Die Betrachtung der Bewohner:innen Rapa Nuis und ihrer morgendlichen Tagesvorbereitungen regt den Erzähler dazu an, sich das Erwachen eines steinzeitlichen Stammes in prähistorischen Zeiten vorzustellen. Während diese Imagination mit dem Modus des Traumes verbunden ist, so ist sie an anderen Stellen mit dem Erwachen assoziiert. Dadurch erscheint die imaginierte Prähistorie wie ein Rest des unbewussten Zustandes des Traums, der nur kurz nach dem Erwachen noch erinnert werden kann, und der die Zustände von Wachen und Träumen ineinander übergehen und verschwimmen lässt:

> Même cette traînée de lumière et son éclat morne me semblent avoir quelque chose d'étranger, d'extra-lointain, d'infiniment *antérieur*. Dans cet ensoleillement, dans ce silence, au souffle de ce vent tropical, une tristesse indicible vient m'étreindre au réveil: tristesse des premiers âges humains peut-être, qui serait confusément demeurée dans la terre où je m'appuie, et que surchaufferait à cette heure le toujours même soleil éternel… […] Dans ce réduit […] mille choses sont soigneusement accrochées […] qui semblent tous d'une extrême vieillesse. Nos ancêtres des premiers âges, lorsqu'ils se risquèrent à sortir des cavernes, durent construire des huttes de ce genre, ornées d'objets pareils; on se sent ici au milieu d'une humanité infiniment primitive et, dirait-on, plus jeune que la nôtre de vingt ou trente mille an.

---

22 Loti: L'Île de Pâques, S. 336f. Deutsche Übersetzung JH.

> Selbst dieser Lichtstrahl und sein dumpfer Glanz erscheinen mir etwas Fremdes, weit Entferntes, unendlich *Vorzeitiges* zu haben. In diesem Sonnenschein, in dieser Stille und im Hauch des tropischen Windes, der hier weht, umfängt mich beim Erwachen eine unsagbare Traurigkeit: eine Traurigkeit aus den ersten Menschenzeitaltern vielleicht, die aufgrund einer Verwirrung auf dieser Erde, auf die ich mich stütze, und die zu dieser Stunde von der immer gleichen ewigen Sonne erhitzt wird, verblieben sein könnte… […] In diesem kleinen Raum […] sind tausend kleine Dinge sorgfältig aufgehängt […] die alle extrem alt zu sein scheinen. Unsere Vorfahren aus den ersten Zeitaltern, als sie sich aus den Höhlen wagten, müssen Hütten dieser Art gebaut haben, geschmückt mit derartigen Gegenständen: Man fühlt sich hier inmitten einer unendlich primitiven Menschheit, die, wie es scheint, zwanzig oder dreißig tausend Jahre jünger als die unsrige ist.[23]

Lotis Imaginationen der Prähistorie beruhen darauf, dass er sich diese als *ähnlich* zu und vergleichbar mit dem Leben auf Rapa Nui vorstellt. Sie entsprechen einer ethnologischen Analogie. Die Praktiken der Inselbewohner:innen sowie ihre materielle Kultur erscheinen ihm ähnlich dazu, wie er sich die *eigene* frühe Menschheitsgeschichte vorstellt. Rapa Nui erscheint damit als ein Ort, an dem sich der Erzähler den eigenen Ursprüngen annähern kann, weil er ihm erstens ähnlich erscheint und weil die eigenen Ursprünge zweitens noch irgendwo tief im Inneren des Erzählers vorhanden zu sein scheinen, was Erinnerung und Traum zum Vorschein bringen. Dazu passt auch, dass Loti die Inselbewohner:innen immer wieder als kindlich bezeichnet und sich durch eine gemeinsame Kindlichkeit (»notre enfantillage pareil«) mit ihnen verbunden fühlt.[24] Diese Vorstellungen verweisen auf das wissensgeschichtliche Paradigma des Primitiven:[25] Die Inselbewohner:innen werden in der Zeit verschoben und (kulturgeschichtlich) mit den Menschen der Steinzeit, (onto- beziehungsweise phylogenetisch) mit Kindern und (psychologisch) mit dem Unbewussten assoziiert. Rapa Nui erscheint hier als Verkörperung oder Ausdruck einer genealogisch noch in Loti vorhandenen Entwicklungsstufe, die er im fernen Ozeanien besichtigen und begehen kann.

Während die Inselbewohner:innen, ihre Praktiken und ihre materielle Kultur Loti als *ähnlich* dazu erscheinen wie er sich die (eigene) frühe Menschheitsgeschichte vorstellt, so werden die Moai im Verlauf seines Reiseberichtes von der Inselbevölkerung isoliert und mit der Insel und ihren Ursprüngen verbunden. Die Moai erscheinen nicht

---

23 Loti: L'Île de Pâques, S. 273ff. Deutsche Übersetzung JH.

24 Loti: L'Île de Pâques, S. 338. Verweise auf die Kindlichkeit der Inselbewohner:innen finden sich auch auf den Seiten 263, 264, 267, 285, 287.

25 Vgl. Gess, Nicola (2013): Literarischer Primitivismus. Chancen und Grenzen eines Begriffs. In: dies. (Hg.): *Literarischer Primitivismus*. Berlin/Boston: De Gruyter (Untersuchungen zur deutschen Literaturgeschichte, 143), S. 1–10, hier S. 3.

nur als *ähnlich*, sie erscheinen als *identisch*, als Teil der frühen Menschheitsgeschichte, als Relikt und Verbindung zu den vergangenen geologischen Epochen der Erdgeschichte. Die Moai werden von der Inselbevölkerung separiert, indem sie als die ewigen und eigentlichen Bewohner der Insel skizziert werden, deren Geschichte und Schicksal untrennbar mit dem der Insel verbunden ist:

> Et puis, c'est singulier, quand on y réfléchit, la persistance de cette île et son air de quiétude, au milieu du Grand-Océan, qui, dirait-on, ne vient mouiller que ses plages de corail, sans vouloir jamais franchir une ligne convenue… Il suffirait pourtant du dénivellement le plus léger dans les effroyables masses liquides pour submerger ce rien qui, depuis tant d'années, chauffe au soleil son peuple d'idoles… […] tout à coup je les comprends d'avoir accumulé, au bord de leur terre par trop isolée, ces géantes figures de l'Esprit des Sables et de l'Esprit des Rochers, afin de tenir en respect, sous tant de regards fixes, la terrible et mouvante puissance bleue…

> Und dann, ist die Beharrlichkeit und Ruhe nicht sonderbar, mit der die Insel inmitten des großen Ozeans liegt, der, wie es scheint, nur die Korallenstrände benetzt, ohne jemals eine vereinbarte Linie zu überschreiten… Dabei würde schon der geringste Höhenunterschied in diesen entsetzlichen Wassermassen genügen, um dieses Nichts zu überfluten, das seit so vielen Jahren sein Volk von Idolen in der Sonne wärmt… […] plötzlich verstehe ich sie, weil sie am Rande ihrer allzu isolierten Erde diese gigantischen Figuren des Geistes des Sandes und des Geistes der Felsen angehäuft haben, um unter ihren starren Blicken die schreckliche und sich bewegende blaue Gewalt in Schach zu halten…[26]

Die Moai erscheinen als die Garanten der fragilen Existenz Rapa Nuis, ohne die die Insel von den Wassermassen verschlungen würde. Auch auf einer physischen, geologischen und vegetabilen Ebene sind die Moai mit der Insel verwachsen: Sie sind mit Flechten überwuchert und teilweise kaum von der Insel unterscheidbar; so bemerkt der Erzähler bei einem seiner Ausflüge erst nach dem Hinweis eines Inselbewohners, dass er nicht auf dem Inselboden, sondern auf einem der Moai steht.[27] Gegenüber der ewigen Präsenz und der untrennbaren Verbindung zwischen der Insel und den Moai wird die Inselbevölkerung marginalisiert, indem sie als eine vorübergehende Besiedlung der Insel ohne Zukunft und ohne jegliche Bedeutung skizziert wird:

> La population, dont la provenance est d'ailleurs entourée d'un inquiétant mystère, s'éteint peu à peu, pour des causes inconnues, et il y reste, nous a-t-on dit, quelques

26 Loti: L'Île de Pâques, S. 328. Deutsche Übersetzung JH.
27 Vgl. Loti: L'Île de Pâques, S. 315, 325, 282.

douzaines seulement de sauvages, affamés et craintifs, qui se nourrissent de racines ; au milieu des solitudes de la mer, elle ne sera bientôt qu'une solitude aussi, dont les statues géantes demeureront les seules gardiennes.

Die Bevölkerung, deren Herkunft übrigens von einem beunruhigenden Geheimnis umgeben ist, stirbt allmählich aus, wobei die Gründe dafür unbekannt sind, und es bleiben, wie man uns sagte, nur noch einige Dutzend hungernde und furchtsame Wilde, die sich von Wurzeln ernähren; inmitten der Einsamkeit des Meeres wird bald nur noch Einsamkeit sein, mit den gigantischen Statuen als einzigen Wächtern.[28]

Der Erzähler weist mehrfach darauf hin, dass es völlig unmöglich sei, dass die Moai von der Inselbevölkerung oder ihren Vorfahren erschaffen worden seien. Die Besiedlung der Insel sei vor etwa tausend Jahren erfolgt und die Neuankömmlinge hätten die Insel bereits mit den Moai vorgefunden.[29] Indem die Moai von der Geschichte der Inselbewohner:innen getrennt und mit der Geschichte der Insel verbunden werden, erscheinen sie als ein rätselhaftes Relikt, dessen Ursprünge im Dunkeln liegen. Eine Erklärung für dieses Rätsel wird erst im letzten Drittel des Textes angeboten. Die französische Schiffsbesatzung begibt sich hier auf eine Exkursion zum anderen Ende der Insel, nach Ranoraraku. Während die Moai, die in der Nähe der Siedlung der Inselbewohner:innen stehen, umgestürzt sind, sieht der Erzähler hier noch stehende Moai. Dieser Teil der Insel scheint besonders ausgestorben: Überall liegen Knochen und Skelette und der Erzähler vergleicht die Stille mit der auf einem Friedhof.[30] Im Gegensatz dazu erscheinen die Moai seltsam lebendig: Der Erzähler beschreibt das Lächeln der riesigen Steingesichter, einige erscheinen ihm, als würden sie den Boden beschnüffeln und andere, als würden sie in die Weite blicken.[31] Die Moai erscheinen hier in ontologischer Hinsicht als lebendiger Überrest in einer toten Umgebung.

Die Schiffsbesatzung entdeckt »die Trümmer gigantischer Bauvorhaben« (»débris de constructions gigante«) und aus riesigen Steinen bestehende Terrassen.[32] Auch die Moai sind hier viel größer als am anderen Ende der Insel und erscheinen dem Erzähler noch älter.[33] Es wird darauf verwiesen, dass sie aus einem einzigen Stück gearbeitet wurden,[34] und überhaupt scheint an diesem Ende der Insel alles aus riesigen Steinblöcken zu bestehen: Die Moai, die Plattformen und Terrassen, auf denen diese stehen,

28 Loti: L'Île de Pâques, S. 254. Deutsche Übersetzung JH.
29 Loti: L'Île de Pâques, S. 324.
30 Vgl. Loti: L'Île de Pâques, S. 325.
31 Vgl. Loti: L'Île de Pâques, S. 326, 325, 323.
32 Loti: L'Île de Pâques, S. 316.
33 Vgl. Loti: L'Île de Pâques, S. 317, 323.
34 Vgl. Loti: L'Île de Pâques, S. 318.

sowie die Überreste der Bauvorhaben.[35] Der Erzähler verweist darauf, dass an diesem Ort Holztafeln mit Schriftzeichen gefunden worden seien und dass diese, wenn man sie je entziffern könne, den Schlüssel zum Rätsel von Rapa Nui enthielten.[36] Es sind jedoch die riesigen bearbeiteten Steine, die für den Erzähler die frühe Menschheitsgeschichte bezeugen:

> Tant de blocs taillés, remués, transportés et érigés, attestent la présence ici, pendant des siècles, d'une race puissante, habile à travailler les pierres et possédant d'inexplicables moyens d'exécution. Aux origines, presque tous les peuples ont ainsi traversé une phase mégalithique, durant laquelle des forces que nous ignorons leur obéissaient.

> All diese Blöcke, die gehauen, bewegt, transportiert und aufgerichtet wurden, bezeugen hier über die Jahrhunderte die Präsenz einer mächtigen Rasse, die erfahren war im Bearbeiten der Steine, und die unerklärliche Werkzeuge besaß. Ursprünglich durchliefen fast alle Völker eine megalithische Phase, während der ihnen Kräfte gehorchten, die uns unbekannt sind.[37]

Die Steinblöcke werden für den Erzähler zu Zeugen einer frühen Entwicklungsstufe der Menschheitsgeschichte. Bedeutung wird hier erstens dadurch generiert, dass der Erzähler unmissverständlich klar macht, dass es sich bei den steinernen Monumenten nicht um etwas handelt, das eine *Ähnlichkeit* zur frühen Menschheitsgeschichte aufweist, sondern um ein *Original.* Insbesondere durch die Formulierung des »bezeugen« (»attestent«) wird dies suggeriert. Zweitens wird den Steinblöcken eine Relevanz für die ganze Menschheitsgeschichte zugesprochen, wenn Loti in Anbetracht der Blöcke schreibt, dass alle Völker anfangs eine megalithische Phase durchlaufen hätten. Dass die Steinblöcke für den Erzähler erst so bedeutsam erscheinen, als er sie in Verbindung zu einer universalen frühen Menschheitsgeschichte und damit indirekt auch zu sich selbst setzt, wird auch dadurch unterstrichen, dass er die riesigen Moai in diesem Teil der Insel außerdem mit keltischen Hinkelsteinen (Menhiren) vergleicht.[38] Dadurch wird ihnen auch eine Bedeutung in Bezug auf die Entschlüsselung der durch Textquellen unerreichbaren frühen Geschichte Europas zugesprochen, auf die nur über die materielle Kultur zugegriffen werden kann.[39] Die Differenz in der Wahrnehmung

35 Vgl. Loti: L'Île de Pâques, S. 316ff.

36 Vgl. Loti: L'Île de Pâques, S. 317.

37 Loti: L'Île de Pâques, S. 319f. Deutsche Übersetzung JH.

38 Loti: L'Île de Pâques, S. 325.

39 Bereits in den Diskussionen, die der Expedition folgen, die im Jahr 1868 erstmals einen Moai von Rapa Nui entfernt, lässt sich ein solches Vergleichen der materiellen Kultur Rapa Nuis beispielsweise mit der materiellen Kultur der Kelten finden, siehe dazu unter anderem Dundas, Colin Mackenzie (1870): Notice of Easter Island, its Inhabitants, Antiquities and Colossal Statues.

zwischen *Ähnlichkeit* und *Identität/Original* wird auch in dem unterschiedlichen Umgang der französischen Schiffsbesatzung mit der materiellen Kultur der Insel deutlich: Während die physische Aneignung aller anderen Objekte als Kauf oder Tausch beschrieben wird, erfolgt die Aneignung des Moais als einzige ohne Transaktion. Dies könnte darauf hinweisen, dass die Schiffsbesatzung den Moai als Teil ihrer eigenen Geschichte statt als Teil jener der Inselbevölkerung wahrnimmt und sich daher in anderer Weise im Recht fühlt, dieses Objekt in ihren Besitz zu bringen.

An dieser Stelle ist die Frage interessant, ob der Erzähler von einer relativen Chronologie ausgeht – er würde dann nicht notwendigerweise annehmen, dass die Moai selbst ein extrem hohes Alter aufweisen, sondern behaupten, dass die Bewohner:innen Rapa Nuis ihre »megalithische Phase« zu einem späteren Zeitpunkt durchliefen als beispielsweise die Kelten. Hinweise darauf finden sich nicht nur in den Analogien des Textes, die die Bewohner:innen als der Steinzeit *ähnlich* beschreiben, sondern auch in einer der Fußnoten des Textes. Loti bezeichnet die Inselbewohner:innen als ›Maori‹[40] und schreibt:

> Chez les Maoris, il semblerait que l'âge des Grandes-Pierres se soit prolongé jusqu'aux temps modernes, car la matière volcanique dont certaines de leurs statues sont composées parait peu durable, et les idoles au bord de la mer ne sauraient avoir plus de trois ou quatre siècles.

> Bei den Maoris scheint sich das Zeitalter der Großen Steine bis in die Neuzeit zu erstrecken, denn das vulkanische Material, aus dem einige ihrer Statuen bestehen, scheint wenig haltbar zu sein, und die Idole am Meer können nicht mehr als drei- oder vierhundert Jahre alt sein.[41]

Diese Aussage steht im Widerspruch zu den mehrfachen Beteuerungen im Haupttext, dass die Inselbewohner:innen keinesfalls die Moai hätten erschaffen können.[42] Allerdings findet sich auch ein anderer Hinweis im Text darauf, dass der Erzähler ein sehr hohes Alter mindestens für die Moai Ranorarakus in Betracht zieht. So beschreibt er, dass auf diesem hinteren Teil der Insel Straßen direkt in den Ozean führten und dass ihm eine so hohe Konzentration von Monumenten im Vergleich zur geringen Größe der Insel doch sehr unwahrscheinlich vorkomme.[43] Er spekuliert darüber, ob die Insel in der

In: *Proceedings of the Society of Antiquities of Scotland*, VIII, S. 312–323.

40 Den Begriff ›Maori‹ verwendet Loti für alle Inselbewohner:innen Ozeaniens, siehe Loti: L'Île de Pâques, S. 281.

41 Loti: L'Île de Pâques, S. 320. Deutsche Übersetzung JH.

42 Vgl. Loti: L'Île de Pâques, S. 251, 324.

43 Vgl. Loti: L'Île de Pâques, S. 320f.

alten Zeit eine heilige Insel gewesen sein könne, zu deren Zeremonien Menschen aus ganz Ozeanien anreisten.[44] Dann formuliert er eine weitere Hypothese: »Oder ist dieses Land ein Überrest eines einstigen untergegangenen Kontinents, wie der von Atlantis?« (»Ou bien ce pays est-il un lambeau de quelque continent submerge jadis comme celui des Atlantes?«).[45] Auch diese Überlegung verbleibt im Spekulativen, präsentiert die Moai jedoch als ein mögliches Relikt aus den vergangenen geologischen Epochen der Erdgeschichte. Wie diese zeitliche Verortung der Moai auch über ihre Ästhetik belegt und begründet wird, werde ich am Text Markovs zeigen, dessen ganze Argumentation auf der Annahme beruht, die Moai könnten einen Überrest aus anderen geologischen Epochen der Erdgeschichte darstellen.

2. Die Moai als tiefenzeitlicher Ursprung der Kunst: Vladimir Markovs *Iskusstvo Ostrova Paschi [Die Kunst der Osterinsel]*

Die zweite Textquelle, die hier analysiert werden soll, wurde von dem lettisch-russischen Künstler und Kunsttheoretiker Voldemārs Matvejs (1877–1914) verfasst. Matvejs publizierte *Iskusstvo Ostrova Paschi* [Die Kunst der Osterinsel] unter dem Pseudonym Vladimir Markov 1914 in Petersburg.[46] *Iskusstvo Ostrova Paschi* stellt die erste Beschreibung der materiellen Kultur Rapa Nuis als Kunst dar.[47] Im Gegensatz zu Loti war Markov nie auf Rapa Nui. Markov war weder Ethnologe noch Forschungsreisender, sondern interessierte sich als Kunstschaffender und Kunsttheoretiker für die materielle Kultur der Insel. Seit 1905 lebte Markov in Petersburg und stand als Mitbegründer der Kunstgruppe *Sojuz Molodëži* [Bund der Jugend] ab 1909 in engem Kontakt zu Künstler:innen wie Natal'ja Gončarova, Michail Larionov und Kazimir Malevič.[48] Seine Schrift *Iskusstvo Ostrova Paschi* steht im Kontext seiner Suche nach den univer-

44 Vgl. Loti: L'Île de Pâques, S. 320f.

45 Loti: L'Île de Pâques, S. 321.

46 Markov, Vladimir (1914): *Iskusstvo Ostrova Paschi [Die Kunst der Osterinsel].* St Petersburg: Sojuz Molodëži [Bund der Jugend].

47 Darauf verweist Jeremy Howard im Vorwort seiner englischen Übersetzung des Textes, siehe Howard, Jeremy (2014): Vladimir Markov, Art of Easter Island. In: *Art in Translation*, 6/1, S. 29–58, hier S. 31.

48 Vgl. Bužinska, Irēna (2015): Markov's Development as a Theoretician, in: Bužinska, Irēna/ Howard, Jeremy/ Strother, Zoë S. (Hgg.): *Vladimir Markov and Russian Primitivism. A Charter for the Avant-garde.* Burlington: Ashgate. (Studies in Art Historiography), S. 59–84, hier S. 59; Bužinska, Irēna/ Howard, Jeremy/ Strother, Zoë S. (2015): Introduction to Matvejs, Markov and ›Primitivism‹. In: dies. (Hgg.): *Vladimir Markov and Russian Primitivism. A Charter for the Avant-garde.* Burlington: Ashgate. (Studies in Art Historiography), S. 3–22, hier S. 4, 25; Howard, Jeremy (1991): *Nikolai Kul'bin and the Union of Youth, 1908–1914.* University of St Andrews: Dissertationsschrift. http://research-repository.st-andrews.ac.uk/. 02.06.2023, S. 142f.

salen Grundelementen der plastischen Kunst. In den Jahren 1912 bis 1914, in denen Markov *Iskusstvo Ostrova Paschi* schreibt, entstehen zwei weitere Manuskripte über die Kunst Afrikas und Nordasiens.[49] Markovs Auseinandersetzung mit Rapa Nui fand ausschließlich in Metropolen europäischer Imperialmächte statt: In den Sommermonaten 1912 und 1913 besuchte er zahlreiche ethnographische Sammlungen.[50] Im Jahr 1913 fotografierte er gemeinsam mit seiner Partnerin Varvara Bubnova im British Museum in London sowie in den ethnographischen Museen in Paris, Köln, Leiden und Petersburg anthropomorphe Objekte verschiedener Inseln Ozeaniens, die er auf 22 Fotografien seiner Schrift zur Kunst Rapa Nuis beifügte.[51] Auf diesen Bildteil, der am Beginn von *Iskusstvo Ostrova Paschi* platziert ist, folgt ein »ethnographischer Abriss« (»этнографический очерк«) und eine »künstlerisch-kritische Analyse« (»художественно-критический анализ«).[52] Der ethnographische Abriss umfasst Auszüge aus englischen, französischen, deutschen und russischen Quellen zu Rapa Nui, die sowohl Reiseberichte und Aufsätze aus wissenschaftlichen und populärwissenschaftlichen Zeitschriften, als auch Publikationen von Museen enthalten.[53] Obwohl der ethnographische Essay im Gegensatz zur künstlerisch-kritischen Analyse stellenweise seitenlange Auszüge aus den Quellentexten enthält und auch sonst sehr nah entlang dieser argumentiert, wird über die ganze Schrift hinweg eine eigenständige Position Markovs

49 Während das Manuskript zur Kunst Afrikas unter dem Titel *Iskusstvo Negrov* [Die Kunst der N***] posthum 1919 in Petersburg veröffentlicht wird, geht das zweite Manuskript mit dem Titel *Iskusstvo Severnoi Azii* [Die Kunst Nordasiens] nach Markovs Tod verloren, siehe dazu Bužinska, Irēna (2015): Markov's Legacy: Photographs for Art of Northern Asia. In: Howard, Jeremy/ Bužinska, Irēna/ Strother, Zoë S. (Hgg.): *Vladimir Markov and Russian Primitivism. A Charter for the Avant-garde.* Burlington: Ashgate (Studies in Art Historiography), S. 129–149, hier S. 129.

50 Vgl. Markov, Vladimir (1919): *Iskusstvo Negrov [Die Kunst der N***].* Petersburg: Abteilung für Bildende Kunst des Volkskommissariats für Bildung, S. 13; Bužinska, Irēna (2002): Les Voyages de Voldemars Matvejs en France. In: Dupont, Valérie (Hg.): *Tribus Contemporaines. Explorations Exotiques des Artistes d'Occident: Actes du Colloque de Dijon (5.–6. Mai 2000).* Dijon: EUD, S. 31–42, hier S. 36f.; Bužinska, Irēna (2015): Markovs Development as a Theoretician. In: Howard, Jeremy/ Bužinska, Irēna/ Strother, Zoë S. (Hgg.): *Vladimir Markov and Russian Primitivism. A Charter for the Avant-garde.* Burlington: Ashgate (Studies in Art Historiography), S. 59–84, hier S. 77.

51 Vgl. Markov: *Iskusstvo Ostrova Paschi,* S. i-viii; Bužinska, Irēna (2000): Some Words About Voldemars Matvejs [Vladimir Markov] and his Book The Art of Easter Island. In: *Rapa Nui Journal,* 14/3, S. 89–92, hier S. 91.

52 Markov: *Iskusstvo Ostrova Paschi,* S. 1–30, 31–44.

53 Neben Auszügen aus dem eingangs zitierten Bericht Geiselers handelt es sich dabei beispielsweise um Jaussen, Tepano (1893): L'Île de Pâques: Historique Eécriture et répertoire des signes des tablettes ou bois d'hibiscus intelligents. In: *Bulletin de Géographie Historique et Descriptive,* 2, S. 240–270; Foy, Willy (1906): *Führer durch das Rautenstrauch-Joest-Museum (Museum für Völkerkunde).* Cöln: M. Dumont Schauberg; Cook, James (1777): *A Voyage Towards the South Pole, and Around the World,* Bd. 1 und 2. London: Printed for W. Strahan and T. Cadell in the Strand.

sichtbar: Nicht nur kritisiert er den europäischen Umgang mit der Insel in der Vergangenheit,[54] sondern er nimmt auch eine kritische Perspektive in Bezug auf seine Quellen ein. So schreibt er, die Informationslage über Rapa Nui sowie über ganz Polynesien sei unzureichend und problematisch und die Kunst Ozeaniens sei viel zu wenig erforscht.[55] Darüber hinaus zeugt auch sein Einbezug der Quellen von einer sorgsam aufgebauten Argumentation. Der ethnographische Essay lässt sich inhaltlich in zwei Teile aufteilen. Im ersten Teil stellt er die Insel hinsichtlich ihrer Geschichte und Geografie vor, wobei die materielle Kultur der Insel als Hinweis auf eine rätselhafte Vergangenheit erscheint. Im zweiten Teil des Essays stellt Markov ausgehend von einer ausführlichen Beschreibung der Moai Überlegungen zur Herkunft der Moai, der Inselbevölkerung und der Insel an sich an. Dabei zieht er verschiedene Möglichkeiten in Betracht und entscheidet sich für die Hypothese, dass Rapa Nui das Relikt eines untergegangenen Kontinentes sei.[56] Mit verschiedenen Aspekten untermauert er sein Argument von dem hohen Alter der Moai und stellt davon ausgehend Vergleiche mit Kunstwerken aus verschiedenen Teilen Ozeaniens und Asiens an.[57] Obwohl er beteuert, nicht beweisen zu können, dass alle diese Künste zur Kunst Rapa Nuis zurückzuverfolgen seien, so stellt er doch bei allen »gemeinsame Wurzeln« (»общие корни«) fest.[58] Letzten Endes erscheint die Kunst Rapa Nuis als der letzte erhaltene Überrest der ursprünglichen Künste Asiens und Ozeaniens.

In Markovs Text erfüllt die materielle Kultur der Insel zunächst zwei Funktionen: Erstens verweist sie auf einen Bruch in der Geschichte der Insel und zweitens auf Verbindungen zwischen Rapa Nui und anderen Regionen Ozeaniens und der Welt. Während die Moai und die auch bei Geiseler als »eigenthümliche Bildertafeln« erwähnten Holztafeln für Markov auf eine »hochentwickelte und große Bevölkerung« (»высокоразвитое и многочисленое население«)[59] mit einer Schriftkultur zu früherer Zeit auf der Insel hinweisen, konstatiert er, dass das gegenwärtige Ozeanien als schriftlos gelte und die Inselbewohner:innen nicht nur für viele Jahrhunderte, sondern auch zum gegenwärtigen Zeitpunkt in der Steinzeit lebten:

> Жители острова долго, вѣками находились и теперь еще находятся въ каменной эпохѣ; но камень, судя по дошедшимъ до насъ памятникамъ искусства, у нихъ уже отполированъ и принялъ художественныя формы.

54 Vgl. Markov: *Iskusstvo Ostrova Paschi*, S. 6.

55 Vgl. Markov: *Iskusstvo Ostrova Paschi*, S. 26, 43.

56 Vgl. Markov: *Iskusstvo Ostrova Paschi*, S. 28f.

57 Markov verwendet in der künstlerisch-kritischen Analyse zumeist die Begriffe »Искусство« (Kunst) oder »Скульптура« (Skulptur), wenn er sich auf die von ihm in den ethnographischen Sammlungen ausgestellten und von ihm fotografierten Dinge bezieht.

58 Markov: *Iskusstvo Ostrova Paschi*, S. 43.

59 Markov: *Iskusstvo Ostrova Paschi*, S. 3.

> Die Bewohner der Insel lebten für viele Jahrhunderte in der Steinzeit, und sie tun es noch heute; aber den uns erhaltenen Kunstdenkmälern nach zu urteilen, gaben sie dem Stein Glanz und künstlerische Form.[60]

Die früheren Bewohner seien der Legende nach ausgestorben und die heutigen Bewohner könnten nichts über die Geschichte ihrer Insel sagen.[61] Auch für die Flora und Fauna nimmt Markov eine signifikante Veränderung an: Die Existenz solcher »Denkmäler« (»Памятники«), womit er sich auf die Moai bezieht, weise darauf hin, dass Rapa Nui in der Vergangenheit eine auch in Flora und Fauna reichhaltige, üppige Insel gewesen sein müsse.[62]

Auch durch Markovs Text werden die Moai als isolierte Überreste und einzige Verbindung zu einer rätselhaften Geschichte der Insel hervorgebracht, die keine Verknüpfungen zu den Inselbewohner:innen, ihren Vorfahren oder der aktuellen Inselkultur aufzuweisen scheinen. Die geographische Isolation der Insel spielt zwar auch bei Markov eine Rolle, sie wird jedoch anders gewendet als bei Loti. Markov beschreibt zahlreiche Objekte, die von verschiedenen Seereisenden [»Моряки«] auf der Insel »gefunden« [»найденныхъ«] worden seien: unter anderem die bereits erwähnten beschrifteten Holztafeln, sowie Holzidole.[63] Diese Funde erscheinen Markov als äußerst rätselhaft, da Rapa Nui ihm nicht die natürlichen oder kulturellen Voraussetzungen zur Produktion dieser Objekte aufzuweisen scheint, denn weder Holz noch eine Schriftsprache scheinen auf Rapa Nui vorhanden zu sein.[64] Doch Markov verweist darauf, dass diese Voraussetzungen auf anderen Inseln durchaus gegeben sind – eine entsprechende Holzart finde sich auf Neuseeland, ähnliche Schriftzeichen seien auf Celebes entdeckt worden. Er stellt damit über die Objekte Verbindungen zu verschiedenen Regionen Ozeaniens her.[65]

Während der Bruch in der Geschichte der Insel und die Verbindungen zu anderen Regionen in der ersten Hälfte des ethnographischen Essays rätselhaft erscheinen, wird im zweiten Teil in einer ausführlichen Diskussion der materiellen Kultur der Insel die bereits erwähnte Hypothese eingeführt, dass Rapa Nui der letzte Rest eines untergegangenen Kontinents sein könnte. Dabei sind es insbesondere die Moai, die Markov dazu veranlassen, eine solche Hypothese in Betracht zu ziehen:

60 Markov: *Iskusstvo Ostrova Paschi*, S. 26. Deutsche Übersetzung JH.

61 Vgl. Markov: *Iskusstvo Ostrova Paschi*, S. 4, 28.

62 Markov: *Iskusstvo Ostrova Paschi*, S. 28.

63 Markov: *Iskusstvo Ostrova Paschi*, S. 2f.

64 Vgl. Markov: *Iskusstvo Ostrova Paschi*, S. 2, 8.

65 Vgl. Markov: *Iskusstvo Ostrova Paschi*, S. 2, 25.

> Можно даже предположить, что раньше тутъ былъ материкъ, что острова Индонезіи были связаны съ Азіей, что только вулканическія явленія измѣнили эту часть свѣта. Памятники острова Пасхи представляютъ единственную въ своемъ родѣ страничку, когда-то существовавшей здѣсь, богатой жизни, а можетъ быть, и высокой культуры, судя по существованию письменности. Какъ-то не вѣрится, чтобы среди океана могъ существовать маленькій островъ, жители котораго исключительно занимались бы высѣканіемъ громадныхъ идоловъ [...].
>
> Man könnte sogar annehmen, dass hier früher ein Kontinent existierte und dass die indonesischen Inseln mit Asien verbunden waren, und dass dieser Erdteil durch vulkanische Ereignisse verändert wurde.
> Die Monumente der Oster-Insel stellen eine einzigartige Seite eines reichen Lebens dar, das einst hier existiert hat, und der Existenz einer Schriftsprache nach zu urteilen, könnte es hier eine Hochkultur gegeben haben. Es ist schwer zu glauben, dass mitten im Ozean eine kleine Insel existieren könnte, deren Einwohner, als einzige, das Hauen riesiger Idole praktizierten [...].[66]

Um diese Hypothese zu untermauern, zitiert Markov einen seitenlangen Auszug aus einem im Vorjahr (1913) erschienenen Artikel aus der geographischen bebilderten Zeitschrift *Vokrug Sveta* [Um die Welt].[67] Der unter dem Pseudonym Leo Brenner publizierende Astronom Spiridon Gopčević formuliert darin eben jene Hypothese, dass Rapa Nui der Überrest eines ehemals großen Kontinentes gewesen sein könnte.[68] Durch geologische Ereignisse habe sich dieser Kontinent vor langer Zeit abgesenkt, während sich der südamerikanische Kontinent aus dem Ozean erhoben habe.[69] Für die zeitliche Koinzidenz der geologischen Veränderungen, die zu dem Entstehen Rapa Nuis und des südamerikanischen Kontinentes in ihrer heutigen Form führten, wird die materielle Kultur herangezogen. Die Moai werden in Verbindung gesetzt zu den Steinstrukturen Tiahuanacos, einer archäologischen Stätte 15 Kilometer südöstlich des Titicacasees:

> Исчезновеніе материка Рапа-Нуи и поднятіе южно-американскаго материка – одновременныя геологическія событія. Какъ на Рапа-Нуи, такъ и въ окрестностяхъ озера Титикаки ясно видно, что работы были прерваны совершенно неожиданно. Въ

66 Markov: *Iskusstvo Ostrova Paschi*, S. 28. Deutsche Übersetzung JH.

67 Brenner, Leo (1913): Zagadočnyj Ostrov [Geheimnisvolle Insel]. In: *Vokrug Sveta [Um die Welt]*, 47, S. 766–768.

68 Jeremy Howard weist in den Annotationen zu seiner englischen Übersetzung von Vladimir Markovs *Iskusstvo Ostrova Paschi* darauf hin, dass Spiridon Gopčević das Pseudonym Leo Brenner nutzte, siehe Markov, Vladimir; Howard, Jeremy (Übersetzer) (2014): The Art of Easter Island, in: Art in Translation 6/1, S. 29–58., hier S. 56.

69 Vgl. Markov: *Iskusstvo Ostrova Paschi*, S. 28ff.

> Тіагуанако существуетъ множество наполовину готовыхъ великолѣпныхъ памятниковъ, которые ждали только постановки или переноски. Также и на Рапа-Нуи видимъ, что работы были прерваны внезапно [...].
>
> Das Verschwinden des Rapa Nui-Kontinentes und das Aufsteigen des südamerikanischen Kontinentes waren daher simultane geologische Ereignisse. So wie auf Rapa Nui ist es auch in der Umgebung des Titicacasees deutlich erkennbar, dass die Arbeiten vollkommen unerwartet gestoppt wurden. In Tiahuanaco gibt es einige prächtige halbfertige Monumente, die nur auf ihre Installation oder ihren Transport warteten. In gleicher Weise sehen wir auch auf Rapa Nui, dass die Arbeiten plötzlich unterbrochen wurden [...].[70]

Der Autor argumentiert, es wäre den ansässigen Bevölkerungen gänzlich unmöglich gewesen, die gigantischen Strukturen zu erschaffen, wenn die Gegend um den Titicacasee damals bereits so hoch gelegen hätte und so unwirtlich gewesen wäre. Darüber hinaus führt er an, dass bei Arequipa Steine gefunden worden seien, die Abdrücke von Muscheln trügen. Dies sei der beste Beweis dafür, dass sich das etwa 1400 Meter tiefer gelegene Arequipa damals unter der Meeresoberfläche befunden habe.[71] Durch diese Ausführungen Brenners, die Markov zitiert, werden die Moai zu Überresten vergangener geologischer Epochen der Erdgeschichte und erscheinen damit analog zum Fossil. Das Fossil tritt bei Brenner als steinerner Muschelabdruck auf, der die veränderte geologische Lage der Region um den Titicacasee bezeugt. Die Moai erscheinen bei Brenner zusammen mit den Steinstrukturen Tiahuanacos als Hinweise darauf, dass sich diese Veränderung plötzlich und gleichzeitig ereignete. Damit stellt der Auszug aus dem Artikel Brenners eine Auflösung der von Markov zunächst als Rätsel eingeführten Aspekte in der Geschichte der Insel dar: Der Bruch in der Geschichte der Insel wird erklärt durch die geologischen Ereignisse, die Rapa Nui erst zur Insel werden lassen. Die Verbindungen zu anderen Regionen erklären sich durch die ehemals bestandene Landverbindung zwischen Rapa Nui und anderen Regionen Ozeaniens und Asiens.

Der ethnographische Teil von Markovs Text macht deutlich, dass der konkrete geographische und kulturgeschichtliche Kontext der Moai auch bei Markov eine wichtige Rolle für seine Argumentation spielt. In der darauffolgenden künstlerisch-kritischen Analyse belegt und begründet Markov seine These von den Moai als Zeugen eines ozeanischen Kontinentes und damit der geologischen Tiefenzeit jedoch in erster Linie über den Moai inhärente Charakteristika wie ihre Ästhetik, ihr Material und ihre Form. Die temporale Verortung der Moai wird damit nicht mehr primär über ihren Kontext hergestellt, sondern in die Objekte selbst verlagert. Bereits seit Mitte der 1860er

---

70 Markov: *Iskusstvo Ostrova Paschi*, S. 29. Deutsche Übersetzung JH.

71 Vgl. Markov: *Iskusstvo Ostrova Paschi*, S. 29.

Jahre werden die Moai über große Distanzen hinweg und mit dem Argument der ästhetischen Ähnlichkeit mit anderen Steinformationen wie denen im französischen Carnac und britischen Stonehenge in Verbindung gesetzt.[72] Der geographische und kulturgeschichtliche Kontext der Moai spielt hier keine Rolle, interessant erscheinen sie primär in Bezug auf eine frühe Menschheitsgeschichte Europas. Damit ist bereits ein Vergleichsrahmen hergestellt, innerhalb dessen die Moai auch außerhalb Rapa Nuis als Vergegenwärtigung und Aktualisierung der frühen Menschheitsgeschichte fungieren, beispielsweise im British Museum. Markov treibt diese Temporalisierung der Moai außerhalb ihres Kontextes noch einen Schritt weiter: Mit Markovs Argumentation vom hohen Alter der Moai entsteht anhand der von Markov ausgemachten ästhetischen Charakteristika eine Ästhetik der Tiefenzeit, deren Merkmale Markov direkt von den Moai ableitet. Während die Skizzen Lotis die Moai auf Rapa Nui zeigen, zirkulieren die Moai mit Markovs Publikation in Form von Fotografien aus dem British Museum und damit losgelöst von ihrem geographischen und kulturgeschichtlichen Herkunftskontext.

Bereits im ethnographischen Teil von Markovs Text, der die Moai in einer geographischen, kulturgeschichtlichen und schließlich geologischen Hinsicht als Überreste erschafft, wird eine spezifische Ästhetik der Moai selbst als verwitterte und bewachsene, zerbrochene und kaputte, fragmentierte und unkenntlich gewordene Dinge erzeugt.[73] In der künstlerisch-kritischen Analyse entstehen die Moai als die letzten Überreste der ursprünglichen Künste ganz Ozeaniens und Asiens, wobei Markov vor allem mit dem Material und der Form der Moai argumentiert. Seine Argumentationsgrundlage stellen in diesem Teil des Textes lediglich die Objekte dar, die er in den ethnographischen Sammlungen in London, Paris, Leiden, Petersburg und Köln gesehen und fotografiert hat. Seinem Argument folgend, bildet Markov keineswegs ausschließlich Objekte von Rapa Nui ab, sondern auch Objekte aus Neuseeland, Hawaii, Neuguinea, von den Neuhebriden und aus Indonesien, was das beigefügte Abbildungsverzeichnis auch explizit macht.[74] Gleich zu Beginn der künstlerisch-kritischen Analyse findet sich Markovs Begründung für diesen Einschluss:

> Памятники острова Пасхи заслуживаютъ полнаго вниманія въ смыслѣ художественной концепціи. Они относятся къ эпохѣ наиболѣе древней, – первыхъ народныхъ движеній […]. […] можетъ быть, примитивное искусство въ Индонезіи,

72 Vgl. Lubbock, John (1865): *Prehistoric Times. As Illustrated by Ancient Remains, and the Manners and Customs of Modern Savages.* London/Edinburgh: Williams and Norgate, S. 444; Fergusson, James (1872): *Rude Stone Monuments in All Countries. Their Age and Uses.* London: John Murray, S. 53.

73 Vgl. Markov: *Iskusstvo Ostrova Paschi*, S. 14ff.

74 Vgl. Markov: *Iskusstvo Ostrova Paschi*, S. i-viii.

> въ Индіи, Китаѣ уже исчезло безслѣдно подъ натискомъ болѣе позднихъ культурныхъ слоевъ, а сохранилось оно именно вдали отъ родины, напр. на затерянномъ островѣ Пасхи.

> Die Monumente der Oster-Insel verdienen unsere ganze Aufmerksamkeit in Bezug auf ihre künstlerische Konzeption. Sie entstammen einer äußerst alten Epoche, einer der ersten Völkerwanderungen […]. […] Es ist möglich, dass die primitiven Künste Indonesiens, Indiens und Chinas unter dem Druck späterer kultureller Schichten verschwanden, ohne eine Spur zu hinterlassen, und dass sie nur in einer großen Entfernung überlebten, beispielsweise auf der verlorenen Osterinsel.[75]

Die Semantik der Schicht verweist hier auf die Übertragung der geologischen Schicht auf den Bereich der Kultur und unterstreicht die konzeptuelle Analogisierung der Moai mit dem Fossil.[76] Als Markovs Hauptargumente für ein hohes Alter der Moai lassen sich deren Material und Form identifizieren. Sein Objektkorpus umfasst Objekte aus Stein und Objekte aus Holz, wobei er erstere grundsätzlich zeitlich vor letzteren platziert. Dabei argumentiert er zunächst nur auf der Grundlage der Objekte Rapa Nuis. Während Alter, Authentizität und ästhetischer Wert der Moai für ihn außer Frage stehen, ist er bei den Holzobjekten skeptisch. Er konstatiert, dass in den europäischen Museen mehr Holzskulpturen von Rapa Nui vorhanden seien als Steinskulpturen. Allerdings ist er unsicher, wie er diese Holzskulpturen bewerten soll: »Stellen sie wirklich die Kunst dieser Insel dar, besitzen sie Altertümlichkeit, Authentizität und künstlerischen Wert?« (»Являются ли они дѣйствительно искусствомъ этого острова, имѣющимъ

---

75 Markov: *Iskusstvo Ostrova Paschi*, S. 31. Deutsche Übersetzung JH.

76 Die konzeptuelle Analogisierung des ethnographischen Objektes mit dem Fossil sollte insbesondere von dem Ethnologen Robert Fritz Graebner vorangetrieben werden, der in den Jahren zwischen 1904 und 1911 wesentlich die sogenannte Kulturkreislehre mitbegründete und ab 1925 als Direktor des Rautenstrauch-Joest-Museums Köln wirkte. So schreibt Graebner in einem Gründungstext der Kulturkreislehre: »Wie weit wir trotzdem in die Entwicklungsgeschichte der Menschheit eindringen können, das wird davon abhängen, bis zu welchem Grade von Klarheit wir die Kulturgeschichte der Einzelgebiete auch ohne schriftliches Zeugnis, auch ohne prähistorische Schichten herauszuarbeiten vermögen. Ergibt sich im engeren Kreise des Gebiets erst eine Gruppe von Dingen als zusammengehörig, erlaubt hier die Mannigfaltigkeit verwandter Vorstellungen einen Schluss auf die gemeinsame Grundform, dann werden wir auch versuchen können, die Beziehungen nicht von Erscheinung zu Erscheinung, sondern von Kultur zu Kultur festzustellen und zu deuten. So hohen Flug werde ich heute noch nicht nehmen; dazu bedarf es der Jahrzehnte. Was ich geben will, ist kaum mehr als ein Programm, ein Suchen von Spuren, denen künftige Arbeit nachgehen könnte, ein Forschen gewissermassen nach Leitfossilien, die geeignet sind, in der Folge ethnographischer Schichten zu orientieren.« Siehe Graebner, Fritz (1905): Kulturkreise und Kulturschichten in Ozeanien. In: *Zeitschrift für Ethnologie*, 37/1, S. 28–53, hier S. 28–29.

давность, достовѣрность и эстетическую цѣнность?«).[77] Nach einer genauen Analyse der vorliegenden Objekte, bei der er die Ähnlichkeiten und die Unterschiede zwischen den Moai und den Holzskulpturen auflistet, kommt er zu dem Ergebnis:

> Безспорно, художественная цѣнность каменныхъ скульптуръ стоитъ выше деревянной, но мы должны признать, что и въ послѣдней сохранились, хотя и слабые, но ясные отзвуки многихъ старыхъ художественныхъ канановъ этого острова.
>
> Es ist unbestreitbar, dass der künstlerische Wert der Steinskulpturen größer ist als der der Holzskulpturen. Aber wir sollten dennoch anerkennen, dass die Letzteren, wenn auch nur schwach, ein klares Echo des künstlerischen Kanons dieser Insel enthalten.[78]

Bei den Ähnlichkeiten und Unterschieden benennt er detailreich die verschiedenen Gesichts- und Körperformen, wobei er vor allem auf die Proportionierungen und Konturen eingeht. Dabei thematisiert Markov nicht explizit, dass alle von ihm fotografierten Objekte anthropomorphe Züge tragen. Bei den Unterschieden benennt er, dass die Flächen der Holzfiguren nicht so klar umrissen seien, dass durch eine größere Abhängigkeit vom Material die Massenverhältnisse realistischer geworden seien, und dass die Arme vom Körper abstünden; sowie dass die Holzskulpturen im Gegensatz zu den Steinskulpturen kein Ornament auf dem Rücken aufwiesen.[79] Mit Ausnahme des Ornaments lässt sich hier insgesamt die Tendenz feststellen, dass in Bezug auf die Steinskulpturen klare und einheitliche Flächen und geometrische, gerade Formen benannt werden.[80] Markov bezeichnet die Köpfe der Moai durch den gesamten Text hinweg als »fast kubisch oder kugelförmig« (»почти кубическая или-же шарообразная«) und beschreibt, dass die Flächen kaum durch Markierungen von Mund oder Armen durchbrochen würden.[81] Immer wieder charakterisiert er die Moai als »säulenhaft« (»Столбовый характеръ«, »форма столба«).[82] Demgegenüber platziert er eine Gruppe von Holzobjekten, der er jegliche Authentizität abspricht:

> Другія скульптуры являются довольно чуждыми первой группѣ. Въ нихъ навязчиво сказываются современныя реалистическія черты, свидѣтельствующія о потерѣ

77 Markov: *Iskusstvo Ostrova Paschi*, S. 37f.

78 Markov: *Iskusstvo Ostrova Paschi*, S. 40. Deutsche Übersetzung JH.

79 Vgl. Markov: *Iskusstvo Ostrova Paschi*, S. 40.

80 Zu der Idee, wie auch die Ornamente Ozeaniens an den Anfang der Künste gestellt wurden, siehe den Überblick bei Leeb, Susanne (2015): *Die Kunst der Anderen*. Berlin: b_books, insbesondere Kapitel 3, »Die Ornamente aus der Südsee oder die (Un-)Reinheit der modernen Klassik«, S. 103–152.

81 Markov, *Iskusstvo Ostrova Paschi* [Die Kunst der Osterinsel], 18–19, 40.

82 Markov: *Iskusstvo Ostrova Paschi*, S. 39, 41, 44.

> старыхъ школъ и традицій и изобличающія несвѣдующихъ копiистовъ реализма. Такъ, напримѣръ, плоскости стали сбиваться реальными подробностями, во рту появились зубы, уши утеряли свою удлиненность [...].
>
> Einige andere Objekte erscheinen verschieden von der ersten Gruppe. Diese haben durchgehend moderne, realistische Qualitäten und bezeugen den Verlust der alten Schule und Traditionen. Als solche stellen sie ein reines Kopieren des Realismus dar. Beispielsweise sind die Flächen durch realistische Details aufgebrochen worden, Zähne erscheinen in den Mündern, die Ohren haben ihre Längen verloren [...].[83]

Markov schließt einige Seiten an, auf denen er jeweils einen Abschnitt der Kunst Neuguineas und der Neuhebriden widmet und weitere Objekte von verschiedenen Inseln Ozeaniens einbezieht. Zwar beteuert er, dass Ozeanien zu wenig erforscht und die ihm zur Verfügung stehenden Informationen »sehr dürftig und problematisch« seien (»крайне скудны и проблематичны«),[84] dass teilweise widersprüchliches Material vorliege und er nicht beweisen könne, »dass in Ozeanien nur eine Schule existiert, deren stärksten Ausdruck die Kunst der Osterinsel« darstelle (»что въ Океанiи существуетъ только одна школа, сильнѣйшимъ выразителемъ которой является искусство о-ва Пасхи«).[85] Jedoch legt er genau dies mit seiner künstlerischen Analyse nahe, wenn er schreibt:

> Но есть данныя, указывающія намъ, что художники, создавшіе ихъ, были одной расы, одной школы. [...] Общая форма фигуръ не выходитъ изъ предѣловъ примитивнаго столба. [...] Свойственное всѣмъ этимъ скульптурамъ отсутствіе чувственныхъ намековъ, объединяетъ все искусство Океанiи.
>
> Aber es gibt Charakteristika, die darauf hinweisen, dass die Künstler, die diese Werke erschaffen haben, von einer Rasse und einer Schule sind. [...] Insgesamt bleibt die Form primitiv und säulenartig. [...] Eine Abwesenheit sinnlicher Anspielungen charakterisiert all diese Skulpturen und vereint die Kunst Ozeaniens.[86]

Es lässt sich zusammenfassen, dass Markov den gesamten von ihm zusammengestellten Objektkorpus anhand der den Objekten inhärenten Eigenschaften in eine zeitliche Reihenfolge bringt. In Bezug auf das Material positioniert er Objekte aus Stein zeitlich vor Objekten aus Holz. In Bezug auf die Form priorisiert er große Objekte mit einer

83 Markov: *Iskusstvo Ostrova Paschi*, S. 38f. Deutsche Übersetzung JH.
84 Markov: *Iskusstvo Ostrova Paschi*, S. 26.
85 Markov: *Iskusstvo Ostrova Paschi*, S. 43.
86 Markov: *Iskusstvo Ostrova Paschi*, S. 41f. Deutsche Übersetzung JH.

reduzierten, abstrakten Formensprache, nicht an den anatomischen Proportionen orientierten Massenverhältnissen und ohne Details und kennzeichnet diese als ursprünglicher. Diese Positionierungen Markovs sind keineswegs zufällig, vielmehr folgen sie einer Logik, nach der auch die Objekte in den ethnographischen Museen angeordnet sind, die Markov besuchte.

In Bezug auf das Material wurde gegen Ende des 19. Jahrhunderts in den ethnographischen Museen ein Ordnungssystem relevant, das der dänische Archäologe und spätere Direktor des dänischen Nationalmuseums, Christian Jürgensen Thomsen (1788–1865) entwickelte. Das sogenannte ›Dreiperiodensystem‹ (Steinzeit, Bronzezeit, Eisenzeit) orientierte sich neben anderen Faktoren wie dem Fundort, der Funktion und der Form wesentlich an dem Material der Objekte.[87] Thomsen belegte damit das Material der Objekte mit einer neuen Bedeutung, die zu einem Faktor für ihre temporale Einordnung wurde. In dieser ersten textunabhängigen und auf Objekten basierenden Datierungsmethode Thomsens war es das Material der Objekte, das den Zeiten ihren Namen gab: Steinzeit – Bronzezeit – Eisenzeit. Thomsens Datierungsmethode erweiterte mit Hilfe der Dinge den beschreib- und belegbaren Zeitraum menschlicher Geschichte, der zuvor auf die Zeit mit Textquellen begrenzt gewesen war.[88] Dabei stellte das Dreiperiodensystem im Verlauf des 19. Jahrhunderts nicht nur die Grundlage für immer mehr Ausstellungen zur Ur- und Frühgeschichte bereit, sondern wurde auch in ethnographischen Ausstellungen genutzt: Die Verwendung spezifischer Materialien in klar umgrenzten Regionen wurde zu einem Marker für die temporale Einordnung letzterer auf einem evolutionistischen Zeitstrahl.[89] Markov sah in Kopenhagen, Oslo und Petersburg Ausstellungen, die nach dem Dreiperiodensystem organisiert waren.

Gegen Ende des 19. Jahrhunderts wurde auch die Form zu einem Klassifikationsmerkmal in den ethnographischen Sammlungen. Dies lässt sich beispielsweise anhand des *Handbook to the Ethnographical Collection of the British Museum* nachvollziehen, das

---

87 Vgl. Hansen, Svend (2001): Von den Anfängen der prähistorischen Archäologie: Christian Jürgensen Thomsen und das Dreiperiodensystem. In: *Praehistorische Zeitschrift*, 76/1, S. 10–23.

88 Vgl. Stabrey, Undine (2017): *Archäologische Untersuchungen. Über Temporalität und Dinge.* Bielefeld: Transcript, S. 88.

89 Das Museum für Anthropologie und Ethnographie in Petersburg wurde nach seiner Resystematisierung 1896 nach dem Dreiperiodensystem organisiert. So wird beispielsweise zu einer Region am Rio Xingu, einem Nebenfluss des Amazonas, geschrieben: »[…] es wurden einige Stämme gefunden, die sich auf der niedrigsten Kulturstufe befanden. Vollständige Abwesenheit von Eisen, Vorherrschaft von Stein und Knochen.« (»[…]нашли на р. Шингу (притокъ Амазонки) рядъ племенъ, находившихся на самой низкой ступени культуры. Полное отсутствие желѣза, господство камня и кости.«), siehe: Imperatorskaja Akademija Nauk [Kaiserliche Akademie der Wissenschaften] (1904): *Putevoditel' po Muzeju Antropologii i Etnografii Imeni Imperatora Petra Velikago [Führer durch das Museum für Anthropologie und Ethnographie Peter des Großen].* St Petersburg: Tipografija Imperatorskoj Akademii [Druckerei der Kaiserlichen Akademie], S. 2.

Markov nutzte.[90] Objekte wurden nach ästhetischen Kriterien wie deren Größe, Grad an Verzierung, Komplexität oder Detail in Serien angeordnet und ausgestellt, beziehungsweise im Museumsführer präsentiert. Dieses Schema, das als typologisches Display bekannt wurde, geht auf den britischen Archäologen und Ethnographen Augustus Pitt Rivers (1827–1900) zurück. Rivers beschrieb sein Ordnungsschema folgendermaßen:

> In an educational museum, specimens should be selected that are useful in displaying sequence. These should be arranged so as to show how one form has led to another. When there is actual evidence of the dates of the objects, of course the arrangement must be for the most part in the order of dates. But when, as in the case of most prehistoric objects and many of the arts of savage nations, the dates cannot be given, then recourse must be had to the sequence of type, and that is what I term ›Typology‹.[91]

Objekte wurden oftmals ohne jeglichen geographischen oder zeitlichen Zusammenhang in eine vermeintliche Entwicklungslinie gestellt, wobei das Entwicklungsmoment nicht nur durch die Anordnung in Serie, sondern auch durch eine fortlaufende Nummerierung suggeriert wurde.[92] Die entstehende, scheinbar lineare Serie sollte den Fortschritt der Technik zeigen und wurde mit der Idee sozialer und kultureller Evolution verbunden.[93] Objekte dienten auf diese Weise als eine konkrete materielle Absicherung des wissensgeschichtlichen Paradigmas der evolutionistischen Anthropologie.

Die ethnographischen Sammlungen wurden durch diese Klassifikationstechniken zu Synchronisationsmaschinen, die die globale kulturelle Diversität der Gegenwart und der Vergangenheit auf einen einzigen linearen Zeitstrahl einzuordnen versuchten. Während die ethnographischen Sammlungen Europa an der Spitze dieses konstant

90 Wie gesagt entstand *Iskusstvo Ostrova Paschi* zeitgleich mit zwei weiteren Schriften Markovs. In *Iskusstvo Negrov* gibt Markov als eine seiner Quellen das British Museum (1910): *Handbook to the Ethnographical Collection.* Oxford: Oxford University Press an, siehe Markov: *Iskusstvo Negrov*, S. 15. Darüber hinaus fotografierte Markov mehrere Objekte für *Iskusstvo Ostrova Paschi* im British Museum und sah dessen typologische Displays daher auch vor Ort.

91 Pitt-Rivers, Augustus (1891): Typological Museums, as Exemplified by the Pitt Rivers Museum at Oxford, and his Provincial Museum at Farnham, Dorset. In: *Journal of the Society of Arts*, 40, S. 115–122, hier S. 116.

92 So beispielsweise vielfach zu sehen im bereits erwähnten British Museum: *Handbook to the Ethnographical Collection.*

93 Vgl. Chapman, William Ryan (1991): ›Like a Game of Dominoes‹. Augustus Pitt Rivers and the Typological Museum Idea. In: Pearce, Susan (Hg.): *Museum Economics and the Community.* London: The Athlone Press, S. 135–176, hier S. 137; Gosden, Chris/Larson, Frances (2007): *Knowing Things. Exploring the Collections at the Pitt Rivers Museum, 1884–1945.* Oxford: Oxford University Press, S. 108.

fortschreitenden Zeitpfeiles platzierten, dienten von der Ethnographie beschriebene und vom europäischen Kolonialismus und Imperialismus beanspruchte Regionen als Lückenbüßer für die Zeiten, über die keine schriftliche Dokumentation vorlag. So heißt es beispielsweise im Vorwort des *Führer durch das Rautenstrauch-Joest-Museum (Museum für Völkerkunde)*, den Markov für *Iskusstvo Ostrova Paschi* nutzte:

> Wenn wir aber die Lückenhaftigkeit der prähistorischen Funde in Betracht ziehen, die nur das wieder ans Tageslicht kommen lassen, was sich im Erdreich erhalten hat – und das ist außer dem Stein- und Knochengerät für die älteste Zeit herzlich wenig, – so wird es einleuchten, daß auf solchem Materiale sich nie und nimmer eine Entwicklungsgeschichte der menschlichen Kultur aufbauen ließe. Fehlen doch Anhaltspunkte für das gesellige und geistige Leben naturgemäß vollständig! Hier können eben nur die lebenden primitiven Völker aufhellend und ergänzend einspringen.[94]

3. Fazit

Anhand von zwei Quellentexten, Pierre Lotis *L'Île de Pâques* [Die Osterinsel] und Vladimir Markovs *Iskusstvo Ostrova Paschi* [Die Kunst der Osterinsel] wurde gezeigt, dass Rapa Nui mit der Formation der evolutionistischen Anthropologie ab den 1870er Jahren verzeitlicht und als ein Überrest der Tiefenzeit dargestellt wurde. Dabei kam der materiellen Kultur der Insel, insbesondere den Moai, eine besondere Rolle zu. In *L'Île de Pâques* wird Rapa Nui zur Kulisse für die Imagination der frühen Menschheitsgeschichte durch den Erzähler. Während Loti das Leben auf Rapa Nui als *ähnlich* dazu beschreibt, wie er sich das Leben in der Steinzeit vorstellt, erklärt er die Moai als *identisch* mit der frühen Menschheitsgeschichte. Der Erzähler macht die Moai zu Zeugen einer »megalithischen Phase«, indem er sie von der Inselbevölkerung loslöst und mit den geologischen Ursprüngen Rapa Nuis als möglichem Überrest eines versunkenen Kontinentes verbindet. Anhand der ersten Beschreibung der Moai als Kunst in Markovs *Iskusstvo Ostrova Paschi* wurde gezeigt, wie die zunächst durch den geographischen und kulturgeschichtlichen Kontext hergestellte Bedeutung Rapa Nuis als eines Überrestes der geologischen Tiefenzeit in die Moai verlagert wurde. Anhand ästhetischer Charakteristika argumentiert Markov für seine These, dass die Moai die letzten Überreste der ursprünglichen Künste ganz Ozeaniens und Asiens darstellten. Dabei orientiert er sich insbesondere an Material und Formensprache der Moai und argumentiert damit entlang der Klassifikationsschemata der ethnographischen Ausstellungen, in denen er den von ihm beschriebenen und fotografierten Objekten be-

94 Foy: *Führer durch das Rautenstrauch-Joest-Museum*, S. 18.

gegnete. Anhand von Markovs Charakterisierung der Moai als steinernen Riesen mit einer reduzierten und abstrakten Formensprache entsteht eine Ästhetik der Tiefenzeit, die den ästhetischen Merkmalen der Moai eine universale Bedeutung verleiht.

Indem die Moai in den beiden analysierten Texten von Loti und Markov zu Zeugen von Veränderungen in der Position der Kontinentalplatten werden, erscheint die geologische Tiefenzeit als eine zeitlich enorm verkürzt vorgestellte und durch den Menschen belebte Epoche, die sich durch kulturgeschichtliche Objekte begreifen und ausstellen lässt. Bis heute ist die genaue Datierung der Moai umstritten, ihr Entstehungszeitraum wird aktuell auf 1100 bis 1650 geschätzt.[95] Demgegenüber sind die zeitlichen Ausmaße, innerhalb derer eine signifikante Veränderung der Kontinentalplatten beobachtet werden könnte, auf viele Millionen Jahre anzusetzen. Davon ging Alfred Wegener bereits 1912 aus, als er mit seiner Monographie *Die Entstehung der Kontinente und Ozeane* die wissenschaftliche Grundlage für die Plattentektonik publizierte.[96] Heute wird das Entstehen des Superkontinentes Pangäa vor etwa 299 Millionen Jahren datiert, und sein Auseinanderbrechen in zwei Teile vor etwa 200 Millionen Jahren angenommen.[97] Diese geologische Tiefenzeit war für die allermeiste Zeit eine Geschichte ohne den Menschen, der erst für etwa 300 000 Jahre fossil belegt ist.[98] In den beiden analysierten Quellen von Loti und Markov lässt sich am Beispiel Rapa Nuis feststellen, wie von der Ethnographie beschriebene und vom europäischen Kolonialismus und Imperialismus beanspruchte Regionen von europäischen Akteuren genutzt wurden, um die unvorstellbaren Zeithorizonte der geologischen Tiefenzeit zu imaginieren, zu beleben und in Form von Objekten greifbar zu machen. Ihre Bedeutung gewinnen die Moai in diesen Beschreibungen erst durch ihre Interpretation als kulturgeschichtliche Überreste der früheren geologischen Epochen der Erdgeschichte.

95 Vgl. Kjellgren, Eric (2002): Introduction. Remote Possibilities. In: ders. (Hg.): *Splendid Isolation. Art of Easter Island.* New Haven/London: Yale University Press, S. 11–23, hier S. 16. Jüngst wurden zwei Moai am Krater Rano Raraku mit der Radiocarbonmethode auf einen Entstehungszeitraum zwischen 1455 bis 1645 datiert, siehe Sherwood, Sarah C./Tilburg, Jo Anne Van/ Barrier, Casey R. et al (2019): New Excavations in Easter Island's Statue Quarry: Soil Fertility, Site Formation and Chronology. In: *Journal of Archaeological Science*, 111, S. 1–22. Am 21.02.2023 wurde außerdem ein weiterer Moai in einem ausgetrockneten Kratersee gefunden, der nun auch zur Einschätzung des Alters der Moai herangezogen wird, siehe Kuta, Sarah (2023): Dried Lake Reveals New Statue on Easter Island. In: *Smithsonian Magazine*, 28.02.2023. https://www.smithsonianmag.com/smart-news/new-moai-statue-found-on-easter-island-180981717/. 02.06. 2023.

96 Vgl. Wegener, Alfred (1912): *Die Entstehung der Kontinente und Ozeane.* Gotha: Friedr. Vieweg & Sohn Braunschweig.

97 Vgl. Encyclopedia Britannica (2023): Pangea. Definition, Map, History, and Facts. https://www.britannica.com/place/Pangea. 02.06.2023.

98 Vgl. Richter, Daniel/ Grün, Rainer/ Joannes-Boyau, Renaud et al. (2017): The Age of the Hominin Fossils from Jebel Irhoud, Morocco, and the Origins of the Middle Stone Age. In: *Nature*, 546/ 7657, S. 293–296.

Damit wird deutlich, dass die ethnographische Praxis, die Johannes Fabian prominent als ein Verwehren von Gleichzeitigkeit charakterisiert hat, weit über die Disziplin der Ethnographie hinaus auch für die künstlerische, literarische und kunsttheoretische Praxis prägend war. Das Beispiel der Moai zeigt, dass sich die auf diese Weise konstruierten ethnographischen Objekte in die Imaginationen der tiefen Vergangenheit einschreiben. In Form ethnographischer Objekte erhielt deren Tiefe einen Grund, eine konkrete Gestalt, wurde anfassbar und transportierbar und konnte im Herzen des Imperiums, im ethnographischen Museum der Metropole, eingefangen und als eine Eroberung des Imperiums nicht nur über den Raum, sondern auch über die Zeit ausgestellt werden.

Literaturverzeichnis

Aly, Götz (2021): Das Prachtboot. Wie Deutsche die Kunstschätze der Südsee raubten. Frankfurt a.M.: S. Fischer.

Bout, H. (1871): Statues Colossales de l'Ile de Paques. In: Le Monde Illustré, 24.08.1872, S. 110.

Brenner, Leo (1913): Zagadočnyj Ostrov [Geheimnisvolle Insel]. In: Vokrug Sveta [Um die Welt], 47, S. 766–768.

British Museum (1910): Handbook to the Ethnographical Collection. Oxford: Oxford University Press.

Bužinska, Irēna (2000): Some Words About Voldemars Matvejs [Vladimir Markov] and his Book The Art of Easter Island. In: Rapa Nui Journal, 14/3, S. 89–92.

Bužinska, Irēna (2002): Les Voyages de Voldemars Matvejs en France. In: Dupont, Valérie (Hg.): Tribus Contemporaines. Explorations Exotiques des Artistes d'Occident: Actes du Colloque de Dijon (5.–6. Mai 2000). Dijon: EUD, S. 31–42.

Bužinska, Irēna (2015): Markov's Legacy: Photographs for Art of Northern Asia. In: Howard, Jeremy/ Bužinska, Irēna/ Strother, Zoë S. (Hgg.): Vladimir Markov and Russian Primitivism. A Charter for the Avant-garde. Burlington: Ashgate (Studies in Art Historiography), S. 129–149.

Bužinska, Irēna (2015): Markovs Development as a Theoretician. In: Howard, Jeremy/ Bužinska, Irēna/ Strother, Zoë S. (Hgg.): Vladimir Markov and Russian Primitivism. A Charter for the Avant-garde. Burlington: Ashgate (Studies in Art Historiography), S. 59–84.

Bužinska, Irēna/ Howard, Jeremy/ Strother, Zoë S. (2015): Introduction to Matvejs, Markov and ›Primitivism‹. In: dies. (Hgg.): Vladimir Markov and Russian Primitivism. A Charter for the Avant-garde. Burlington: Ashgate (Studies in Art Historiography), S. 3–22.

Chapman, William Ryan (1991): ›Like a Game of Dominoes‹. Augustus Pitt Rivers and the Typological Museum Idea. In: Pearce, Susan (Hg.): Museum Economics and the Community. London: The Athlone Press, S. 135–176.

Cook, James (1777): A Voyage Towards the South Pole, and Around the World, Bd. 1 und 2. London: Printed for W. Strahan and T. Cadell in the Strand.

Dundas, Colin Mackenzie (1870): Notice of Easter Island, its Inhabitants, Antiquities and Colossal Statues. In: Proceedings of the Society of Antiquities of Scotland, VIII, S. 312–323.

Encyclopædia Britannica (2023): Pangea. Definition, Map, History, and Facts. https://www.britannica.com/place/Pangea. 02.06.2023.

Fabian, Johannes (2014): Time and the Other. How Anthropology Makes its Object. 3. Aufl. New York: Columbia University Press.

Fergusson, James (1872): Rude Stone Monuments in All Countries. Their Age and Uses. London: John Murray.

Foy, Willy (1906): Führer durch das Rautenstrauch-Joest-Museum (Museum für Völkerkunde). Cöln: M. Dumont Schauberg.

Geiseler, Wilhelm (1883): Die Osterinsel. Eine Stätte prähistorischer Kultur in der Südsee. Bericht des Kommandanten S. M. Abt. »Hyäne«, Kapitänlieutenant Geiseler, über die ethnologische Untersuchung der Oster-Insel (Rapanui) an den Chef der kaiserlichen Admiralität. Berlin: Ernst Siegfried Mittler und Sohn.

Gess, Nicola (2013): Literarischer Primitivismus. Chancen und Grenzen eines Begriffs. In: dies. (Hg.): Literarischer Primitivismus. Berlin/ Boston: De Gruyter (Untersuchungen zur deutschen Literaturgeschichte, 143), S. 1–10.

Gosden, Chris/ Larson, Frances (2007): Knowing Things. Exploring the Collections at the Pitt Rivers Museum, 1884–1945. Oxford: Oxford University Press.

Gosse, Edmund (1911): Pierre Loti. In: Chrisholm, Hugh (Hg.): The Encyclopædia Britannica. A Dictionary of Arts, Sciences, Literature and General Information. 11. Aufl. Cambridge: The Encyclopædia Britannica Company, S. 19–20.

Gould, Stephen Jay (1990): Die Entdeckung der Tiefenzeit. Zeitpfeil und Zeitzyklus in der Geschichte unserer Erde. München: Hanser.

Graebner, Fritz (1905): Kulturkreise und Kulturschichten in Ozeanien. In: Zeitschrift für Ethnologie, 37/1, S. 28–53.

Grimm, Jacob/ Grimm, Wilhelm (2023): Überrest. In: Deutsches Wörterbuch von Jacob Grimm und Wilhelm Grimm, Bd. 23, Spalte 473–475, digitalisierte Fassung im Wörterbuchnetz des Trier Center for Digital Humanities, Version 01/23. https://www.woerterbuchnetz.de/DWB. 03.02.2023.

Hansen, Svend (2001): Von den Anfängen der prähistorischen Archäologie: Christian Jürgensen Thomsen und das Dreiperiodensystem. In: Praehistorische Zeitschrift, 76/1, S. 10–23.

Hargreaves, Alec G. (1992): Pierre Loti (Louis-Marie-Julien Viaud) (1850–1923). In: Savage Brosman, Catharine (Hg.): Nineteenth-Century French Fiction Writers. Naturalism and Beyond, 1860–1900. Detroit: Gale (Dictionary of Literary Biography, 123), S. 158–172.

Haun, Beverley (2008): Inventing ›Easter Island‹. Toronto: University of Toronto Press.

Howard, Jeremy (1991): Nikolai Kul'bin and the Union of Youth, 1908–1914. University of St Andrews: Dissertationsschrift. http://research-repository.st-andrews.ac.uk/. 02.06.2023.

Hutton, James (1795): Theory of the Earth, with Proofs and Illustrations, Bd. 1 und 2. Edinburgh /London: printed for Cadell and Davies, London, and William Creech / Geological Society.

Imperatorskaja Akademija Nauk [Kaiserliche Akademie der Wissenschaften] (1904): Putevoditel' po Muzeju Antropologii i Etnografii Imeni Imperatora Petra Velikago [Führer durch das Museum für Anthropologie und Ethnographie Peter des Großen]. St Petersburg: Tipografija Imperatorskoj Akademii [Druckerei der Kaiserlichen Akademie].

Jaussen, Tepano (1893): L'Île de Pâques: Historique écriture et répertoire des signes des tablettes ou bois d'hibiscus intelligents. In: Bulletin de Géographie Historique et Descriptive, 2, S. 240–270.

Kjellgren, Eric (2002): Introduction. Remote Possibilities. In: ders. (Hg.): Splendid Isolation. Art of Easter Island. New Haven/London: Yale University Press, S. 11–23.

Kuta, Sarah (2023): Dried Lake Reveals New Statue on Easter Island. In: Smithsonian Magazine, 28.02.2023. https://www.smithsonianmag.com/smart-news/new-moai-statue-found-on-easter-island-180981717/. 02.06.2023.

Leeb, Susanne (2015): Die Kunst der Anderen. Berlin: b_books.

Loti, Pierre (1899): L'Île de Pâques, In: ders.: Reflets sur la sombre route. Paris: Calmann Lévy. S. 251–338.

Lubbock, John (1865): Prehistoric Times. As Illustrated by Ancient Remains, and the Manners and Customs of Modern Savages. London/Edinburgh: Williams and Norgate.

Markov, Vladimir (1914): Iskusstvo Ostrova Paschi [Die Kunst der Osterinsel]. Sankt Petersburg: Sojuz Molodëži [Bund der Jugend].

Markov, Vladimir; Howard, Jeremy (Übersetzer) (2014): The Art of Easter Island, in: Art in Translation 6/1, S. 29–58.

Markov, Vladimir (1919): Iskusstvo Negrov [Die Kunst der N***]. Sankt Petersburg: Abteilung für Bildende Kunst des Volkskommissariats für Bildung.

Palmer, Linton J. (1869–1870): A Visit to Easter Island, or Rapa Nui. In: Proceedings of the Royal Geographical Society of London, 14/2, S. 108–120.

Palmer, Linton J. (1870): A Visit to Easter Island, or Rapa Nui, in 1868. In: The Journal of the Royal Geographical Society of London, 40, S. 167–181.

Pitt-Rivers, Augustus (1891): Typological Museums, as Exemplified by the Pitt Rivers Museum at Oxford, and his Provincial Museum at Farnham, Dorset. In: Journal of the Society of Arts, 40, S. 115–122.

Richter, Daniel/ Grün, Rainer/ Joannes-Boyau, Renaud et al. (2017): The Age of the Hominin Fossils from Jebel Irhoud, Morocco, and the Origins of the Middle Stone Age. In: Nature, 546/7657, S. 293–296.

Sherwood, Sarah C./ Tilburg, Jo Anne Van/ Barrier, Casey R. et al. (2019): New Excavations in Easter Island's Statue Quarry: Soil Fertility, Site Formation and Chronology. In: Journal of Archaeological Science, 111, S. 1–22.

Stabrey, Undine (2017): Archäologische Untersuchungen. Über Temporalität und Dinge. Bielefeld: Transcript.

Viaud, Julien (1872): L'Île de Pâques. Journal d'un sous-officier de l'état-major de La Flore. In: L'Illustration, Journal Universel, 30/1538, S. 100–103.

Viaud, Julien (1872): L'Île de Pâques. Journal d'un sous-officier de l'état-major de La Flore. In: L'Illustration, Journal Universel, 30/1539, S. 119, 124–125.

Wegener, Alfred (1912): Die Entstehung der Kontinente und Ozeane. Gotha: Friedr. Vieweg & Sohn Braunschweig.

Martin Deuerlein

Geschichtete Vergangenheit

Die Suche nach der Urbevölkerung Europas im 19. Jahrhundert

ABSTRACT: Who were the original inhabitants of Europe? And how did they relate to contemporary populations on the continent? Such questions immensely fascinated contemporaries during the 19th century. This article argues that the ensuing search for the indigenous peoples of Europe was closely intertwined with colonial discourses and practices. By the 1830s, the ›ethnic interpretation‹ of the results of comparative philology suggested that multiple waves of immigration had replaced indigenous Europeans with ever more advanced peoples. This ›migrationism‹ and an ethnically stratified image of prehistory that had emerged by the 1880s had profound political implications for both intra-European ethnic relations and colonial interactions: Narratives derived from the European past that understood cultural and physical change as the result of clashes between different ›races‹ helped legitimize colonial expansion, painting the conquest, displacement, and annihilation of colonized peoples as a mere continuation of timeless mechanisms of humanity's cultural and physical evolution.

KEYWORDS: Migrationismus; ethnische Interpretation; Vorgeschichte; Kolonialismus; komparative Methode; Urbevölkerung

Wer waren die Ureinwohner Europas? Und in welchem Verhältnis stehen sie zu gegenwärtigen Bevölkerungsgruppen des Kontinents? Solche Fragen nach der eigenen Herkunft und den Ursprüngen bestimmter Ethnien, ja der Menschheit insgesamt faszinieren bis heute. Umso mehr beschäftigten sie Zeitgenoss:innen im stark historistisch orientierten 19. Jahrhundert, in dem die Suche nach der ›Urbevölkerung‹ Europas Wissenschaft und Öffentlichkeit über Jahrzehnte mit immer wieder wechselnden Ansätzen, Erkenntnissen und Thesen in Atem hielt und entscheidend zur Entstehung von Disziplinen wie der prähistorischen Archäologie, der Anthropologie und der Ethnologie beitrug.

Gleichzeitig waren entsprechende Fragen nie von ausschließlich wissenschaftlichem Interesse, sondern stets politisch aufgeladen. Denn anhand der Auseinandersetzung mit der Bevölkerungsgeschichte Europas wurden und werden nicht nur grundlegende Aussagen über die Entwicklung und den Charakter der Menschheit und einzelner Gruppen getroffen, sondern auch jeweils aktuelle Fragen des Zusammenlebens verschiedener Bevölkerungsgruppen ausgehandelt. Das betraf Beziehungen innerhalb Europas oder zwischen unterschiedlichen Ethnien innerhalb einzelner Staaten, aber auch und besonders das Verhältnis des Kontinents zu anderen Weltregionen. Koloniale Denkmuster prägten lange die Auseinandersetzung mit der Bevölkerungsgeschichte Europas, die wiederum zur Entstehung und Konsolidierung rassistischer Ideen, aber auch zur Legitimierung von Kolonialpolitik beitrug.

Ungeachtet ihrer Bedeutung ist die Suche nach einer europäischen Urbevölkerung von der Forschung bislang erst in Ansätzen historisiert worden. Hinweise finden sich bislang vor allem in Arbeiten zur Geschichte einzelner Disziplinen, zu Archäologie und Nationalismus und im deutschen Fall in Studien zum ›Germanenmythos‹ und seiner Bedeutung für die völkische Bewegung und den Nationalsozialismus (siehe Stocking 1987; Wiwjorra 2006).[1] Die kolonialen Wurzeln verschiedener wissenschaftlicher Disziplinen wie der Ethnologie, aber auch der Archäologie und die Bedeutung entsprechender Denkmuster für Perspektiven und Methoden der Forschung sind inzwischen überwiegend gut untersucht. Konkrete Wechselwirkungen zwischen der Auseinandersetzung mit der Bevölkerungsgeschichte Europas und dem wissenschaftlichen Blick auf koloniale Räume sind dagegen bislang kaum explizit analysiert worden.[2]

Dieser Beitrag wird deshalb die während des 19. Jahrhunderts geführte Auseinandersetzung in den Blick nehmen, die sich mit der Frage beschäftigte, welche Bevölkerungsgruppen in einer Zeit in Europa gelebt hatten, von der noch keine Schriftquellen Kenntnis geben. Diese Debatte wurde transnational geführt, hatte jedoch auch ihre nationalen wie regionalen Besonderheiten. Im Folgenden werden deshalb besonders Akteure und Ideen aus Großbritannien und dem deutschen Sprachraum in den Blick genommen, die sich schwerpunktmäßig mit der Vorgeschichte ihrer jeweiligen Regionen beschäftigten, von dort aber auch Schlüsse von kontinentaler, teilweise globaler Reichweite zogen. Es gilt zu fragen, welche Gruppen besonders zwischen den 1830er und 1880er Jahren von Zeitgenoss:innen als ›Urbevölkerung‹ Europas angesehen wurden. Wie verhielt sich diese Urbevölkerung in ihren Augen zu historischen Völkern und den rezenten Einwohner:innen Europas und welche Vorannahmen und normativen Wertungen, besonders kolonialer Natur, zeigen sich in diesen Einschätzungen?

Den zeitlichen Rahmen dieses Beitrages bilden die 1830er bzw. die 1880er Jahre. Im dritten Jahrzehnt des 19. Jahrhunderts hatte sich die aus philologischen Erkenntnissen abgeleitete These von der ›indogermanischen Migration‹ weitgehend durchgesetzt. Damit hatte sich jedoch die Frage nach der vorherigen Bevölkerung Europas sowie nach deren Nachfahren auf neuer Grundlage gestellt, war politisch relevant geworden und wurde nun mit den Methoden der in dieser Zeit neu etablierten wissenschaftlichen Disziplinen untersucht. Ein halbes Jahrhundert später hatte sich vor allem in öffent-

1 Zudem sind entsprechende Arbeiten häufig national angelegt, siehe etwa die Organisation der Beiträge in Díaz-Andreu/ Champion 1996. Eine transnationale Perspektive findet sich bislang v.a. bei Manias 2013.

2 Arbeiten wie McNiven/ Russell 2005 behandeln die Bedeutung kolonialer Denkmuster für die archäologische Erforschung kolonialer Räume. Deren Bedeutung für die europäische Vorgeschichte und entsprechende Wechselwirkungen werden dagegen in Ansätzen bei Manias 2013 angesprochen.

lichkeitswirksamen Publikationen ein relativ einheitliches Narrativ der Bevölkerungsgeschichte Europas herausgebildet, das von mehrfachen Migrationswellen und einer ethnisch geschichteten Vergangenheit Europas ausging. Daraus zogen Zeitgenoss:innen politische Schlüsse nicht nur für das Zusammenleben unterschiedlicher Völker in Europa, sondern auch für den Umgang mit kolonisierten Bevölkerungsgruppen ihrer Gegenwart.

1. Die Entdeckung der ›geologischen Tiefenzeit‹

Der Beginn einer nach heutigem Verständnis wissenschaftlichen Auseinandersetzung mit der Frage nach der Urbevölkerung Europas lässt sich im späten 18. und frühen 19. Jahrhundert verorten. Auch vor 1800 hatten sich Menschen in Europa natürlich Gedanken über ihre Herkunft gemacht. In *Origo-Gentis*-Erzählungen dominierte vom Mittelalter bis in die Frühe Neuzeit eine Mischung aus mythologischen Quellen und biblischem Narrativ: Die gegenwärtigen Menschen seien auf die drei Söhne Noahs zurückzuführen, die sich nach der Sintflut von Kleinasien aus über die Welt verbreitet hätten. Dadurch wurde auch die Diversität der Menschheit erklärt: Die Nachkommen Hams seien die dunkelhäutigen Bewohner:innen Afrikas, die Nachfahren Schems die Einwohner:innen Asiens, die Nachkommen Japhets die hellhäutigen Europäer:innen.[3] Aus der Kombination der zu dieser Zeit verfügbaren Quellen – der biblischen Überlieferung, antiker Schriftquellen und mythologischer Berichte wie der Edda – entstanden Deutungen wie die des schwedischen Anatomen und Botanikers Olof Rudbeck, der im späten 17. Jahrhundert die These aufstellte, Japhets Sohn Gomer habe sich nach der Sintflut in Schweden angesiedelt, das er zudem mit Platons Atlantis gleichsetzte. Das Land sei damit die ursprüngliche Heimat der meisten europäischen Völker (Rudbeck 1675–1698). Im späten 18. Jahrhundert galten vor allem die in antiken Schriftquellen fassbaren Vorfahren der gegenwärtigen Bevölkerungsgruppen als die ersten Einwohner Europas. Autoren wie der Jenaer Historiker Christoph Gottlob Heinrich nahmen an, die »Germanier« seien die »Urbewohner« von Deutschland, ihre »ursprüngliche Abkunft« vor dem Einsetzen der ersten römischen Schriftquellen werde sich aber wohl nie klären lassen (Gottlob 1787, 24).

Die Jahrzehnte um 1800 markierten dann in mehrfacher Hinsicht eine entscheidende Umbruchsphase: Im Zuge der Aufklärung, europäischer ›Entdeckungsreisen‹ und forcierter kolonialer Expansion kam es zu einer stärkeren Auseinandersetzung mit menschlicher Diversität. Zeitgenoss:innen bemühten sich auch deshalb, möglichst viele Informationen und Objekte zu sammeln, die Natur nach rationalen und syste-

3 Nach der sogenannten ›Völkertafel‹ in 1. Mose, 10 sowie 1. Chronik 1 (Plassmann 2009).

matischen Prinzipien zu klassifizieren und damit Ordnung in eine schier überwältigende Vielfalt zu bringen (vgl. Farber 2000). Zwischen den 1770er und 1790er Jahren ordnete Johann Friedrich Blumenbach die Varietäten der Menschheit fünf ›Rassen‹ zu: Die ursprünglichste sei die weiße Rasse, die aus dem Kaukasus stamme und aus der sich alle anderen durch Degeneration entwickelt hätten. Auch wenn sich Blumenbach selbst gegen hierarchisierende Vorstellungen aussprach, sollten seine Einteilung und die dafür verwendeten Begriffe die spätere Debatte grundlegend prägen (Blumenbach 1798; vgl. Rupke/ Lauer 2019).

Entscheidend beeinflusst wurde die Suche nach den Ursprüngen der Menschheit dann von der Entdeckung der sogenannten ›geologischen Tiefenzeit‹: Der schottische Geologe James Hutton hatte 1788 erkannt, dass unterschiedliche geologische Schichten aus verschiedenen Zeiten stammen und höherliegende jünger als tieferliegende sein mussten. Damit wurde es nicht nur möglich, zumindest relative Chronologien auch für darin eingebettete Funde zu erstellen, sondern auch zunehmend deutlich, dass die Erde viel älter sein musste als die aus der Bibel abgeleiteten 6000 Jahre. Diese Erkenntnis trug nicht nur dazu bei, dass in Europa ein starkes Interesse an historischen Fragen aller Art einsetzte, sondern auch dazu, das biblische Narrativ immer zweifelhafter werden zu lassen und eine Reihe von Fragen neu aufzuwerfen: Wo waren die Ursprünge der Menschheit zu verorten? Und wie war die Vielfalt menschlicher Formen in Gegenwart und Vergangenheit zu erklären (vgl. Albritton 1980)? Entsprechend machten sich im Laufe des 19. Jahrhunderts verschiedene wissenschaftliche Disziplinen daran, die Geschichte der Menschheit neu zu ordnen und ihren Platz in der Natur neu zu bestimmen.

2. Die Indoeuropäer, Migrationismus und die ethnische Interpretation

Erste Erkenntnisse über die Besiedlungsgeschichte Europas, die über die biblische, antike und mythologische Überlieferung hinausreichten, lieferte um die Wende vom 18. zum 19. Jahrhundert die vergleichende Philologie: Schon 1710 hatte Gottfried Wilhelm Leibniz postuliert, es gebe keine bessere Methode, um den Ursprung der verschiedenen Völker der Erde zu untersuchen, als den Vergleich ihrer jeweiligen Sprachen (Leibniz 1710).

Ende des 18. Jahrhunderts setzte dann eine systematisch-vergleichende Untersuchung verschiedener Sprachgruppen ein. Sir William Jones, britischer Richter in Bengalen, hatte 1784 in Kolkata die Asiatick Society gegründet, die sich nach dem Vorbild der Royal Society mit orientalistischen Forschungen befassen sollte. In den folgenden Jahren stellte er Ähnlichkeiten von Grammatik und Wortstämmen zwischen dem Sanskrit einerseits und Persisch, Griechisch, Latein, Gotisch und Keltisch andererseits fest und schloss daraus, diese Sprachen müssten aus einer gemeinsamen Quelle hervorgegangen sein (Jones 1799a, 26).[4]

Solche Ideen konnten sich schon deshalb relativ schnell europaweit durchsetzen, weil viele Aufklärer Indien ohnehin bereits als Wiege der Zivilisation, wenn nicht der Menschheit insgesamt angesehen hatten.[5] Dazu gehörte auch Friedrich Schlegel, für den Jones »zuerst Licht in die Sprachkunde, und dadurch in die älteste Völkergeschichte gebracht« habe, »wo bisher alles dunkel und verworren war« (Schlegel 1808, 85). Auf der Basis eigener Forschungen ging Schlegel jedoch noch weiter und postulierte 1808 Sanskrit als die älteste Sprache, aus der alle anderen hervorgegangen seien. Zugleich entwarf er ein Programm für eine an »vergleichender Grammatik« und nicht »erdichteten Theorien« ausgerichtete »wahre Entstehungsgeschichte der Sprachen«. Denn diese seien »eine Urkunde der Menschengeschichte, lehrreicher und zuverlässiger, als alle Denkmale in Stein« (Schlegel 1808, 84, 157).

Schon bald machten sich andere Sprachwissenschaftler daran, Schlegels Programm in die Tat umzusetzen: 1816 publizierte Franz Bopp sein Werk *Über das Conjugationssystem der Sanskritsprache*, in dem er die zuvor erst postulierte Verwandtschaft von Sprachen ausführlich nachwies und das deshalb als Beginn einer historisch-vergleichenden ›indogermanischen Sprachwissenschaft‹ gilt (Bopp 1816).[6] Die Bezeichnung »langues indo-germaniques« hatte der dänisch-französische Geograph Conrad Malte-Brun 1810 eingeführt, der Orientalist Julius Klaproth machte sie 1823 im deutschen Sprachraum bekannt (Malte-Brun 1810, 577; Klaproth 1823, 42–44, 62, 74f., 82; siehe Gustav 1893, 124–130). Der englische Arzt und Ägyptologe Thomas Young hatte dagegen 1813 die Bezeichnung »Indo-European languages« vorgeschlagen, die auch Bopp ab 1833 bevorzugen sollte (Young 1813, 255f., 264f.; Bopp 1833–1852). Der in Indien historisch belegte Begriff der ›Arier‹ wurde zunächst für die hypothetischen Sprecher:innen des Altindischen genutzt und in der zweiten Hälfte des 19. Jahrhunderts zu einer historisch-ethnischen Bezeichnung ausgeweitet.[7]

Schon William Jones hatte seine sprachwissenschaftliche Arbeit auch als Beitrag zu einer umfassenden Geschichte menschlicher Ursprünge verstanden und sprachwis-

4 Vgl. zum Folgenden u.a. Olender 1995.

5 Neue, nach wissenschaftlichen Kriterien gewonnene Erkenntnisse lösten dabei etablierte, auf biblischen Quellen gründende Vorstellungen nicht sofort ab, sondern wurden mit ihnen vermischt. Diese Übergangsphase dauerte in Großbritannien bis in die 1860er Jahre an und damit länger als im deutschen Sprachraum (vgl. Schweighöfer 2018, 47–57).

6 Zur gegenwärtigen Sicht auf Bopp siehe den Eintrag unter https://de.wikipedia.org/wiki/Franz_Bopp. 29.06.23.

7 Christian Lassen hatte den Ausdruck ›Arier‹ seit 1847 zur Bezeichnung für die (hypothetischen) Sprecher:innen des Altindischen verwendet (vgl. Benes 2008, 208). Max Müller trug dann entscheidend zur Verbreitung des Begriffs im englischsprachigen Raum bei, siehe etwa Müllers Essay *Arier als technischer Ausdruck* von 1881.

senschaftliche sowie ethnographische Beobachtungen mit der biblischen Erzählung zu der Annahme verbunden, nach der Vernichtung der vorherigen Menschen durch die Sintflut lasse sich der Ursprung der gegenwärtigen Menschheit in Persien verorten (Jones 1799b, 199f.; vgl. Simpson 2018, 113–137). Schon in solchen frühen Arbeiten lässt sich somit die sogenannte ›ethnische Interpretation‹ beobachten, in der linguistische Ähnlichkeiten in ethnischen Kategorien ausgedrückt und Sprachgruppen mit historisch überlieferten oder postulierten ›Völkern‹ gleichgesetzt wurden.[8] Mit philologischen Methoden sollte nun eine Verwandtschaft von Sprachen nachgewiesen werden, von der auf deren Genealogie und eine ›Ursprache‹ geschlossen wurde. In einer Übertragungsleistung, die von dem philologischen Material eigentlich nicht gedeckt war, wurden daraus ethnische Genealogien und ein indoeuropäisches ›Urvolk‹ abgeleitet.

Gleichzeitig kam Migrationsbewegungen eine große Bedeutung zu: Schon in der Bibel ließen sich zahlreiche Beispiele dafür finden, dass Expansion und Eroberung stets zentrale Mechanismen menschlicher Entwicklung gewesen sein mussten. Auch die Indoeuropäer mussten sich nach dieser Vorstellung von ihrer ›Urheimat‹ im Osten in Richtung Westen ausgebreitet, sich dabei in verschiedene Gruppen ausdifferenziert und auf ihren Wanderungen immer wieder andere Völker unterworfen haben (Manias 2013, 16f.). Dieser in der Forschung als ›Migrationismus‹ bezeichneten Deutung sowie der ethnischen Interpretation sprachlicher und materieller Indizien für vergangene Kulturen und Menschengruppen sollte in den folgenden Jahrzehnten nicht nur eine große Bedeutung für die Auseinandersetzung mit der Bevölkerungsgeschichte Europas zukommen. Beide wurden bald auch zur Deutung der Weltgeschichte insgesamt herangezogen und damit ebenfalls in kolonialen Kontexten relevant.[9]

3. Kelten, Turanier und Iberer: die Entstehung einer ethnisch geschichteten Vergangenheit Europas

Bis in die 1830er Jahre hatte sich in West- und Mitteleuropa die Vorstellung weitgehend durchgesetzt, dass große Teile der gegenwärtigen Bevölkerung ihren Ursprung auf die Indoeuropäer zurückverfolgen konnten. Damit stellte sich nun jedoch die Frage, ob auch vor deren Einwanderung nach Europa bereits Menschen auf dem Kontinent gelebt

8 Für Johann Gottfried Herder, Jacob Grimm und viele andere war die gemeinsame Sprache das zentrale Merkmal eines Volkes. Kritik an dieser Perspektive findet sich dagegen von Julius von Klaproth über Friedrich August Pott und Max Müller bis Thomas Huxley: »philology has absolutely nothing to do with ethnology« (Huxley 1870, 516). Zur ›ethnischen Interpretation‹ vgl. Brather 2004.

9 Zum ›Migrationismus‹ vgl. Jung 2017; in kolonialen Kontexten McNiven/ Russell 2005, 88–132.

hatten und wie ein mögliches Aufeinandertreffen verschiedener Bevölkerungsgruppen ausgesehen haben konnte. Waren prä-indogermanische ›Völker‹ oder ›Rassen‹ ausgestorben oder ließen sich ihre Nachfahren bis in die Gegenwart weiterverfolgen? Bei dem Versuch, solche Fragen zu beantworten, wurden um die Mitte des 19. Jahrhundert philologische Überlegungen durch archäologische Befunde und anatomische Untersuchungen ergänzt und graduell überlagert, was entscheidend zur Herausbildung der mit schriftlicher und vorschriftlicher Vergangenheit befassten wissenschaftlichen Disziplinen und ihrer Methoden beitrug. Gleichzeitig hatten die entsprechenden Debatten eine aktuelle politische Bedeutung für das Zusammenleben verschiedener Bevölkerungsgruppen in Europa, vermittelt über die dabei entstehenden Vorstellungen auch in außereuropäischen Kontexten.

Im Zentrum der Aufmerksamkeit standen dabei Sprachen und deren Sprecher:innen an den Peripherien Europas, die auf Grund ihrer isolierten Lage und der ihnen zugeschriebenen ›Rückständigkeit‹ als ›Überreste‹ älterer Bevölkerungsgruppen angesehen wurden. In Mitteleuropa und auf den britischen Inseln standen hier zunächst die Kelten im Mittelpunkt des Interesses. Schon in der Frühen Neuzeit war nicht nur das Keltische neben dem Hebräischen als mögliche ›Ursprache‹ gehandelt worden, sondern waren auch die Kelten zur Urbevölkerung Europas erklärt worden (vgl. Birkhan 2009, 397–436).

Solche älteren Vorstellungen wirkten auch dann noch fort, als mit der These von der indoeuropäischen Wanderung die Frage nach einer europäischen Urbevölkerung auf eine neuere Grundlage gestellt wurde: Waren die Kelten ebenfalls Indoeuropäer und damit eingewandert oder waren sie auf ein schon zuvor ansässiges ›Urvolk‹ zurückzuführen? Während frühe Sprachwissenschaftler wie Christian Gottlob von Arndt in den keltischen Sprachen auch auf vergleichender Grundlage noch die ›Ursprache‹ Westeuropas erblickt hatten (Arndt 1818, 6, 17),[10] wiesen die Erkenntnisse der frühen Ethnologie nun in eine andere Richtung: Als einer der ersten Vertreter dieser neuen Fachrichtung gilt in Großbritannien James Cowles Prichard, der die Erkenntnisse komparativer linguistischer Arbeiten mit Aussagen antiker Schriftquellen, aber auch mit der biblischen Überlieferung und mit vergleichenden anatomischen Beobachtungen kombinierte. Schon in seinen einflussreichen *Researches into the Physical History of Man* hatte sich Prichard 1813 auf einen »Asiatic origin« der Kelten festgelegt, den er aber noch aus der These ableitete, die Druiden seien den Brahmanen so ähnlich, dass sie nur »a branch of the ancient priesthood of the Hindus« sein konnten (Prichard 1973 [1813]). In seinem 1831 erschienenen Werk *The Eastern Origins of the Celtic Nations*

---

10 Von der keltischen Ursprache stammten laut Arndt auch die baskische und die albanische Sprache ab. Er stellte aber noch keine explizite Verbindung zwischen Sprachen und ›Völkern‹ her. Franz Bopp hatte 1816 das Keltische noch nicht als indoeuropäische Sprache behandelt, änderte später aber seine Meinung (Bopp 1839).

argumentierte Prichard dagegen sprachwissenschaftlich und betrachtete jetzt »the use of languages« explizit als »proof [...] of kindred race« (Prichard 1831, 8). Besonders die Arbeiten des Schweizer Linguisten Adolphe Pictet trugen in den folgenden Jahren dazu bei, das Keltische immer fester als Teil der indoeuropäischen Sprachgruppe zu etablieren und damit vermittelt über die ethnische Interpretation von linguistischen Zusammenhängen auch die These zu stützen, die keltischen Völker seien ebenfalls nach Europa eingewandert (Pictet 1837; Zeuß 1837, 49).

Solche Fragen nach der Herkunft der verschiedenen Bevölkerungsgruppen des gegenwärtigen Europas und nach der Abfolge ihrer angenommenen Vorfahren hatten um die Mitte des 19. Jahrhunderts auch große politische Bedeutung. Denn wenn eine bestimmte Gruppe als die ›Urbevölkerung‹ nachgewiesen werden konnte, ließ sich daraus je nach Perspektive für deren noch existierende Nachfahren entweder ein Anspruch auf Landeigentum und Selbstbestimmung ableiten oder in der entgegengesetzten Stoßrichtung der Nachweise für deren ›Primitivität‹ führen. Zugleich wurden in diesem Spannungsfeld im Zuge der über die europäische Bevölkerungsgeschichte geführten Debatten wichtige Punkte festgeschrieben, die auch den Blick auf und Umgang mit außereuropäischen Bevölkerungsgruppen entscheidend prägen sollten.

Im Vereinigten Königreich bildeten solche Fragen die Grundlage für die konkrete Ausgestaltung des Zusammenlebens der verschiedenen Bevölkerungsgruppen auf den britischen Inseln: Vertreter einer als ›Celtic Revival‹ bezeichneten Strömung hatten seit der Romantik die kulturelle Eigenständigkeit ›keltischer‹ Völker, insbesondere der Iren, betont. Dabei argumentierten sie auch mit dem postulierten Status der Kelten als ›Ureinwohner‹ der Britischen Inseln, ja ganz Europas, um besonders nach der großen irischen Hungersnot (1845–1848) Forderungen nach politischer Selbstbestimmung zu erheben (vgl. u.a. Castle 2001).

Ihre Gegner in den politischen Konflikten des Vereinigten Königreichs beriefen sich dagegen ab Mitte des 19. Jahrhunderts auf die Ideologie des ›Anglo-Saxonism‹ bzw. ›Teutonism‹, nach der die Angelsachsen die alleinigen Gründer des britischen Staatswesens und die Vorläufer des Empire gewesen seien. Aus dieser meist englischen Perspektive wurden Kelten und deren Nachfahren – Iren und Waliser, in geringerem Maße die Schotten der Highlands – als kulturell wie anatomisch rückständig beschrieben.[11] Diese Sicht änderte sich auch dann kaum, als Kelten ebenfalls als Indoeuropäer betrachtet wurden. Denn nun ließ sich argumentieren, da sie in Europa am weitesten westlich siedelten, müssten sie auch als erste aus der ›Urheimat‹ aufgebrochen sein, hätten damit keinen Anteil mehr an der späteren Höherentwicklung des indoeuropäischen ›Urvolkes‹ gehabt und seien von allen indoeuropäischen Völkern am ›primitivsten‹ geblieben (Grimm 1848, 162; Prichard 1855, 186f.).

11 Etwa bei Kemble 1849, vgl. Smiles 1994, 113–128; Mandler 2006, 59–105.

Auch im deutschen Sprachraum hatte die dort ›Keltenfrage‹ genannte Debatte eine aktuelle politische Bedeutung: Besonders Autoren aus den süddeutschen Staaten argumentierten wie Heinrich Schreiber für Baden, die Kelten seien nicht nur die ersten Einwohner:innen dieser Region, sondern auch den Germanen kulturell überlegen gewesen (Schreiber 1839–1846, I 231f., vgl. Manias 2006, 64f.). Versöhnlichere Stimmen betonten dagegen, bei Kelten und Germanen habe es sich um ein und dasselbe Volk gehandelt, das jedoch von römischen Autoren unzutreffend beschrieben worden sei (Holtzmann 1855). Während diese Debatte innerhalb des deutschen Sprachraums ab den 1850er Jahren wieder in den Hintergrund trat, wurde die Germanen-Kelten-Dichotomie in den folgenden beiden Jahrzehnten immer stärker auf das deutsch-französische Verhältnis übertragen.

Wenn die Kelten nun jedoch ebenfalls als Indoeuropäer gesehen wurden, stellte sich um die Mitte des 19. Jahrhundert erneut die Frage, ob vor deren Einwanderung bereits andere Bevölkerungsgruppen in Europa gelebt hatten. Auch jetzt wurde diese Frage zunächst wieder sprachwissenschaftlich und mit einem Fokus auf die Peripherien Europas behandelt: Besonders Baskisch, Finnisch und die Sprache der ›Lappen‹ (heute als Saami bezeichnet), aber auch Albanisch ließen sich der indoeuropäischen Sprachfamilie nicht zuordnen und schienen in keine der etablierten Kategorien zu passen. Damit stand nun im ethno-linguistischen Denken der Zeit die These im Raum, es müsse sich bei ihren Sprecher:innen um ›Überreste‹ eines oder mehrerer prä-indoeuropäischer Völker handeln. Dass sie oft in unzugänglichen Regionen an den Rändern Europas lebten, schien zudem für die These zu sprechen, sie hätten sich vor Invasoren dorthin zurückgezogen.

Schon Schlegel hatte vermutet, nicht nur in der Sprache der »Wallachen« (Rumänen) und der »Arnauten« (Albanier), sondern auch der Basken hätten sich zumindest »noch schwache Reste [...] von ehedem vielleicht großen und weitverbreiteten Nationen« erhalten (Schlegel 1808, 172). Der dänische Linguist Rasmus Rask nahm in den 1820er Jahren eine Verwandtschaft des Finnischen mit dem Türkischen und den Sprachen Amerikas an und fasste sie zu einer ›skythischen‹ Gruppe zusammen. Die keltische, gotische (d.h. germanische) und slavische Immigration habe diese Sprachen überlagert; sie seien nur noch an den Rändern Europas und in Zentralasien nachweisbar (Rask 1826; vgl. Rowley-Conwy 2010, 77–81).

In den folgenden Jahrzehnten wurde eine Vielzahl von Begriffen und Verhältnissen für und zwischen diesen angenommenen prä-indogermanischen Sprachen und Völkern diskutiert, der Bevölkerungsgeschichte Europas wurden nach und nach immer neue Gruppen hinzugefügt. Diese wurden in eine zeitliche Abfolge gestellt und nach ihrem angenommenen kulturellen wie physischen Entwicklungsstand hierarchisch angeordnet. Nach dem Vorbild der geologischen Stratigraphie entstand nun auch für die Bevölkerungsgeschichte Europas das Bild einer geschichteten Vergangenheit. Diese wurde nicht nur als chronologische, sondern auch als progressive Abfolge von linguistisch und archäologisch fassbaren Kulturen bzw. Gruppen gedeutet, die in mehreren Einwanderungswellen von immer ›höherwertigen‹ ›Völkern‹ oder ›Rassen‹ nach Europa gekommen seien. Als prä-indoeuropäische Sprachgruppen und ›Urvölker‹ Europas wurden dabei besonders die ›Turanier‹ und die ›Iberer‹ gehandelt.

Der Begriff ›Turanier‹ war in antiken Schriftquellen synonym mit den ›Skythen‹ als Sammelbezeichnung für die Gegner der Perser auf der anderen Seite des Flusses Oxus überliefert, im 17. Jahrhundert als ›Turan‹ weitergeführt und ab dem 18. Jahrhundert in Europa als generelle Bezeichnung für Zentralasien genutzt worden.[12] Ab den 1830er Jahren wurden neben linguistischen und archäologischen zunehmend auch anatomische und anthropometrische Methoden herangezogen. Aus Schriftquellen und vergleichender Philologie gewonnene Erkenntnisse wurden nun durch Befunde zu physischen Merkmalen vergangener und gegenwärtiger Bevölkerungsgruppen ergänzt bzw. teilweise überlagert. Damit änderte sich auch die Sicht auf die Turanier: Prichard baute die überlieferte Unterscheidung Ende der 1830er Jahre zu zwei »classes of nations« bzw. »races« aus: Anstelle der von Blumenbach eingeführten Begriffe »Mongolian« und »Caucausian races« wollte er präziser von »Turanian« bzw. »Scythian« und »Iranian« bzw. »Indo-Atlantic races« sprechen, die sich anhand ihrer Sprachen und Schädelformen klassifizieren ließen (Prichard 1836/41, I 247, 257–262, 305–308; III xx, 16).

Der deutsche Sprachwissenschaftler Friedrich Max Müller argumentierte 1854, die ›arischen‹ und ›semitischen‹ Sprachen ließen sich auf eine gemeinsame Quelle zurückführen, wovon sich allerdings die ›turanischen‹ Sprachen unterschieden. Anschließend übersetzte er seine »grammatical conclusions into historical language« (Müller 1854, 220) und präsentierte folgendes Narrativ zur Menschheitsgeschichte, in dem sich migrationistische Vorstellungen ebenso beobachten lassen wie das Bild einer geschichteten Vergangenheit: Nach ihrer Entstehung in einem gemeinsamen Zentrum habe die erste Migrationswelle die Menschheit nach Osten geführt, wo das Chinesische noch heute den ältesten Überrest der Ursprache darstelle. Später hätten sich die turanischen Stämme in zwei Richtungen über die Welt ausgebreitet: Nach Norden (tungusische, mongolische, finnische und tatarische bzw. Turksprachen) und nach Süden (u.a. malaiische und tamilische Sprachen), möglicherweise auch noch weiter nach Afrika und Amerika. Mit Ankunft der Finnen in Europa und der Tamilen in Südindien habe die turanische Gruppe schließlich ihre größte Ausdehnung sowie ihr höchstes Zivilisationsniveau erreicht, sei dann aber in Europa wie Indien von den ›arischen Nationen‹ überwältigt worden. Die Überreste ihrer Kultur ließen sich jedoch noch in den Sprachen Südindiens, im Samojedischen, den Sprachen des Kaukasus, dem Bas-

12 So noch bei Prichard 1813, 457, 477; Geijer 1825, 401f. Zur Geschichte des Begriffes vgl. Masuzawa 2005, 228–244.

kischen und in der finnischen Mythologie beobachten (Müller 1854, 21, 215–226; siehe auch Müller 1855, 86–95).

Eine weitere Variante, ein europäisches ›Urvolk‹ zu identifizieren, waren die ›Iberer‹. Im britischen wie im deutschen Fall stützten sich viele Autoren des 19. Jahrhundert auf die Beschreibungen des römischen Geschichtsschreibers Tacitus, in dessen Narrativ archäologische Funde noch lange eingeordnet wurden. Für Britannien hatte Tacitus in *Agricola* angenommen, dass die Angehörigen des im Südwesten von Wales und England ansässigen Stamms der ›Siluren‹ schon wegen ihres dunklen Haares und der geographischen Nähe ihres Siedlungsgebiets zu Spanien die Nachfahren von eingewanderten ›Iberern‹ sein mussten (Tacitus 2004 [98], Kap. 11). Während Arndt noch davon ausgegangen war, die Iberer seien erst nach den Kelten auf den britischen Inseln angekommen (Arndt 1818, 53), stellte der französische Historiker und Politiker Amédée Thierry 1828 die These auf, sie seien unter der Bezeichnung Ligurier und Aquitanier die vor-keltischen Bewohner:innen des heutigen Frankreich gewesen (Thierry 1835, I xxi, 6). Prichard sprach inzwischen von »Allophylian races« (wörtlich »fremdstämmigen Rassen«), um »the whole collective body of nations« zu beschreiben, die keine Indoeuropäer gewesen seien. In Europa seien die »Jotune or Ugorian race« die »aborigines of the North« gewesen, von denen die Finnen, Lappen und Magyaren abstammten, während die Euskaldunes oder »ancient Iberians« die »aborigines of Western Europe« gestellt hätten, als deren Nachfahren die Basken angesehen werden könnten (Prichard 1841, III 9–11, 17, 20). Diese »aboriginal or native inhabitants« seien jedoch von den ihnen mental überlegenen Indoeuropäern mehrfach unterworfen und in immer entlegenere Gebiete verdrängt worden. Die heutigen Nationen Europas seien damit »colonies from Asia« (Prichard 1843, 182, 185f.; siehe auch Kenney 1851, 67–72).

In einer Art Synthese der unterschiedlichen Bezeichnungen betrachtete der deutschstämmige Ägyptologe Christian Bunsen 1848 auf der Basis philologischer Forschungen die »Turanian race« als einen Oberbegriff, zu dem die »aboriginal languages of India«, ein altaiischer Zweig (Tartaren, Mandschus und tungusische Sprachen) sowie ein uralischer Zweig gehörten (Bunsen 1847, 295). Teil des letzteren waren für ihn die in Magyaren, Finnen und Lappen im Norden und die Iberer oder Cantabrier im Westen. Sie stammten wahrscheinlich ebenfalls aus Asien, seien aber von den ›iranischen Nationen‹ aus dieser gemeinsamen Heimat der ›japhetischen Familie‹ vertrieben worden und hätten sich bis nach Amerika und Europa ausgebreitet. Dort seien sie jedoch später erneut von den indogermanischen Skandinaviern bzw. Kelten verdrängt oder unterworfen worden. Die Sprache der Iberer lebe jedoch im Baskischen fort (Bunsen 1847, 294–297).

In den folgenden Jahrzehnten sollte noch eine Reihe von Theorien über die Abfolge der Einwohner:innen Europas, deren Herkunft und Verhältnis zueinander aufgestellt werden. Die Iberer und die Turanier spielten hier immer wieder eine wichtige Rolle. Während sich ab den 1860er Jahren die Anhänger der ungarischen, finnischen und türkischen Nationalbewegungen positiv auf die Turanier bezogen (Toynbee 1917, 3f.), wurde im west- und mitteleuropäischen Diskurs die Rolle der ›Wilden‹ und ›Rückständigen‹, die vor Ankunft der Indoeuropäer auf dem Kontinent gelebt hätten, von den Kelten auf die Turanier und die Iberer übertragen.[13] Damit schien nun die Schichtenabfolge der europäischen Besiedlungsgeschichte geklärt und extinkte wie extante Bevölkerungsgruppen nach ihrem kulturellen wie physischen Entwicklungsgrad chronologisch und zugleich hierarchisch eingeordnet zu sein. Gleichzeitig stand die Auseinandersetzung mit der Frage nach der europäischen Urbevölkerung während des gesamten 19. Jahrhunderts in einer engen Verbindung mit kolonialen Diskursen und Praktiken der Zeit. Die Primitivisierung von Kelten, Turaniern und Iberern verweist auf eine Reihe von sozial- und kulturevolutionistischen Mustern, die mitunter in der Auseinandersetzung mit außereuropäischen Bevölkerungsgruppen entstanden waren und auch wieder auf diese zurückwirkten.

4. Europäische Vorgeschichte und koloniale Gegenwart

Am augenfälligsten ist in diesem Kontext die schon seit dem 18. Jahrhundert immer wieder angewandte »komparative Methode«, die auch als »ethnologische Analogiebildung« oder »ethnographische Parallelisierung« bezeichnet wird und die aus dem Verständnis menschlicher Geschichte als Fortschritt durch mehrere Entwicklungsstufen entstanden war.[14] Zeitgenoss:innen stützten sich dabei vor allem auf drei Bereiche: Beobachtungen von biologischen Merkmalen wie Schädelformen und Hirnvolumen, von kulturellen Faktoren sowie materiellen Objekten wurden von außereuropäischen Menschengruppen der Gegenwart auf europäische Menschengruppen der Vergangenheit übertragen und umgekehrt. Diese Operation diente einerseits als methodisches Werkzeug, um Kulturpraktiken ausgestorbener ›Urmenschen‹ zu erschließen, die aus Artefakten und menschlichen Überresten nicht ablesbar waren, sich bei ›primitiven‹ Völkern aber noch bis in die Gegenwart erhalten hätten. Der britische Anthropologe John Lubbock meinte etwa *Prehistoric Times* nicht nur durch *Ancient Remains*, sondern auch durch die *Manners and Customs of Modern Savages* erschließen zu können, wie bereits der Titel seiner Monographie von 1865 versprach.[15]

13 Manias 2013, 193 spricht von der Übertragung von den Kelten auf die Iberer; Trynkina 2016, 225 ergänzt die »Turanier« und »finno-ugrische Stämme«.

14 »Comparative method« bei Stocking 1987, 15f., vgl. auch Leopold 1980, 57–66 sowie zum damit verbundenen »denial of coevalness« Fabian 1983, 31.

15 Diese Methode findet sich bereits bei Joseph-François Lafitau, der in den Bräuchen und Praktiken der ›Indianer‹ Überreste der am weitesten zurückliegenden Antike zu erkennen meinte (Lafitau 1974 [1724/1874]).

Umgekehrt diente die ethnologische Analogiebildung aber auch dazu, vergangene wie gegenwärtige Kulturen und Menschengruppen auf einer zivilisatorischen Stufenleiter zu verorten. Schon von den schottischen Aufklärern war Mitte des 18. Jahrhunderts die These aufgestellt worden, die Menschheit entwickle sich von ›Wilden‹ über nomadische Viehzüchter und anschließend Ackerbauern bis hin zur Zivilisation durch vier Stufen.[16] Je ›primitiver‹ die Anatomie oder die Kultur einer archäologisch aufgefundenen oder lebend beobachteten Bevölkerungsgruppe, so die These, desto ursprünglicher, ja älter müsse sie sein. In diesem Denken schien nun die Annahme plausibel, rezente Naturvölker befänden sich biologisch wie kulturell auf derselben ›Entwicklungsstufe‹ wie die angenommene europäische Urbevölkerung vor mehreren tausend Jahren. Komparative Methode und Vorstellungen einer geschichteten Vergangenheit griffen hier Hand in Hand: So wie an manchen Stellen ältere geologische Schichten wieder an die Oberfläche traten oder in entlegenen Regionen noch ›primitive‹ Tierarten lebten, ermöglichten es vermeintlich außereuropäischen Völker als ›lebende Fossilien‹, die prähistorische Vergangenheit des Kontinents, ja der Menschheit insgesamt zu beobachten.[17]

Solche Parallelisierungen gewannen noch an Bedeutung, nachdem sich um die Mitte des 19. Jahrhunderts das sogenannte ›Dreiperioden-System‹ immer mehr zur Datierung der vorschriftlichen europäischen Geschichte durchgesetzt hatte. In den 1820er Jahren hatte Christian Jürgensen Thomsen ein System entwickelt, das Objekte der Altnordischen Sammlung des dänischen Nationalmuseums nach ihrem Material in Stein, Bronze und Eisen einteilte. Gleichzeitig ging er davon aus, dass sich damit drei chronologisch aufeinanderfolgende Perioden ausmachen ließen.[18] Dieses System ermöglichte nun einerseits eine neutralere Benennung prähistorischer Epochen, die nicht mehr mit in Schriftquellen genannten ethnischen Gruppen etwa als ›période Celtique‹ oder ›germanisches Althertum‹ bezeichnet werden mussten.[19] Andererseits führte die dahinterstehende Annahme, dass die Entwicklung der Menschheit als Fortschritt entlang der materiellen Verbesserung von Werkzeugen beschrieben werden könne, ab den 1850er Jahren zu einer genau gegenteiligen Entwicklung: Denn nun wurden nicht nur ›schönere‹ und ›komplexere‹ Artefakte als jünger eingeordnet, sondern gerade die Übergänge zwischen den drei Perioden nicht als endogene kulturelle Weiterentwicklung, sondern gemäß der ethnischen Interpretation als Ablösung ›primitiverer‹ durch

16 Vgl. Rowley-Conwy 2010, 50–55. Ähnlich argumentierte auch bereits der französische Ökonom Anne Robert Jacques Turgot 1750 in seiner Geschichtsphilosophie. Für den Hinweis danke ich Mira Shah.

17 »In fact, the Van Diemaner and South American are to the antiquary, what the opossum and the sloth are to the geologist« (Lubbock 1865, 334).

18 Veröffentlicht 1836, deutsch als Petersen 1837.

19 In Großbritannien wurden noch Mitte des 19. Jahrhunderts vor-römische Funde häufig schlicht als ›Celtic‹ eingestuft (vgl. Stocking 1987, 71f.).

›höherwertige‹ Bevölkerungsgruppen gedeutet. In England wurde Thomsens Dreiperioden-System vor allem durch die Arbeiten seines Schülers Jens Worsaae verbreitet, der argumentierte, der Übergang zur Bronzezeit lasse sich dadurch erklären, dass europaweit ein mit Steinwerkzeugen ausgestattetes, nomadisch lebendes Urvolk der Finnen durch die Einwanderung eines fortgeschritteneren Volkes überlagert worden sei (Worsaae 1849; vgl. Morse 1999, 1–16).

Bald wurden auch Schädel nach diesen drei Perioden klassifiziert, womit jetzt materiell-kulturelle und physische ›Höherentwicklung‹ zusammengedacht wurden. Da diese ›Entwicklungsstufen‹ meist mit spezifischen ›Völkern‹ gleichgesetzt wurden, verfestigte sich damit das Bild einer progressiv geschichteten europäischen Bevölkerungsgeschichte noch weiter. Der schwedische Anatom Anders Retzius hatte 1840 einen ›zephalischen Index‹ entwickelt, der nach dem Verhältnis von Schädellänge zu -breite zwischen dolichozephalen (langschädeligen) und brachyzephalen (rund- oder kurzschädeligen) Formen unterschied. Daraus leitete er auch entwicklungstheoretische Schlussfolgerungen ab: Brachyzephale Schädel seien primitiver und müssten in Europa deshalb aus der Steinzeit stammen, während jüngere Schädel davon zeugten, dass diese ursprünglichere Bevölkerung am Übergang zur Bronzezeit von dolichozephalen Indoeuropäern abgelöst worden sei. Dieses neue klassifikatorische System trug entscheidend zur Popularität der Methode der ›Kraniometrie‹ sowie zum Aufstieg der physischen bzw. biologischen Anthropologie als neuer Disziplin bei (vgl. Etzemüller 2015, 82f.; Gould 1982, bes. 99).

Anfang der 1850er Jahre argumentierte auch der Archäologe Daniel Wilson auf der Basis sprachwissenschaftlicher, aber auch kraniometrischer Erkenntnisse, »the unadulterated first chapters of European history« ließen sich in entlegenen Gegenden wie Schottland, Irland oder Skandinavien am besten aufdecken. Für die schottische ›Vorgeschichte‹ – ein Begriff, den Wilson in die englischsprachige Diskussion einführte – meinte er vier Perioden mit jeweils unterschiedlichen Bevölkerungsgruppen auszumachen, die er zudem mit der Einführung neuer Materialien und Kulturtechniken in Verbindung brachte: Die »primeval or Stone Period«, in der die Britischen Inseln von prä-indogermanischen »aboriginal inhabitants« mit Steinwerkzeugen besiedelt gewesen seien, die »archaic or Bronze Period«, geprägt von der Einwanderung der Kelten, die »Teutonic or Iron Period« und schließlich die christliche Ära (Wilson 1851, v-vi, 8, 161–165, 171–177, 700).

Gleichzeitig lässt sich bei Wilson beobachten, dass außereuropäische Völker nach ihrem angenommenen anatomischen wie kulturellen Entwicklungsstand nun ebenfalls in das System dreier vorgeschichtlicher Perioden eingeordnet wurden: 1851 stellte er »the Fins [gemeint sind die Saami] and Esquimaux, the African bushmen, and the natives of such of the Polynesian Islands as are rarely visited by Europeans« aufgrund ihrer Steinwerkzeuge auf eine Stufe mit den »British aborigines« der »Stone Period« (Wilson 1851, 29). Räumliche Differenz wurde damit verzeitlicht, die Perioden der europäischen Vorgeschichte zu universellen Entwicklungsstufen erklärt. Solche Vorstellungen wurden in den folgenden Jahren immer weiter systematisiert; 1877 legte der amerikanische Ethnologe Lewis Henry Morgan sein Konzept der »Ethnical Periods« vor, mit dem er aktuelle wie (prä-)historische Völker nach Werkzeuggebrauch und Kulturformen in die drei großen Entwicklungsstufen »Savagery«, »Barbarism« und »Civilization« einordnete (Morgan 1877, bes. 10).

Umgekehrt schienen aus der Beobachtung außereuropäischer ›primitiver‹ Bevölkerungsgruppen gewonnene Erkenntnisse auch Auskünfte über Fragen der europäischen Vorgeschichte zu geben, zu denen Linguistik und Archäologie nichts beitragen konnten. Das traf vor allem auf das Aussehen der angenommenen europäischen Urbevölkerungen zu. Besonders die Frage nach deren Hautfarbe wurde nun ebenfalls über die Operation der ethnologischen Analogiebildung behandelt. In Europa dominierte noch bis ins frühe 19. Jahrhundert die biblisch begründete Überzeugung, Adam und Eva und somit die gesamte Menschheit seien am Anfang weiß gewesen. Menschen mit dunkler Hautfarbe seien dann von diesen Ursprüngen ›degeneriert‹ oder – so die spektakulärste These dieser Zeit – aus anderen Ursprüngen hervorgegangen, vielleicht sogar vor der göttlichen Schöpfung der weißen Menschen entstanden (vgl. Livingstone 2008, 109–136).

James Prichard wollte dagegen die Einheit der menschlichen Abstammung betonen und führte 1813 eine andere Sichtweise ein, die die weitere Diskussion entscheidend prägen sollte. Dunkle Hautfarbe sei nicht auf Degeneration durch starke Sonneneinstrahlung oder auf die Folgen heißen oder trockenen Klimas zurückzuführen, sondern die ursprüngliche Hautfarbe der Menschen: ›Wilde‹ hätten allgemein eine schwarze oder dunkle Hautfarbe, auch in der Vergangenheit müssten die Vertreter:innen des »primitive stock of men« deshalb »Negroes« gewesen sein (Prichard 1813, 233). Aus ihrem ursprünglichen Entstehungsgebiet, auf dessen Ort sich Prichard noch nicht näher festlegte, habe sich die Menschheit in der Welt verbreitet; in entlegenen Gegenden wie Niger oder Papua hätten Menschen »the primeval aspect of their ancestors« und damit ihre dunkle Hautfarbe behalten. In Europa hätten dagegen »moral causes«, d.h. Lebensweise sowie natürliche Prozesse der Anpassung und Verbesserung zu »lighter and more beautiful colours« und zur »transmutation of the characters of the Negro into those of the European« geführt (Prichard 1813, 192f., 210–222, 225, bes. 230–237, 470–472; vgl. Augstein 1999, 131–138).

Solche proto-evolutionären Vorstellungen eines ›schwarzen Adams‹, nach denen die weißen Europäer von dunkelhäutigen ›Wilden‹ abstammen sollten, lösten 1813 noch so vehementen Widerspruch aus, dass Prichard diese These aus späteren Auflagen seines Werkes entfernte. In dem Maße, in dem religiös grundierte Vorstellungen von anthropologisch begründeten überlagert wurden, setzte sich die Gleichsetzung von primitiver Lebensweise und dunkler Haut jedoch immer weiter durch. Die Beobachtung von Hautfarbe als Indikator des kulturellen wie physischen Entwicklungsstandes schien nicht nur auf außereuropäische ›Wilde‹ und europäische Urmenschen, sondern auch auf marginalisierte Menschengruppen in der Gegenwart des Kontinents zuzutreffen: Armen in britischen Städten, aber vor allem den Iren wurde immer wieder eine dunklere Hautfarbe nachgesagt. Diese wurde entweder auf ihre ›primitive‹ Lebensweise, auf ihr keltisches Erbe oder bei besonders dunkelhäutigen, ›afrikanoiden‹ Iren auf ihre postulierte Abstammung von den Iberern zurückgeführt.[20]

5. Hinab in die Tiefenzeit – neue Schichten werden hinzugefügt

Um die Mitte des 19. Jahrhunderts lässt sich ein Umbruch in der Suche nach der europäischen Urbevölkerung beobachten: Methoden der physischen bzw. biologischen Anthropologie gewannen ab den 1850er Jahren immer stärker an Bedeutung gegenüber denen der vergleichenden Philologie und einer Ethnologie nach dem Vorbild Prichards. Diese neuen Ansätze wurden nun auch immer wichtiger für die Auseinandersetzung mit europäischer Vorgeschichte und außereuropäischer Gegenwart. Denn sie bezogen ihre Daten aus der Vermessung von archäologisch aufgefundenen Schädeln und aus der Untersuchung lebender Menschen. Damit schien es nun möglich, prähistorische Überreste und gegenwärtige Bevölkerungsgruppen in einen Zusammenhang einzuordnen und mit vermeintlich ›naturwissenschaftlichen‹ Beweisen auf direkte Abstammungslinien zu schließen. Diese neuen Methoden lieferten damit einen wichtigen Beitrag zur ›archäologischen Revolution‹, die sich ebenfalls in den 1850er Jahren verorten lässt. Nun begannen auch Archäologen, sich stärker für die vorrömische, ›prähistorische‹ Vergangenheit Europas zu interessieren – eine Entwicklung, die vom Eisenbahnbau noch beschleunigt wurde, der allerlei Zufallsfunde zutage förderte (vgl. Clemens 2004; Manias 2013, 52ff.). Neue Methoden und neue Funde verkomplizierten das Bild der europäischen Besiedlungsgeschichte zunächst wieder und fügten neue Schichten hinzu, die immer weiter in die ›geologische Tiefenzeit‹ hinabreichten. Doch auch sie bestärkten letztlich Vorstellungen einer ethnisch geschichteten Vergangenheit Europas.

Probleme bei der Sortierung dieser verschiedenen Bevölkerungsschichten machten jedoch vor allem die Basken. Da sie schon länger als ›Überreste‹ einer primitiven Urbevölkerung gehandelt wurden, hätten sie nach dem Schema von Retzius eigentlich

20 Die »dark complexion« der »Celtic race« findet sich bei Prichard 1813, 507, 535. John Beddoe entwickelte einen »index of Nigressence« (Beddoe 1885, 247), nach dem er die Bewohner verschiedener Landesteile des Vereinigten Königreichs einordnete; die Bewohner der irischen Westküste waren für ihn die dunkelhäutigsten. Die dunkle Hautfarbe bei städtischen Armen führte er auf deren robustere Konstitution zurück, die ihnen einen Selektionsvorteil bot (vgl. Driver 2001, 170–198).

kurzschädelig sein müssen. Die umfangreichen Vermessungsarbeiten, die Paul Broca in den 1860er Jahren durchführte, ergaben jedoch dolichozephale baskische Schädel. Der französische Anatom löste dieses Problem, indem er deren Länge nicht wie bei Nordeuropäer:innen durch Expansion des vorderen, sondern des hinteren Bereichs erklärte (Broca 1862). Dennoch war damit ein zu einfaches Bild der Bevölkerungsabfolge Europas wieder in Frage gestellt. 1865 publizierte der britische Anthropologe John Thurnam zusammen mit dem Mediziner Joseph B. Davis das zweibändige Werk *Crania Britannica.* Dafür hatten sie eine große Zahl von Schädeln aus Bestattungen vermessen, mit Brocas Sammlung baskischer Schädel in Paris abgeglichen und daraus geschlossen, die ursprüngliche Bevölkerung Großbritanniens lasse sich nicht so leicht auf brachyzephale Turanier zurückführen, denen dolichozephale Kelten nachgefolgt seien.[21]

Noch im selben Jahr publizierte Thurnam die Ergebnisse seiner eigenständigen Forschungen, für die er vor allem Skelettreste in Hünengräbern und Grabhügeln untersucht und festgestellt hatte, dass die ersteren, die sogenannten ›long barrows‹, keine Metallfunde enthielten und deshalb älter sein mussten als die ›round barrows‹, in denen sich Bronzewaffen fanden. In den älteren Hügeln meinte Thurnam nun lange, in den ›round barrows‹ praktischerweise runde Schädel zu entdecken. Diesen Befund erklärte er angelehnt an Broca damit, dass es sich in den ›long barrows‹ um Überreste der dolichocephalen Einwohner:innen der späten Steinzeit handele, deren Schädelform auf eine Verwandtschaft der britischen Urbevölkerung mit den Basken schließen ließen; die jüngeren brachyzephalen Funde ähnelten dagegen solchen aus Süddeutschland und mussten deshalb von keltischen Invasoren der Bronzezeit stammen (Thurnam 1865).

Um 1860 kamen jedoch zu solchen Funden, die historisch überlieferten Gruppen wie den ›Kelten‹ zugeordnet oder mit noch lebenden Gruppen wie den Basken in Verbindung gebracht wurden, menschliche Überreste hinzu, die aus noch älteren Zeitschichten stammen mussten. Nachdem 1856 in einer Grotte im Neandertal bei Düsseldorf Überreste eines Schädels gefunden worden waren, wurden sie bereits in den ersten Zeitungsmeldungen vergleichend eingeordnet und mit außereuropäischen Bevölkerungsgruppen in Bezug gesetzt: Die Bonner Zeitung berichtete, es handele sich um die Überreste eines Vertreters des Geschlechts »der Flachköpfe, deren noch heute im amerikanischen Westen wohnen« und erhoffte sich zugleich eine baldige Klärung der Frage, »ob diese Gerippe einem mitteleuropäischen Urvolke oder bloß einer (mit Attila?) streifenden Horde« angehörten (Bonner Zeitung 1856, 3).

Schon zuvor waren primitive Steinwerkzeuge zusammen mit Überresten inzwischen ausgestorbener Tierarten aufgefunden und damit als Indizien für eine Besiedlung Europas vor der Sintflut gedeutet worden.[22] Die meisten Zeitgenossen waren aber noch

21 Um nähere Aussagen treffen zu können, müssten erst einmal keltische Schädelformen präziser untersucht werden (Davis/ Thurnam 1865).

22 Schon ab den 1830er Jahren von Jacques Boucher de Perthes in Frankreich, dem Cave Committee

von einer kurzen Menschheitsgeschichte überzeugt und hatten diese Interpretation abgelehnt. Die Physiognomie des Neandertaler-Schädels war nun jedoch so offensichtlich andersartig, dass sich seine Interpretation als eine historisch nicht überlieferte Menschenart geradezu aufdrängte und im Rahmen der jetzt einsetzenden, an fossilen Funden ausgerichteten Suche nach den Ursprüngen der Menschheit auch ältere Funde neu bewertet wurden. Nachdem 1858 in der Brixham Cave menschliche Artefakte zusammen mit ausgestorbenen Tierarten gefunden worden waren, starteten britische Wissenschaftler einen koordinierten Vorstoß, um die zentralen Gelehrtengesellschaften davon zu überzeugen, dass die Geschichte der Menschheit weit über das biblische Narrativ, über mythologische Berichte und über antike Schriftquellen hinaus ausgedehnt werden musste, in deren zeitlichem Rahmen sich auch die Diskussionen über Turanier und Iberer letztlich noch bewegt hatten (Grayson 1983, 188–190; vgl. auch van Riper 1993, 74–143). Damit war eine wichtige Voraussetzung für die Übertragung einer evolutionären Sicht auf die Menschheitsgeschichte und deren Ausdehnung in die Tiefenzeit erfüllt (Darwin veröffentlichte *On the Origin of Species* ein Jahr nach den Funden von Brixham Cave). Diese »revolution in ethnological time« und die darwinistische Revolution verbanden sich nun zu einer ›Doppelrevolution‹ zunächst im britischen, dann im kontinentalen intellektuellen Leben, bedeutete sie doch, dass der Zeitraum nun lang genug war, um die Vorstellung einer graduellen Evolution menschlicher Formen möglich zu machen (Trautmann 1997, 192f.; vgl. Stocking 1987, 144–185; Bowler 1988).

Damit stellte sich nun die Frage nach einer europäischen Urbevölkerung wieder ganz neu, der Bevölkerungsgeschichte Europas wurden immer weitere Schichten hinzugefügt, die dabei stets mit der außereuropäischen Gegenwart abgeglichen wurden. Für eine Interpretation des Neandertalers als Vertreter einer europäischen Urbevölkerung hatte schon der Bonner Anatom Hermann Schaaffhausen bei der ersten Präsentation der Funde plädiert, der die Überreste als einen »menschlichen Typus auf einer so tiefen Stufe der Entwicklung« beschrieb, »wie sie kaum bei den jetzt lebenden rohesten Menschenracen« gefunden werde (Schaaffhausen 1857, xli-xlii). Sie mussten deshalb »einem höheren Alterthume als der Zeit der Celten und Germanen« angehören, vielleicht sogar vor der Zeit der »verschwundenen Tiere des Diluvium«. Solche neuen Erkenntnisse verband Schaaffhausen zunächst noch mit antiken Schriftquellen, ordnete sie auf der Basis philologischer Befunde aber gleichzeitig in das migrationistische Bild einer geschichteten Vergangenheit ein, wenn er argumentierte, die Funde aus dem Neandertal seien »das älteste Denkmal der frühen Bewohner« Europas, »von denen römische Schriftsteller Nachricht geben und welche die indogermanische Ein-

der Geological Society oder von Heinrich Schulz (Schulz 1826, 388).

wanderung als Autochthonen vorfand« (Schaaffhausen 1858, 454, 472, 477; sowie schon Fuhltrott/Schaaffhausen 1857, 52; vgl. Schweighöfer 2018, 27–99).

In den folgenden Jahren wurde die ethnische Interpretation auch auf archäologische Funde aus Perioden übertragen, die weit vor antike Schriftquellen zurückreichten, und die Debatte damit noch stärker biologisiert, ja rassifiziert. Retzius hatte wie gesehen eine brachyzephale ›europäische Urrasse‹ postuliert, die von überlegenen dolichozephalen Einwanderern verdrängt worden sei. Nachdem archäologische Funde zunächst nicht in dieses Bild gepasst hatten, schien mit dem immer wieder als ›kurzschädelig‹ beschriebenen Neandertaler nun doch noch ein Vertreter dieser Urrasse gefunden und die Abfolge der Schädelformen wieder in die erwartete Ordnung gebracht, wobei neue Befunde und etablierte Bezeichnungen oft ineinandergeschoben und neu sortiert wurden (siehe die Positionen bei Virchow 1972, 164; Kritik bei Mayer 1864, 4f.). Der Wissenschaftsschriftsteller Samuel Laing argumentierte 1866 in seiner Beschreibung menschlicher Überreste, die in der schottischen Region Caithness aufgefunden worden waren, es habe in Europa seit Beginn der Steinzeit zwei ›primitive Typen‹ von Menschen gegeben: die frühere »Iberian family« vom dolichozephalen Typ, zu denen auch der Neandertaler gehöre, sei über eine Landbrücke aus Afrika eingewandert. Ihre gegenwärtigen Nachfahren seien die Berber und die Basken. Der zweite Typ, die »primitive Brachycephali«, sei mit der turanischen Rasse des Nordens und Ostens verwandt, ihre Schädel ähnelten denen der Finnen und Lappen. Diese Turanier und Iberer hätten sich teilweise vermischt, seien später aber von überlegenen Indoeuropäern »zum Teil ausgerottet, zum Teil assimiliert« worden und hätten deren Sprache übernommen (Laing 1866, 69–71).

6. Vermischung, Verdrängung, Vernichtung – Narrative des Aufeinandertreffens

Die Einordnung von Funden wie denen aus dem Neandertal, die ab den späten 1850er Jahren darauf hindeuteten, dass es lange vor den ersten Schriftquellen in Europa nicht nur namenlose Urvölker, sondern ganz andere Menschenarten gegeben haben musste, fand von Anfang an im Abgleich mit außereuropäischen Bevölkerungsgruppen der Gegenwart statt. Sie wurde entscheidend von der ethnischen Interpretation, migrationistischen Überzeugungen und dem Bild einer geschichteten Vergangenheit beeinflusst. Auch in der umgekehrten Richtung griffen die Erforschung der europäischen Vorgeschichte und die anthropologische Auseinandersetzung mit dem kolonialen Anderen vor dem Hintergrund solcher Grundannahmen eng ineinander.

Die meisten Autoren in Deutschland, Großbritannien und Frankreich beschrieben die Geschichte der Menschheit und Europas als Geschichte aufeinanderfolgender Migrationsbewegungen. Sie dachten diese Bewegungen nach der ethnischen Interpretation überwiegend als Wanderungen abgeschlossener Verwandtschaftsgruppen bzw.

›Völker‹, die sie in sprachlichen Überresten und in archäologischen Funden auszumachen glaubten. Aus solchen Vorstellungen ergab sich zwangsläufig die Annahme, dass schon lange vor dem Einsetzen schriftlicher Überlieferungen immer wieder unterschiedliche ›Völker‹ oder ›Rassen‹ in Europa aufeinandergetroffen sein mussten. Die unterschiedlichen narrativen Muster, die sich zur Beschreibung dieses Übergangs zwischen verschiedenen Bevölkerungsgruppen herausbildeten, geben dabei einen besonders deutlichen Einblick in die Interaktion zwischen der Suche nach einer europäischen Urbevölkerung, kolonialen Denkmustern und politischen Debatten der Zeit.

Im britischen Fall bildete hier die Frage nach der Eroberung Großbritanniens durch die Angelsachsen und nach dem Schicksal der vorher dort lebenden Kelto-Romanen den paradigmatischen Fall, von dem nicht nur auf länger zurückliegende Fälle, sondern auch auf Grundmuster der Menschheitsgeschichte insgesamt geschlossen wurde. Obwohl stets ein Spektrum verschiedener Auffassungen zu beobachten ist, dominierten bis in die 1860er Jahre hinein Stimmen, die das Aufeinandertreffen verschiedener Bevölkerungsgruppen als Vermischung verstanden: Manche Kommentatoren beriefen sich wie John Akerman auf Kontinuitäten im künstlerischen Stil, um die These einer »total annihilation of the people formerly in possession of the country by their invaders« zurückzuweisen, auch wenn die Kelto-Romanen unterworfen und vielleicht versklavt worden seien (Akerman 1847, 124). Andere schlossen wie Thomas Wright aus späteren Schriftquellen, dass nach der Eroberung durch die Angelsachsen die Bevölkerung in Städten relativ unverändert geblieben sei. Es müsse sich, so Wright, also eher um eine »gradual infusion of foreign blood« gehandelt haben (Wright 1852, 449f.). Andere Autoren, besonders Anhänger des ›Teutonism‹ um die Jahrhundertmitte, argumentierten dagegen wie William Wylie, eine »strong antagonistic antipathy« zwischen Kelto-Romanen und Angelsachsen habe jede Möglichkeit der Vermischung verhindert. Angesichts der »hostile and devastating Teutons«, die einen »war of extermination« geführt hätten, müssten die Briten also weitgehend vernichtet oder zumindest in entlegene Landesteile verdrängt worden sein (Wylie 1852, 8, 38–40).[23]

Die anhand der angelsächsischen Migration etablierten Vorstellungen ließen sich dann auf weiter zurückliegende Zeiträume übertragen; auch hier dominierte zunächst ein Narrativ der Vermischung: Daniel Wilson argumentierte 1851, es habe sich beim Übergang von der Stein- zur Bronzezeit auf den Britischen Inseln nicht um einen plötzlichen Bruch, sondern um einen graduellen Übergang gehandelt, weshalb auch die ›aboriginal race‹ nicht ausgelöscht worden sei. Die Schotten, aber auch die Engländer der Gegenwart stammten damit nicht von einem einzelnen Volk, sondern von einer

23 Die Vorstellung, dass ethnisch, sprachlich und kulturell als abgeschlossen verstandene ›Völker‹ andere entweder vernichtet, verdrängt oder absorbiert hatten, war damit gar nicht so spezifisch deutsch, wie es in der Literatur häufig dargestellt wird (vgl. Manias 2013, 72–74).

Mischung verschiedener Völker und Rassen ab (Wilson 1851; vgl. Rowley-Conwy 2010, 152–176).

Doch auch für ältere Perioden der europäischen Vergangenheit etablierte sich nun zunehmend ein Narrativ von Migration als Eroberung, Unterwerfung und Auslöschung. Schon Prichard hatte angenommen, die bei ihm als »Allophylians« zusammengefassten beiden Hauptgruppen der Urbevölkerung Europas, die Euskaldunes im Süden und Westen sowie die Völker der ›finnischen oder ugrischen Rasse‹ im Norden seien von ihnen überlegenen »invading tribes« der »Arian nations« unterworfen und in die entlegensten Winkel des Kontinents verdrängt worden (Prichard 1843, 185f.). Der französische Historiker Amédée Thierry verband nahezu zeitgleich seine These von der Einwanderung der Kelten mit der Annahme, diese hätten in einem »langen und schrecklichen Kampf« die vorher in Westeuropa siedelnden Iberer nach Süden verdrängt oder assimiliert (Thierry 1835, I xxi, 6, Übersetzung M.D.).

Die Ergebnisse der vergleichenden Philologie schienen solche Annahmen zu untermauern, ging doch etwa Christian Bunsen davon aus, die Entstehung oder Einführung einer neuen Sprache sei stets mit einer tiefgreifenden sozialen oder politischen Krise einhergegangen (Bunsen 1847, 274). Besonders Max Müller baute ab Mitte des 19. Jahrhunderts das Narrativ der Vernichtung einer europäischen Urbevölkerung prominent in sein Werk ein: Arier und Semiten hätten auf ihrem Weg durch Asien nach Europa die »descendants of Tur« unterworfen, »ausgelöscht, und ihre Sprachen für immer zum Verstummen gebracht« (Müller 1854, 224, Übersetzung M.D.). Müllers Narrativ enthielt damit Aspekte, die koloniale Expansion rechtfertigen konnten: Die »countries reclaimed by Shem and Japhet« markierten die »high road of civilization«. Doch nur Indien, Arabien, Kleinasien und Europa seien bislang von Semiten und Ariern bewohnt. Der größte Teil der Erde gehöre – noch – seinen früheren Bewohner:innen. Diese Schlacht von welthistorischem Ausmaß werde damit auch in der Gegenwart noch weiter ausgetragen (Müller 1854, 224–226).

Unabhängig davon, ob Müller dies als Beschreibung oder als Aufforderung verstand, wird hier deutlich, wie stark die prähistorische Forschung schon durch die Vorstellung, selbst Teil dieser kontinuierlich ausgefochtenen ›Schlacht‹ von welthistorischem Ausmaß zu sein, mit imperialen Expansionsbestrebungen verstrickt war. Aus der Interpretation der europäischen Vergangenheit gewonnene Narrative von Migration, Besiedlung und Unterwerfung wurden zu welthistorischen Vorgängen universalisiert und zur Legitimation der Beherrschung, Verdrängung und Vernichtung indigener Völker herangezogen – Prozesse, die im Britischen Empire mit der ›Siedlerrevolution‹ ab den 1830er Jahren massiv an Dynamik gewonnen hatten (vgl. Belich 2009).

Im letzten Drittel des 19. Jahrhunderts ließ sich das Bild einer ethnisch geschichteten Vergangenheit Europas aber durchaus noch unterschiedlich auslegen, das Aufeinandertreffen verschiedener Bevölkerungsgruppen konnte auch als Vermischung erzählt werden. Im deutschen Fall war es besonders der Anatom und Anthropologe Rudolph

Virchow, der in den 1870er und 1880er Jahren argumentierte, Europa sei einst von mehreren Urbevölkerungen bewohnt gewesen. Neben den Ligurern nannte er vor allem die ›iberischen‹ Völker als erste historisch oder archäologisch zu greifenden Einwohner Europas, die möglicherweise mit den Funden von Cro-Magnon in Zusammenhang stünden. Die Kelten, die als erste Indoeuropäer Mittel- und Westeuropa erreichten, hätten sich teilweise mit dieser Urbevölkerung vermischt, die durch »die sogenannte arische (indogermanische) Einwanderung« (Virchow 1886, 280) somit »wohl unterworfen und zerdrückt« worden, aber nicht ausgestorben sei. Die Berber und die Basken hätten ihre Sprache und Abstammung sogar relativ unverändert erhalten und seien damit die »urälteste[n] Aboriginer« des Kontinents (Virchow 1874, 22, 31).

Allerdings wurden Narrative von Verdrängung und Vernichtung gegen Ende des Jahrhunderts immer einflussreicher, was auch auf die wachsende Bedeutung biologistisch-rassistischer Konzepte in den Gesellschaften Europas und des Empire zurückzuführen ist. Entsprechende Vorstellungen prägten auch die Debatte um die europäische Bevölkerungsgeschichte immer stärker und wurden immer weiter in die prähistorische Vergangenheit hinein ausgedehnt.[24] Besonders die Übergangsphasen im Dreiperiodensystem, insbesondere die Transformation von der Stein- zur Bronzezeit, wurden in diesem Schema nicht als endogene kulturelle Evolution, sondern als ethnische Ablösung ›primitiver‹ durch ›höherwertige‹ Bevölkerungsgruppen gedeutet. John Thurnam ging 1870 davon aus, die langschädeligen, iberischen Einwohner:innen der Britischen Inseln der Steinzeit seien von keltischen, kurzschädeligen Invasor:innen vertrieben oder versklavt worden, mit denen die Bronzezeit begonnen habe (Thurnam 1870, 77–80; für weitere Positionen siehe Lubbock 1865, 31).

In dem Maße, in dem in den folgenden Jahrzehnten neue Funde und neue Erkenntnisse immer tiefer in die prähistorische Tiefenzeit hinabreichten, wurde auch diese Deutung auf immer weiter zurückliegende Epochen übertragen. Gabriel de Mortillet, einer der bedeutendsten französischen Vorgeschichtsforscher, beschrieb 1883 den Übergang von Paläolithikum zum Neolithikum nicht als progressive und lokale Entwicklung, sondern als eine abrupte Revolution, die er auf eine »Invasion durch eine neue, weit überlegene Zivilisation« zurückführte. Auch und vor allem »aufgrund des Eroberungsrechts, weil sie die Zivilisation der Stärkeren« gewesen sei, hätten sich die Mitglieder dieser neuen Gruppe als »Meister« etabliert. Vergleichbare Vorgänge meinte Mortillet auch in seiner Gegenwart und jüngeren Vergangenheit zu beobachten: Die Ablösung eines ›primitiven‹ durch ein ›fortschrittlicheres‹ Volk im prähistorischen Europa sei im Grunde nichts anderes als das, was »in Amerika oder auf den

24 Zum Kontext des Empire vgl. Brantlinger 2011.

Inseln Ozeaniens nach der Ankunft der Europäer« geschehen sei (Mortillet 1883, 479f., 482f., Übersetzung M.D.).

Andere Kommentatoren dehnten solche Narrative noch weiter in die evolutionäre Tiefenzeit hinein aus. Nachdem Jean Louis Armand de Quatrefages und Ernest Hamy im Jahr 1868 in einer Höhle in der Dordogne gefundene menschliche Überreste als ›Cro-Magnon-Rasse‹ beschrieben hatten, schienen nun diejenigen Vertreter des ›modernen‹ Menschen gefunden, die lange vor dem Einsetzen schriftlicher Quellen den Neandertaler vernichtet oder aus Europa verdrängt haben mussten (Quatrefages/Hamy 1874; vgl. Stringer/Gamble 1993, 34–37).[25] Während die vermeintlich besonders ›primitiven‹ australischen Ureinwohner:innen vorher schon ethnologisch-vergleichend in der Steinzeit verortet worden waren, gipfelten solche Vorstellungen nun in der These, die Aborigines seien direkte biologische Nachfahren der Neandertaler, die in Australien ihr letztes Rückzugsgebiet gefunden hätten.[26]

Die Verdrängung oder Vernichtung ›primitiver‹ durch ›höherstehende‹ Völker erschien damit als ein welthistorischer Prozess, ja nahezu eine Gesetzmäßigkeit menschlicher Entwicklung. Die Begleiterscheinungen der europäischen Expansion, insbesondere die Auslöschung ganzer indigener Völker, waren in diesem Denken lediglich die aktuelle Ausprägung solcher historischer Gesetzmäßigkeiten – wohl bedauerlich, aber nicht die Verantwortung europäischer Akteure und letztlich auch notwendig für den Fortschritt der menschlichen Entwicklung.

7. Ethisch geschichtete Vorgeschichte – Synthesen der 1880er Jahre

Während in fachwissenschaftlichen Debatten Befunde aus den Bereichen der Archäologie, Sprachwissenschaft und Anthropometrie weiterhin kontrovers diskutiert und immer wieder neu kombiniert wurden, so dass sich kein definitives Bild der europäischen Bevölkerungsgeschichte herausbilden konnte, hatte sich in öffentlichkeitswirksamen Publikationen bis Anfang der 1880er Jahre ein relativ einheitliches Narrativ etabliert, das jedoch je nach Autor und Land einige Besonderheiten aufwies.

In Großbritannien gingen die meisten Kommentatoren insgesamt von einer Vermischung verschiedener Bevölkerungsgruppen aus. Das hieß jedoch keineswegs, dass

25 Nur wenige Autoren zogen wie der deutsche Anthropologe Gustav Schwalbe noch länger in Betracht, dass es sich beim Neandertaler um einen direkten Vorfahren der gegenwärtigen Europäer:innen handeln könne (Schwalbe 1906, 25).

26 Die These einer direkten Verwandtschaft wurde im 20. Jahrhundert noch expliziter formuliert, etwa bei Sollas 1915, 110, 285, 520. Die vergleichende Einordnung zuvor u.a. bei Huxley 1863, 143, 159. Gegen jeden Vergleich zwischen australischen Ureinwohnern und dem Neandertaler sprachen sich dagegen Charles Lyell und Franz Pruner-Bey (1864) aus. Vgl. dazu McNiven/Russell 2005, 50–87.

damit nicht auch Vorstellungen von Hierarchien und Unterwerfung einhergehen konnten. Mit William Boyd Dawkins, Professor für Geologie in Manchester, erreichte das migrationistische Bild einer geschichteten Vergangenheit Europas in den 1870er und 1880er Jahren seinen Höhepunkt. Gleichzeitig stellte Dawkins explizite Analogien auf, in denen die ethnische Interpretation und die zeitgenössische These der Vernichtung ›primitiver‹ durch ›fortschrittlichere‹ Völker auf die Spitze getrieben wurden: Im Paläolithikum habe es in Europa zwei brachyzephale Völker gegeben: die »river drift men«, die in ihrem physischen Typ und ihrer Kultur Ähnlichkeiten mit australischen Aborigines gehabt hätten, aber gänzlich ausgestorben seien, sowie die etwas fortschrittlicheren »cave-men«, deren direkte Nachfahren für Dawkins die gegenwärtigen ›Lappen‹ und ›Eskimos‹ waren (Dawkins 1880, 172f., 230–245). Die Wende zum Neolithikum wurde für ihn durch eine Invasion von Siedler:innen aus Zentralasien ausgelöst, die mit ihren polierten Steinäxten den Paläolithikern überlegen waren und diese völlig auslöschten bzw. in entlegene Gebiete Europas vertrieben. Diese neue ›iberische‹ Bevölkerung sei klein und dunkelhäutig gewesen, mit dunklen Haaren und Augen, zwar zivilisatorisch rückständig, aber langschädelig und damit nicht mehr so anatomisch ›minderwertig‹ wie die vorherige Bevölkerung. Ihre Nachfahren – das schloss Dawkins aus dem Vergleich neolithischer britischer und moderner baskischer Schädel – fänden sich in der Gegenwart nur noch unter den Basken sowie in Süd-Wales. Denn die Iberer seien später ihrerseits von den Kelten, der »vanguard of the great Aryan army« unterworfen worden, die auch die Bronze nach Großbritannien gebracht hätten. Die nicht-arischen Iberer waren jedoch zu zahlreich und fortschrittlich, um vernichtet zu werden; sie seien zunächst versklavt worden, hätten sich dann aber mit ihren Herren vermischt, bevor die Kelten ihrerseits germanischen Invasoren unterliegen sollten (Dawkins 1874, 225–231; Dawkins 1889, 19). In unterschiedlichen Bevölkerungsgruppen des Vereinigten Königsreiches wie in den verschiedenen Völkern der Welt meinte Dawkins damit verschiedene Zeitschichten ablesen zu können. Sie waren jeweils das Ergebnis mehrerer Migrationswellen, die gleichzeitig auf der Skala einer progressiven Höherentwicklung verortet werden konnten.

Die Auseinandersetzung über die europäische Vorgeschichte war damit nicht nur von wissenschaftlichem Interesse, sondern, wie Zeitgenoss:innen selbst feststellten, »full of practical importance« (Allen 1882a, 351). Denn Dawkins betonte, im britischen Fall habe nicht nur die angelsächsische, sondern auch die keltische und sogar die präkeltische Population ihren Teil zur kulturellen wie physischen Höherentwicklung der Bevölkerung beigetragen. Damit eröffnete er in einer Zeit, als unter dem Schlagwort der ›Home Rule‹ die Frage stärkerer Selbstverwaltung für Irland im Vereinigten Königreich kontrovers diskutiert wurde, einen Weg zum Ausgleich zwischen den verschiedenen Bevölkerungsgruppen (Dawkins 1879, 105f.). Gleichzeitig sprach sich Dawkins aber gegen jede Forderung der ›Celticists‹ nach Autonomie aus, die auf deren Indigenität aufbaute: Wenn überhaupt, dann seien nicht sie, sondern die kleinen, dunkelhäutigen Nachfahren der Iberer die »original possessors« der irischen Insel (Dawkins 1889, 14f.).

Auch andere englische Autoren argumentierten im späten 19. Jahrhundert häufig wie Dawkins: Gerade *weil* alle Nationen des Vereinigten Königreichs auf mehrere Bevölkerungsgruppen zurückzuführen seien, die sich nur in unterschiedlichen Verhältnissen vermischt hätten, habe kein Landesteil Anspruch auf Autonomie oder eigene Institutionen. Wer auf ethnischer Unvermischtheit und Absonderung beharre, bringe damit nur seine eigene Rückständigkeit zum Ausdruck. Motoren des Fortschritts waren in dieser Sichtweise bei Bevölkerungsgruppen auf vergleichbarem Entwicklungsniveau ethnische Vermischung und Assimilation, bei starkem zivilisatorischem Gefälle dagegen ethnische Konflikte und die Eroberung primitiver und ›passiver‹ durch fortschrittliche und ›aktive‹ Völker.[27]

Das Aufeinandertreffen verschiedener Bevölkerungsgruppen als Vermischung zu betrachten, führte damit nur zu einer eher noch stärkeren Betonung physischer wie kultureller Hierarchien und Entwicklungsstufen, die sich nach der Überzeugung vieler Zeitgenossen auch an der Hautfarbe ablesen ließen: Nachdem Prichards These eines ›schwarzen Adam‹ noch heftig kritisiert worden war, hatte sich nun bei Autoren wie Dawkins die Auffassung weitgehend durchgesetzt, dass nicht nur ›primitive‹ außereuropäische Völker, sondern auch europäische Urmenschen klein und dunkelhäutig gewesen sein mussten. Mit jeder neuen Invasionswelle stieg nach dieser Sicht nicht nur der kulturelle Entwicklungsgrad der Einwohner:innen Europas, sie wurden auch immer größer und hellhäutiger (Dawkins 1880, 323).[28]

Schon deshalb schien der Blick auf die europäische Vergangenheit Schlussfolgerungen für den imperialen Kontext nahezulegen. Bei den aus der Untersuchung der europäischen Vorgeschichte abgeleiteten Entwicklungen handelte es sich vermeintlich um Mechanismen von welthistorischem Ausmaß, die seit Jahrtausenden immer wieder so stattgefunden hätten: ›Entwickeltere‹ Völker konnten auch nach ihrer Unterwerfung durchaus noch einen biologischen wie kulturellen Beitrag zum Fortschritt ihres ehemals eigenen Territoriums leisten. Das Schicksal ›primitiver‹ Menschen war dagegen besiegelt, wenn sie auf ›fortschrittlichere‹ Völker oder ›Rassen‹ trafen – sei es, weil sie völlig ausgelöscht wurden oder weil sie im Vergleich immer weiter zurückfielen

---

27 ›Aktive‹ und ›passive‹ Rassen finden sich schon bei Klemm (1843–1852), I 198–200.

28 Aufbauend auf Dawkins vertrat u.a. auch der britisch-kanadische Schriftsteller Grant Allen in populärwissenschaftlichen Artikeln die These, die frühesten Einwohner Englands seien »blackfellows of the [...] older stone age« gewesen (Allen 1882a, 351). Später musste er einräumen, es gebe für diese Annahme keine Beweise. Sie beruhe allein auf der Vorstellungskraft des Autors, sei jedoch plausibel, da »alle existierenden der niedrigsten menschlichen Rassen schwarz« seien und ihre Schädel den modernen Australiern ähnelten. Whiteness sei dagegen ein in den letzten 40.000 Jahren erworbenes Merkmal der »höchsten Rassen« (Allen 1882b, 478, Übersetzung M. D.).

und schließlich ausstarben oder gänzlich in der neuen Bevölkerung aufgingen (vgl. Brantlinger 2003).

8. Fazit und Ausblick

Eine zentrale Voraussetzung für die Entstehung einer wissenschaftlichen Auseinandersetzung mit der ›Vorgeschichte‹ Europas war die Entdeckung der sogenannten geologischen Tiefenzeit und damit die Erkenntnis, dass die Geschichte der Erde und der Menschheit weit vor die Überlieferungen der Bibel, mythischer Erzählungen oder antiker Schriftquellen zurückreichte. Erste Erkenntnisse über diese sogenannte Vorgeschichte Europas erbrachte dann im frühen 19. Jahrhundert die vergleichende Philologie: Die These einer indoeuropäischen Einwanderung legte die Grundlagen für die Entstehung des Bildes einer ethnisch geschichteten Vergangenheit Europas. Denn die Deutung von Sprachähnlichkeiten in ethnischen Kategorien und die Idee eines indoeuropäischen ›Urvolkes‹ stützten die schon in der Bibel angelegte Annahme von Migrationsbewegungen und Expansion als entscheidende Mechanismen der menschlichen Entwicklung. Dieser Migrationismus und die ethnische Interpretation von sprachlichen und materiellen Befunden hatten nicht nur Auswirkungen auf die Erforschung der europäischen Bevölkerungsgeschichte, sondern wurden auch in kolonialen Kontexten weltweit relevant.

Nach der Methode der ethnologischen Analogiebildung ermöglichten außereuropäische ›Primitive‹ einerseits ein Verständnis der Lebensweise der europäischen Urbevölkerung vor dem Einsetzen der ersten Schriftquellen. Umgekehrt wurden außereuropäische Bevölkerungsgruppen nach dem aus der Geologie abgeleiteten stratigraphischen Denken in Entwicklungsstufen in niedrigeren Schichten verortet. In den Kolonien wie an den Peripherien Europas traten gelegentlich noch ›primitive Völker‹ als Überreste eines vergangenen Zeitalters ans Tageslicht, gleich älteren Gesteinsschichten an geologischen Verwerfungen. Wenn sie mit den Elementen, im Falle von Bevölkerungsgruppen mit der europäischen ›Zivilisation‹ und den ›Gesetzmäßigkeiten‹ des Fortschritts konfrontiert waren, erodierten solche älteren Schichten jedoch schnell: ›primitive‹ Völker starben bald aus oder gingen in fortschrittlicheren auf.

Diese Annahme schien sich wiederum aus der europäischen Vergangenheit herleiten zu lassen. Denn wenn die Vorfahren der meisten Europäer:innen der Gegenwart eingewandert waren, stellte sich die Frage, welche Bevölkerungsgruppen vorher auf dem Kontinent gelebt hatten und was aus ihnen geworden war. Während hier zunächst die Kelten gehandelt wurden, traten ab Mitte des 19. Jahrhunderts mit den ›Iberern‹ und ›Turaniern‹ zwei postulierte ›Urvölker‹ in das Zentrum der Aufmerksamkeit. Als deren Nachfahren und damit als ›Überreste‹ früherer Bevölkerungsgruppen wurden vor allem die Basken bzw. Finnen gehandelt. Als um die Mitte des 19. Jahrhunderts

Ansätze der biologischen Anthropologie und insbesondere der Kraniometrie zunehmend an Bedeutung gewannen, wurden prähistorische Überreste und gegenwärtige Bevölkerungsgruppen noch stärker in Verbindung gesetzt, schien es nun doch möglich, deren physischen Merkmale direkt zu vergleichen. Damit schälte sich aus diesen Überlegungen das Bild einer ethnisch geschichteten Vergangenheit Europas heraus, in dem verschiedene Gruppen hierarchisch angeordnet wurden und Migration als wichtiger Faktor galt. Das aus der Geologie stammende stratigraphische Denken wurde nun auch auf Vorstellungen über den Ablauf der europäischen Bevölkerungsgeschichte übertragen: ›Tiefer‹ liegende Schichten wurden hier für die ältesten gehalten, übertragen auf Bevölkerungsgruppen für die ›primitivsten‹. Jüngere, ›fortschrittlichere‹ Gesteinsschichten und Bevölkerungsgruppen schoben sich in dieser Vorstellung immer wieder über diese älteren, überdeckten und überlagerten sie. Besonders an den Übergängen von der Alt- zur Jungsteinzeit bzw. von dort zur Bronzezeit wurden jeweils Invasionswellen immer ›höherwertiger‹ Völker oder ›Rassen‹ angesetzt.

Dieses aus der europäischen Vorgeschichte abgeleitete Bild einer geschichteten Vergangenheit hatte damit eine über rein wissenschaftliche Debatten hinausgehende Bedeutung für das Zusammenleben verschiedener Bevölkerungsgruppen der Gegenwart. Das galt einerseits für Europa selbst, wo die potenziellen Nachfahren einer ›Urbevölkerung‹, seien es Kelten, Iberer oder Turanier, je nach Perspektive aus ihrer dadurch gewonnenen Indigenität entweder Ansprüche auf kulturelle Autonomie und politische Selbstbestimmung ableiten konnten oder umgekehrt damit leben mussten, dass die angenommene kulturelle wie physische ›Primitivität‹ ihrer Vorfahren auch auf sie selbst übertragen wurde.

Aus der europäischen Vergangenheit abgeleitete Narrative, die kulturellen Wandel und die Veränderung des physischen Erscheinungsbildes, insbesondere der Hautfarbe, als das Ergebnis des Aufeinandertreffens von ›Völkern‹ und ›Rassen‹ verstanden, konnten zudem als koloniale Rechtfertigungsnarrative fungieren. Je nach Perspektive wurde dieses Aufeinandertreffen als Vermischung, zunehmend aber als Verdrängung oder Vernichtung beschrieben, solche Prozesse der Migration und des Austauschs von Bevölkerungsgruppen aber stets zu welthistorischen Prozessen universalisiert. Besonders britische Autoren sahen in der Vorgeschichte Europas wie in den Siedlungskolonien der Gegenwart Immigration durch ›höherwertige‹ Völker und ›Rassen‹ als unabdingbare Triebkräfte des Fortschritts.

Schon wegen der dahinterstehenden sozial- und kulturevolutionistischen Muster stand die Auseinandersetzung mit der Bevölkerungsgeschichte Europas während des gesamten 19. Jahrhunderts damit in enger Verbindung mit kolonialen Diskursen und Praktiken der Zeit. Koloniale Denkmuster prägten die Suche nach einer europäischen ›Urbevölkerung‹, während die hier etablierten Narrative umgekehrt dazu beitrugen, Eroberung, Verdrängung und Vernichtung ganzer Bevölkerungsgruppen als welthistorischen Normalfall erscheinen zu lassen und damit koloniale Expansion zu legitimieren.

Denn wenn solche Ereignisse seit Tausenden von Jahren immer wieder stattgefunden hatten, trugen die Europäer:innen des 19. Jahrhunderts letztlich keine Verantwortung für die Unterwerfung und Auslöschung ›primitiver‹ Völker. Koloniale Expansion stellte in dieser Sicht nur die Fortsetzung unvermeidlich ablaufender Prozesse der kulturellen wie physischen Evolution der Menschheit dar. Die Unterwerfung und Vernichtung der australischen Aborigines erschienen etwa nur als Abschluss jenes Prozesses, der nach Meinung mancher Autoren mit der Verdrängung ihrer Vorfahren, der Neandertaler, durch den modernen Menschen aus Europa begonnen hatte. Perspektivisch eröffneten solche im europäischen Denken inzwischen fest verankerte Vorstellungen aber auch das Potenzial, aus einer geschichteten Vergangenheit die eigene Indigenität als Basis für Ansprüche und Rechte abzuleiten.

Dass sie damit gut in eine Zeit gesteigerter kolonialer Expansion passten, trug entscheidend dazu bei, dass sich solche Vorstellungen der Bevölkerungsgeschichte Europas und der Welt insgesamt als einer auf mehreren Migrationswellen beruhenden ethnisch geschichteten Vergangenheit bis in die 1880er Jahre weitgehend durchgesetzt hatten. Solche Narrative sind jedoch nie unwidersprochen geblieben und wurden just ab den 1880er Jahren verstärkt herausgefordert. Einige Autoren kritisierten grundsätzlich die aus der ethnischen Interpretation abgeleitete Vorstellung, die Bevölkerungsgeschichte Europas lasse sich als geschichtete Abfolge von anatomisch fassbaren ›Rassen‹ oder ›Völkern‹ erzählen. Es habe sich vielmehr stets um vielfältige Vermischungen in unterschiedlichem Grad gehandelt (Kollmann 1882). Wesentlich einflussreicher als solche, an heutige Vorstellungen anschlussfähige Positionen war dagegen die in die entgegengesetzte Richtung zielende Kritik an der These, dass die Indoeuropäer nach Europa eingewandert sein sollten. Schon 1846 hatte der Altertumswissenschaftler und Historienmaler Wilhelm von Lindenschmit argumentiert, die ersten Sprecher des Indogermanischen seien vielmehr identisch mit der weißen kaukasischen Rasse und in Nordeuropa, an den Ufern der Ostsee entstanden (Lindenschmit 1846; und auch schon Clement 1840, 4). Solche Thesen waren dabei keineswegs auf den deutschen Sprachraum beschränkt: Robert Latham, ein Vertreter der frühen Ethnologie nach dem Vorbild Prichards, hatte 1852 die Annahme zurückgewiesen, Steinwerkzeuge und Schädel aus Großbritannien gehörten zu einem mit den Saami und Finnen verwandten Urvolk der »ante-Keltic aborigines« (Latham 1852, 26f.). Die Kelten seien nicht eingewandert, sondern selbst die angestammte Bevölkerung Großbritanniens, die ihre Kultur und darauf aufbauend auch ihre Physis aus eigenem Antrieb verbessert hätten. Den Ursprung der Indo-Europäer verortete er nicht in Zentralasien, sondern in Litauen (Latham 1862). In den 1860er Jahren war die Annahme, dass es eine Reihe von Migrationsbewegungen aus Südwest-Asien gegeben habe, allerdings bereits so fest etabliert, dass diese abweichende Meinung Lathams wissenschaftlichen Ruf nachhaltig beschädigte (vgl. Stocking 1987, 58).

Zwei Jahrzehnte später fand Kritik an der These von der indoeuropäischen Immigration wesentlich mehr Unterstützung. Das lag zum einen an Entwicklungen in der Wissenschaft, in der sich die Überzeugung von einem hohen Alter der Erde und der Menschheit nun weitgehend durchgesetzt hatte, vor allem aber an der nun immer stärkeren nationalistischen, sozialdarwinistischen und rassistischen Aufladung prähistorischer Forschung. Gerade der Begriff der ›Arier‹ wurde ab den 1880er Jahren immer mehr zur Bezeichnung einer vermeintlich biologisch überlegenen nordischen ›Herrenrasse‹ (vgl. u.a. See 1994).

Britischen Autoren – selbst solchen, die rassistische und expansionistische Thesen vertraten – reichte dabei meist die Annahme aus, dass das Kriegervolk der Arier nach dem Recht des Stärkeren die bäuerliche Urbevölkerung Europas verdrängt hatte, um die Erkenntnis zu verarbeiten, dass im Grunde fast alle Europäer:innen der Gegenwart – vielleicht mit Ausnahme der Basken und einiger Iren und Waliser – Nachfahren von Einwanderern waren (siehe Childe 1926, 211). Schon allein, weil sich diese Sicht gut mit der siedlerkolonialen Expansion im Rahmen des Empire deckte.

Im deutschsprachigen Raum hatten selbst nationalkonservative Autoren über Jahrzehnte ebenfalls keine Probleme mit der Vorstellung einer Einwanderung der Indogermanen aus Asien gehabt. Ab den 1870er Jahren wurde manchen Autoren diese migrationistische Vorstellung allerdings zunehmend unerträglich. Sie belebten die Skepsis an der ›asiatischen Herkunft‹ neu und beharrten auf der Indigenität der Arier und damit vermittelt auch ihrer eigenen. Während der primitive Neandertaler hier wenig anschlussfähig schien, wurden ab den späten 1870er Jahren die langschädeligen Cro-Magnon-Leute zu einem »Culturvolk« und zu direkten Vorfahren erklärt (Hellwald 1876, 125; Poesche 1878, 74; Klaatsch 1920, 384; zusammenfassend, aber ablehnend zur Cro-Magnon-These Karsten 1928, 67f.).

Denn die Arier seien, das behauptete etwa der deutsche Urgeschichtsforscher Gustaf Kossinna, nicht eingewandert, sondern autochthon schon seit dem Beginn des Neolithikums in Skandinavien anzutreffen (Kossinna 1896). Um 2500 v.Chr. hätten sie dann von dort ihre Wanderung in Richtung Indien angetreten, die sie nach Meinung mancher Autoren bis nach Neuseeland geführt habe.[29] Dabei hätten sie sich jedoch mit anderen Bevölkerungsgruppen vermischt und, das betonten vor allem Autoren aus dem Kontext der ›völkischen Bewegung‹ wie Kossinna, nur in Deutschland und Skandinavien ›rassenrein‹ erhalten (Kossinna 1902; Wilser 1902; vgl. Wiwjorra 2006, 248–278).

29 Zur Frage der ›arischen Herkunft‹ besonders der Maori siehe Mühlmann 1935.

Als der völkische Laienforscher Ludwig Wilser 1885 seine Thesen zur *Herkunft der Germanen* vor der Deutschen Gesellschaft für Anthropologie, Ethnologie und Urgeschichte präsentierte, erntete er zunächst noch heftigen Widerspruch.[30] Denn die Fachwissenschaft war zu dieser Zeit mit Virchow überwiegend zu dem Schluss gelangt, dass es unmöglich sei, archäologische und sprachwissenschaftliche Befunde zur Besiedlungsgeschichte Europas mit Völkern und Rassen in eine klare Übereinstimmung zu bringen. Um 1900 fand jedoch auch hier ein Umbruch statt. Die erste Generation von Anthropologen und Prähistorikern in Deutschland war abgetreten oder verstorben, ihre Nachfolger publizierten nun zunehmend in den gleichen Zeitschriften wie völkisch gesinnte Laienwissenschaftler und nahmen wechselseitig aufeinander Bezug. Auch Kossinna, der nun prominenteste deutschsprachige Prähistoriker, argumentierte für einen ›nordischen Ursprung‹ der Arier bzw. Germanen und rechnete dabei nicht nur mit der »unglückselige[n] Hypothese von der Einwanderung der Indogermanen aus Asien«, sondern gleich mit der gesamten indogermanischen Philologie ab, die keine brauchbaren Ergebnisse über die Vorgeschichte erbracht habe. Er verwarf die ethnische Interpretation der europäischen Bevölkerungsgeschichte, nach der »Kulturwechsel [...] ohne weiteres Bevölkerungswechsel« bedeute, nur um dann umgekehrt anzunehmen, Germanen stünden durch die Epochen hinter allen wichtigen der archäologisch beschriebenen Kulturen Mitteleuropas (Kossinna 1896, 2f.).

Die migrationistische Deutung einer geschichteten europäischen Vergangenheit verlor damit im deutschsprachigen Raum in den ersten Jahrzehnten des 20. Jahrhunderts immer mehr an Überzeugungskraft, was jedoch nicht auf Vorstellungen von Überlagerung oder Vermischung hinauslief, sondern die autochthonen Germanen zur Grundlage aller positiven Entwicklungen in Europa erklärte. Nachdem solche Behauptungen im Dritten Reich auf die Spitze getrieben worden waren, galten sie im deutschsprachigen Raum nach 1945 politisch zwar als diskreditiert, konnten sich in abgeschwächter Form aber noch Jahrzehnte in der prähistorischen Forschung halten (vgl. Brather 2004). Auch in Großbritannien wurde gerade in populärwissenschaftlichen Werken das Bild einer ethnisch geschichteten Vergangenheit und damit die ethnische Interpretation kulturellen Wandels als Ablösung von verschiedenen ›Völkern‹ bzw. ›Rassen‹ noch lange vertreten (bspw. in Childe 1958).

Wissenschaftlich wurden Migrationismus und ethnische Interpretation dagegen ab den 1970er Jahren grundlegend in Zweifel gezogen. Die prähistorische Forschung betont seitdem, dass sich philologisch erschlossene Sprachen, anatomische Merkmale, materielle Kultur und historisch überlieferte Bezeichnungen kaum in ein Verhältnis setzen lassen. Es sei deshalb schwer bis unmöglich, von europäischen ›Urvölkern‹ zu sprechen (siehe Renfrew 1973). In jüngster Zeit haben die neuen Methoden der ge-

30 Rudolf Virchow mahnte an, »nicht in blossem Patriotismus« zu arbeiten, sondern sich die Mühe zu machen, »den Thatsachen nachzugehen« (Wilser 1885, 125).

netischen Erforschung auch von ›ancient DNA‹ viele neue Erkenntnisse erbracht. Vor allem manche der daraus in der öffentlichen Rezeption gezogenen Schlüsse haben jedoch auch die Sorge ausgelöst, dass die ›ethnische Interpretation‹ archäologischer Funde, Migrationismus und damit u.a. die These von der ›arischen Invasion‹ wieder Auftrieb erhalten könnten.[31] Die Erforschung der Bevölkerungsgeschichte Europas ist damit nicht nur wissenschaftlich alles andere als abgeschlossen, sondern bleibt bis heute eine Frage von aktueller gesellschaftlicher Relevanz.

Literaturverzeichnis

Quellen

Akerman, John Y. (1847): *An Archaeological Index to Remains of Antiquity of the Celtic, Romano-British, and Anglo-Saxon Periods.* London: John Russell Smith.

Allen, Grant (1882a): Our Ancestors. I. The Stone Age Men. In: *Knowledge: An Illustrated Magazine of Science*, I/17, S. 351–352.

Allen, Grant (1882b): Colour of Palæolithic Man. In: *Knowledge: An Illustrated Magazine of Science*, I/22, S. 478.

Arndt, Christian G. (1818): *Ueber den Ursprung und die verschiedenartige Verwandtschaft der europäischen Sprachen.* Frankfurt a.M.: Brönner.

Beddoe, John (1885): *The Races of Britain. A Contribution to the Anthropology of Western Europe.* Bristol: Arrowsmith.

Blumenbach, Johann F. (1798): *Über die natürlichen Verschiedenheiten im Menschengeschlechte.* Hrsg. von Johann Gottfried Gruber. Leipzig: Breitkopf und Härtel.

Bopp, Franz (1816): *Über das Conjugationssystem der Sanskritsprache in Vergleichung mit jenem der griechischen, lateinischen, persischen und germanischen Sprache.* Frankfurt a.M.: Andreae.

Bopp, Franz (1833–1852): *Vergleichende Grammatik des Sanskrit, Zend, Griechischen, Lateinischen, Litauischen, Gotischen und Deutschen.* 6 Bde. Berlin: Dümmler.

Bopp, Franz (1839): *Die Celtischen Sprachen in ihrem Verhältnisse zum Sanskrit, Zend, Griechischen, Lateinischen, Germanischen, Litthauischen und Slawischen. Gelesen in der Akademie der Wissenschaften am 13. December 1838.* Berlin: Dümmler.

Broca, Paul (1862): Sur les charactères du crâne des Basques. In: *Bulletins de la Société d'anthropologie de Paris*, 1/3, S. 579–591.

Bunsen, Christian K. (1847): On the Results of the Recent Egyptian Researches in Reference to Asiatic and African Ethnology, and the Classification of Languages. In: *Report of the British Association for the Advancement of Science*, 17, S. 254–301.

Childe, Vere G. (1926): *The Aryans. A Study of European Origins.* London: Trubner.

31 Unter anderem scheint damit die These von den Basken als prä-indoeuropäischem ›Urvolk‹ Europas bestätigt, siehe Osterkamp 2014; für eine kritische Auseinandersetzung vgl. Meier/Patzold 2021.

Childe, Vere G. (1958): *The Prehistory of European Society.* Harmondsworth: Penguin.

Clement, K. J. (1840): *Die nordgermanische Welt oder unsere geschichtlichen Anfänge. Eine Einleitung zur Universalgeschichte.* Kiel: Naeck.

Davis, Joseph B./ Thurnam, John (1865): *Crania Britannica: Delineations and Descriptions of the Skulls of the Aboriginal and Early Inhabitants of the British Islands.* London: Taylor & Francis.

Dawkins, William B. (1874): *Cave Hunting. Researches on the Evidence of Caves Respecting the Early Inhabitants of Europe.* London: Macmillan.

Dawkins, William B. (1879): Our Earliest Ancestors in Britain. In: *Science Lectures for the People Tenth Series,* 6, S. 95–106.

Dawkins, William B. (1880): *Early Man in Britain. His Place in the Tertiary Period.* London: Macmillan.

Dawkins, William B. (1889): *The Place of the Welsh in the History of Britain.* London: Simpkin.

Fuhlrott, C[arl]/ Schaaffhausen, Hermann (1857): Bericht über die 14. General-Versammlung. In: *Correspondenzblatt des naturhistorischen Vereins der preussischen Rheinlande und Westphalens,* 8/2, S. 50–52.

Geijer, Erik G. (1825): *Svea rikes håfder.* Uppsala: Palmblad.

Gottlob, Heinrich Christoph (1787): *Teutsche Rechtsgeschichte,* Leipzig, Bd. 1.

Grimm, Jacob (1848): *Geschichte der deutschen Sprache.* 2 Bde. Leipzig: Weidmannsche Buchhandlung.

Hellwald, Friedrich v. (1876): *Culturgeschichte in ihrer natürlichen Entwicklung bis zur Gegenwart.* Augsburg: Lampart.

Holtzmann, Adolf (1855): *Kelten und Germanen: Eine historische Untersuchung.* Stuttgart: Krabbe.

Huxley, Thomas H. (1863): *Evidence as to Man's Place in Nature.* London: Williams & Norgate.

Huxley, Thomas H. (1870): On Some Fixed Points in British Ethnology. In: *Contemporary Review,* 14, S. 511–520.

Jones, William (1799a): The Third Anniversary Discourse, On the Hindu's, delivered 2 February, 1786. In: Jones, Anna Marie (Hg.): *The Works of Sir William Jones.* Vol. 1. London: Robinson, S. 19–34.

Jones, William (1799b): The Eighth Anniversary Discourse, on the Borderers, Mountaineers, and Islanders of Asia, delivered 24 February, 1791. In: Jones, Anna Marie (Hg.): *The Works Of Sir William Jones.* Vol. 1. London: Robinson, S. 113–127.

Karsten, T. E. (1928): *Die Germanen. Eine Einführung in die Geschichte ihrer Sprache und Kultur.* Berlin/ Leipzig: de Gruyter.

Kemble, John M. (1849): *The Saxons in England: A History of the English Commonwealth till the Period of the Norman Conquest.* 2 Bde. London: Longman, Brown, Green and Longmans.

Kenney, John (1851): *The Natural History of Man, Or, Popular Chapters on Ethnography.* Vol. 1. London: Cassell.

Klaatsch, Hermann (1920): *Der Werdegang der Menschheit und die Entstehung der Kultur.* Berlin/ Leipzig/ Wien/ Stuttgart: Bong.

Klaproth, Julius (1823): *Asia polyglotta.* Paris: Schubart.

Klemm, Gustav (1843–1852): *Allgemeine Cultur-Geschichte der Menschheit.* 10 Bde. Leipzig: Teubner.

Kollmann, J. (1882): Ueber Menschenrassen. In: *Correspondenz-Blatt der deutschen Gesellschaft für Anthropologie, Ethnologie und Urgeschichte*, XIII/11, S. 203–208.

Kossinna, Gustaf (1896): Die vorgeschichtliche Ausbreitung der Germanen in Deutschland. In: *Zeitschrift des Vereins für Volkskunde*, 6, S. 1–14.

Kossinna, Gustaf (1902): Die indogermanische Frage archäologisch beantwortet. In: *Zeitschrift für Ethnologie*, 34, S. 161–222.

Lafitau, Joseph-François (1974 [1724/1874]): *Customs of the American Indians compared with the customs of primitive times.* Hrsg. von William N. Fenton/ Elizabeth L. Moore. Toronto: The Champlain Society.

Laing, Samuel (1866): *Pre-Historic Remains of Caithness. With Notes on the Human Remains by Thomas H. Huxley.* Edinburgh: Williams & Norgate.

Latham, Robert G. (1852): *The Ethnology of the British Islands.* London: John van Voorst.

Latham, Robert G. (1862): *Elements of Comparative Philology.* London: Walton & Maberly.

Leibniz, Gottfried Wilhelm (1710): *Brevis designatio meditationum de originibus gentium ductis potissimum ex indicio linguarum*, https://edoc.bbaw.de/files/956/Leibniz_Brevis.pdf.

Lindenschmit, Wilhelm v. (1846): *Die Räthsel der Vorwelt, oder: Sind die Deutschen eingewandert?* Mainz: Seifert.

Lubbock, John (1865): *Pre-Historic Times, as Illustrated by Ancient Remains, and the Manners and Customs of Modern Savages.* London/ Edinburgh: Williams & Norgate.

Malte-Brun, Conrad (1810): *Précis de la Géographie universelle.* Bd. 2, Paris: Buisson.

Mayer, Karl (1864): Ueber die fossilen Ueberreste eines menschlichen Schädels und Skeletes in einer Felsenhöhle des Düssel- oder Neander-Thales. In: *Archiv für Anatomie, Physiologie und wissenschaftliche Medicin*, 30, S. 1–26.

Meyer, Gustav (1893): Von wem stammt die Bezeichnung Indogermanen? In: *Indogermanische Forschungen*, 2, S. 125–130.

Morgan, Lewis H. (1877): *Ancient Society Or Researches in the Lines of Human Progress from Savagery through Barbarism to Civilization.* Chicago: Kerr.

Mortillet, Gabriel d. (1883): *Le préhistorique: Antiquité de l'homme.* Paris: Reinwald.

Mühlmann, Wilhelm E. (1935): Die Frage der arischen Herkunft der Polynesier. In: *Zeitschrift für Rassenkunde*, 1, S. 3–16.

Müller, Max (1854): *Letter to Chevalier Bunsen on the Classification of the Turanian Languages.* London: Spottiswoode.

Müller, Friedrich M. (1855): *The Languages of the Seat of War in the East. With a Survey of the Three Families of Language, Semitic, Arian and Turanian.* 2. Aufl. London: Williams & Norgate.

Müller, Max (1881): Arier als ein technischer Ausdruck. In: ders. (Hg.): *Essays. Zweiter Band: Beiträge zur vergleichenden Mythologie und Ethnologie.* 2. vermehrte Aufl. Leipzig: Engelmann, S. 333–345.

Petersen, N. M. (1837): *Leitfaden zur nordischen Alterthumskunde.* Hrsg. von der Königlichen Gesellschaft für Nordische Alterthumskunde. Kopenhagen.

Pictet, Adolphe (1837): *De l'affinité des langues celtiques avec le Sanscrit.* Paris: Duprat.

Poesche, Theodor (1878): *Die Arier: Ein Beitrag zur Historischen Anthropologie.* Jena: Hermann Costenoble.

Prichard, James C. (1973 [1813]): *Researches into the Physical History of Man.* Hrsg. von George W. Stocking. Chicago: The University of Chicago Press.

Prichard, James C. (1831): *The Eastern Origin of the Celtic Nations Proved by a Comparison of their Dialects with the Sanskrit, Greek, Latin, and Teutonic Languages. Forming a Supplement to Researches into the Physical History of Mankind.* London: Sherwood, Gilbert & Piper.

Prichard, James C. (1836–1847): *Researches into the Physical History of Mankind.* 5 Bde. 3. Aufl. London: Sherwood, Gilbert & Piper.

Prichard, James C. (1843): *The Natural History of Man: Comprising Inquiries into the Modifying Influence of Physical and Moral Agencies of the Different Tribes of the Human Family.* London: Baillière.

Prichard, James C. (1855): *The Natural History of Man: Comprising Inquiries into the Modifying Influence of Physical and Moral Agencies of the Different Tribes of the Human Family.* 4. Aufl. London: Edwin Norris.

Pruner-Bey, Franz (1864): The Neanderthal Skull. To the Editor of the Anthropological Review, April 22nd, 1864. In: *Anthropological Review,* 2/5, S. 145–146.

Quatrefages, Jean Louis Armand de/ Hamy, Ernest (1874): La race de Cro-Magnon dans l'espace et dans le temps. In: *Bulletins de la Société d'Anthropologie de Paris,* 9, S. 260–266.

Rask, Rasmus C. (1826): *Über das Alter und die Echtheit der Zend-Sprache und des Zend-Avesta und Herstellung des Zend-Alphabets.* Berlin: Duncker & Humblot.

Rudbeck, Olof (1675–1698): *Atland eller Manheim, Atlantica sive Manheim, vera Japheti posterorum sedes et patria.* 4 Bde. Uppsala: Henricus Curio.

Schaaffhausen, Hermann (1857): [Vortrag in] Sitzungsberichte der niederrheinischen Gesellschaft für Natur- und Heilkunde in Bonn, 4. Februar 1857. In: *Verhandlungen des Naturhistorischen Vereines der preussischen Rheinlande und Westphalens,* 14, S. xxxviii-xlii.

Schaaffhausen, Hermann (1858): Zur Kenntnis der ältesten Rassenschädel. In: *Archiv für Anatomie, Physiologie und wissenschaftliche Medicin,* 24, S. 453–478.

Schlegel, Friedrich v. (1808): *Ueber die Sprache und Weisheit der Indier. Ein Beitrag zur Begründung der Alterthumskunde.* Heidelberg: Mohr und Zimmer.

Schreiber, Heinrich (1839–1846): *Taschenbuch für Geschichte und Alterthum in Süddeutschland.* 5 Bde. Freiburg im Breisgau: Emmerling.

Schulz, H. (1826): *Zur Urgeschichte des deutschen Volksstamm's.* Hamm: Schulzische Buchhandlung.

Schwalbe, Gustav (1906): *Studien zur Vorgeschichte des Menschen.* Stuttgart: Schweizerbart.

Sollas, William J. (1915): *Ancient Hunters and Their Modern Representatives.* 2. Aufl. London: Macmillan.

Tacitus, Publius Cornelius (2004 [98]): *De vita et moribus Iulii Agricolae.* Göttingen: Vandenhoeck & Ruprecht.

Thierry, Amédée (1835): *Histoire des Gaulois depuis les temps plus reculés jusqu'à l'entière soumission de la Gaule á la domination romaine.* 4 Bde, 2. Aufl. Paris: Hachette.

Thurnam, John (1865): On the Two Principal Forms of Ancient British and Gaulish Skulls. In: Anthropological Society of London (Hg.): *Memoirs Read Before the Anthropological Society of London.* Vol. 1: 1863–64. London: Trübner, S. 120–168.

Thurnam, John (1870): Further Researches and Observations on the Two Principal Forms of Ancient British Skulls. In: Anthropological Society of London (Hg.): *Memoirs Read Before the Anthropological Society of London.* Vol. 3: 1867–69. London: Longmans, S. 41–80.

Toynbee, A. J. (1917): *Report on the Pan-Turanian Movement.* London: Intelligence Bureau.

Virchow, Rudolf (1872): Untersuchung des Neanderthal-Schädels. Verhandlungen der Berliner Gesellschaft für Anthropologie, Ethnologie und Urgeschichte, Ausserordentliche Sitzung am 27. April 1872. In: *Zeitschrift für Ethnologie*, 4, S. 157–165.

Virchow, Rudolf (1874): *Die Urbevölkerung Europa's.* Berlin: Lüderitz.

Virchow, Rudolf (1886): Gesammtbericht über die von der deutschen anthropologischen Gesellschaft veranlassten Erhebungen über der Farbe der Haut, der Haare und der Augen der Schulkinder in Deutschland. In: *Archiv für Anthropologie*, 16, S. 275–475.

Wilser, Ludwig (1885): Nordische Abkunft der Germanen. Dazu Virchow, Tischler. In: *Correspondenz-Blatt der deutschen Gesellschaft für Anthropologie, Ethnologie und Urgeschichte*, 16/9–10, S. 122–126.

Wilser, Ludwig (1902): Die nordeuropäische Rasse. In: *Politisch-anthropologische Revue*, 1/6, S. 477.

Wilson, Daniel (1851): *The Archaeology and Prehistoric Annals of Scotland.* Edinburgh: Sutherland & Knox.

Worsaae, Jens J. (1849): *The Primeval Antiquities of Denmark.* Übers. v. W. Thoms. London: Parker.

Wright, Thomas (1852): *The Celt, the Roman, and the Saxon: A History of the Early Inhabitants of Britain, Down to the Conversion of the Anglo-Saxons to Christianity.* London: Hall.

Wylie, William M. (1852): *Fairford Graves: A Record of Researches in an Anglo-Saxon Burial Place in Gloucestershire.* Oxford: Parker.

Young, Thomas (1813): Adelung's General History of Languages. In: *Quarterly Review*, 10/19, S. 250–292.

Zeuß, J. Caspar (1837): *Die Deutschen und die Nachbarstämme.* München: Lentner.

Sekundärliteratur

Albritton, Claude C. (1980): *The Abyss of Time. Unraveling the Mystery of the Earth's Age.* San Francisco: Dover Publications.

Augstein, Franziska (1999): *James Cowles Prichard's Anthropology. Remaking the Science of Man in Early Nineteenth-Century Britain.* Amsterdam/ New York: Rodopi.

Belich, James (2009): *Replenishing the Earth. The Settler Revolution and the Rise of the Angloworld.* Oxford: Oxford University Press.

Benes, Tuska (2008): *In Babel's Shadow. Language, Philology, and the Nation in Nineteenth-Century Germany.* Detroit: Wayne State University Press.

Birkhan, Helmut (2009): *Nachantike Keltenrezeption. Projektionen keltischer Kultur.* Wien: Praesens.

Bowler, Peter J. (1988): *The Non-Darwinian Revolution. Reinterpreting a Historical Myth.* Baltimore: Johns Hopkins University Press.

Brantlinger, Patrick (2003): *Dark Vanishings. Discourse on the Extinction of Primitive Races, 1800–1930.* Ithaca: Cornell University Press.

Brantlinger, Patrick (2011): *Taming Cannibals. Race and the Victorians.* Ithaca: Cornell University Press.

Brather, Sebastian (2004): *Ethnische Interpretationen in der frühgeschichtlichen Archäologie. Geschichte, Grundlagen und Alternativen.* Berlin: De Gruyter.

Castle, Gregory (2001): *Modernism and the Celtic Revival.* Cambridge: Cambridge University Press.

Clemens, Gabriele B. (2004): *»Sanctus amor patriae«. Eine vergleichende Studie zu deutschen und italienischen Geschichtsvereinen im 19. Jahrhundert.* Tübingen: Niemeyer.

Díaz-Andreu, Margarita/ Champion, Timothy (Hgg.) (1996): *Nationalism and Archaeology in Europe.* London: Taylor & Francis.

Driver, Felix (2001): *Geography Militant. Cultures of Exploration and Empire.* Oxford: Blackwell.

Etzemüller, Thomas (2015): *Auf der Suche nach dem Nordischen Menschen. Die deutsche Rassenanthropologie in der modernen Welt.* Bielefeld: transcript.

Fabian, Johannes (1983): *Time and the Other. How Anthropology Makes its Object.* New York: Columbia University Press.

Farber, Paul L. (2000): *Finding Order in Nature. The Naturalist Tradition from Linnaeus to E.O. Wilson.* Baltimore: Johns Hopkins University Press.

Gould, Stephen J. (1983): *Der falsch vermessene Mensch.* Basel: Birkhäuser.

Grayson, Donald K. (1983): *The Establishment of Human Antiquity.* New York: Academic Press.

Jung, Matthias (2017): Wanderungsnarrative in der Ur- und Frühgeschichtsforschung. In: Wiedemann, Felix/ Hofmann, Kerstin P./ Gehrke, Hans-Joachim (Hgg.): *Vom Wandern der Völker. Migrationserzählungen in den Altertumswissenschaften.* Berlin: Edition Topoi, S. 161–187.

Leopold, Joan (1980): *Culture in Comparative and Evolutionary Perspective. E.B. Tylor and the Making of »Primitive Culture«.* Berlin: Reimer.

Livingstone, David N. (2008): *Adam's Ancestors. Race, Religion, and the Politics of Human Origins.* Baltimore: Johns Hopkins University Press.

Mandler, Peter (2006): *The English National Character. The History of an Idea from Edmund Burke to Tony Blair.* New Haven: Yale University Press.

Manias, Chris (2013): *Race, Science, and the Nation: Reconstructing the Ancient Past in Britain, France and Germany.* London: Taylor & Francis.

Masuzawa T. (2005): *The Invention of World Religions: Or, How European Universalism Was Preserved in the Language of Pluralism.* Chicago: Chicago University Press.

McNiven, Ian J./ Russell, Lynette (2005): *Appropriated Pasts. Indigenous Peoples and the Colonial Culture of Archaeology.* Lanham: Rowman & Littlefield.

Meier, Mischa/ Patzold, Steffen (2021): *Gene und Geschichte. Was die Archäogenetik zur Geschichtsforschung beitragen kann.* Stuttgart: Anton Hiersemann.

Morse, Michael A. (1999): Craniology and the Adoption of the Three-Age System in Britain. In: *Proceedings of the Prehistoric Society,* 65, S. 1–16.

Olender, Maurice (1995): *Die Sprachen des Paradieses. Religion, Philologie und Rassentheorie im 19. Jahrhundert.* Frankfurt a.M.: Campus.

Plassmann, Alheydis (2009): *Origo gentis. Identitäts- und Legitimitätsstiftung in früh- und hochmittelalterlichen Herkunftserzählungen.* Berlin: Akadamie-Verlag.

Renfrew, Colin (Hg.) (1973): *The Explanation of Culture Change. Models in Prehistory.* Pittsburgh: University of Pittsburgh Press.

van Riper, Anthony B. (1993): *Men among the Mammoths. Victorian Science and the Discovery of Human Prehistory.* Chicago: The University of Chicago Press.

Rupke, Nicolaas A./ Lauer, Gerhard (Hgg.) (2019): *Johann Friedrich Blumenbach. Race and Natural History, 1750–1850.* London: Routledge.

Rowley-Conwy, Peter (2010): *From Genesis to Prehistory: The Archaeological Three Age System and its Contested Reception in Denmark, Britain, and Ireland.* Oxford: Oxford University Press.

Schweighöfer, Ellinor (2018): *Vom Neandertal nach Afrika. Der Streit um den Ursprung der Menschheit im 19. und 20. Jahrhundert.* Göttingen: Wallstein.

See, Klaus v. (1994): *Barbar, Germane, Arier. Die Suche nach der Identität der Deutschen.* Heidelberg: Winter.

Simpson, Thomas (2018): Historicizing Humans in Colonial India. In: Sera-Shriar, Efram (Hg.): *Historicizing Humans. Deep Time, Evolution, and Race in Nineteenth-Century British Sciences.* Pittsburgh: University of Pittsburgh Press, S. 113–137.

Smiles, Samuel (1994): *The Image of Antiquity. Ancient Britain and the Romantic Imagination.* New Haven: Yale University Press.

Stocking, George W. (1987): *Victorian Anthropology.* New York: The Free Press.

Stringer, Christopher/ Gamble, Clive (1993): *In Search of the Neanderthals. Solving the Puzzle of Human Origins.* London: Thames & Hudson.

Trautmann, Thomas R. (1997): *Aryans and British India.* Berkeley: University of California Press.

Trynkina, Dar'ja A. (2016): Aborigennoe naselenie Britanii v trudach viktorianskich antropologov. In: *Istoričeskie issledovanija*, 4, S. 212–226.

Wiwjorra, Ingo (2006): *Der Germanenmythos. Konstruktion einer Weltanschauung in der Altertumsforschung des 19. Jahrhunderts.* Darmstadt: WBG.

https://de.wikipedia.org/wiki/Franz_Bopp. 29.06.2023.

Brigitte Röder

Die Vergegenwärtigung der ›Urzeit: eine Kolonialisierung der Urgeschichte?

ABSTRACT: Since the biblical view of the world and of history lost its role as the (sole) authority on answering the ›ultimate questions‹ in the 19th century, the answers have been sought ›at the beginning of history‹. Prehistory represents this ›beginning‹. Its enormous chronological depth of approx. 2.8 million years is ignored and compressed into a quasi-timeless ›primordial and natural state‹. This serves as a projection surface for a ›social primordial time‹ born from our imagination, which we refer back to, by way of a circular argument, as a point of orientation, legitimation and self-assurance. This presentation of an imagined ›social primordial time‹ and the associated nostrification of the prehistoric people can be viewed as a colonialist practice. The appropriation of the past for actualistic needs is a ›project run by society as a whole‹ which is supported and contributed to by various academic disciplines.

KEYWORDS: questions of origins – universal human nature – ontological difference – nostrification – archaeology as a political practice

1. Ausgangspunkt

Bilder, die ›das Leben in der Urgeschichte‹ darstellen sollen, sind nahezu allgegenwärtig. Sie finden sich in Fachpublikationen, populärwissenschaftlichen Veröffentlichungen, Museen und in den Medien. Analysen zur Darstellung der sozialen Verhältnisse haben gezeigt, dass die meisten dieser Bilder keineswegs Forschungsergebnisse visualisieren, sondern dass die in Szene gesetzten gesellschaftlichen Verhältnisse hochgradig fiktiv und projektiv sind (Röder 2010a; 2015). Die vermeintlich ›wissenschaftlich abgesicherten Rekonstruktionszeichnungen‹ informieren also nur eingeschränkt über das Zusammenleben in der Urgeschichte. Allerdings sind sie eine ausgezeichnete Quelle für verbreitete Vorstellungen darüber, wie das menschliche Zusammenleben ›ursprünglich‹, das heißt ›zu Beginn der Menschheitsgeschichte‹ gewesen sein muss. Die ca. 2,8 Millionen Jahre umfassende Urgeschichte[1] wird in diesem Kontext auf einen quasi zeitlosen ›Ur- und

1 Die Urgeschichte (auch Vorgeschichte oder Prähistorie) ist der älteste und mit ca. 2,8 Millionen Jahren auch der längste Abschnitt der Menschheitsgeschichte, d.h. der Geschichte der Gattung *Homo*. Definitionsgemäss zählen zur Urgeschichte die Gesellschaften der Stein-, Bronze- und Eisenzeit, die keine schriftlichen Zeugnisse hinterlassen haben. Sie endet mit dem Auftreten von

Naturzustand der Menschheit‹ komprimiert. In der Folge tritt den Betrachter*innen auf archäologischen Rekonstruktionszeichnungen, sogenannten Lebensbildern, eine vermeintlich ursprüngliche, *de facto* jedoch imaginierte soziale Welt entgegen, die auf die Urgeschichte projiziert wird. Die Urgeschichte, die in gesellschaftlichen Kontexten meist mit der Chiffre ›Urzeit‹ oder ›Steinzeit‹ belegt wird, fungiert als Kulisse, in der ein zeitgenössisches Stück aufgeführt wird: Dieses hat eine imaginierte ›soziale Urzeit‹ zum Thema. Interessanterweise finden sich die mit ihr verbundenen Vorstellungen keineswegs nur in archäologischen Fachkontexten. Vielmehr sind sie auch in zahlreichen, teils überraschenden gesellschaftlichen Zusammenhängen allgegenwärtig.

Zu untersuchen, ob dieses Phänomen als eine »Kolonialisierung der Vergangenheit«[2] betrachtet werden kann, bietet die Gelegenheit, bisherige Analysen und Erklärungsansätze um eine postkoloniale Perspektive zu erweitern, die bislang noch aussteht. Die konkrete Frage ist dabei, ob dieser Umgang mit der prähistorischen Vergangenheit – d.h. die Projektion einer imaginierten ›sozialen Urzeit‹ und deren Vergegenwärtigung als vermeintlicher Ur- und Naturzustand – als eine kolonialistische Praxis verstanden werden kann. Anders gefragt: Stellen die Imagination einer ›sozialen Urzeit‹, ihre Projektion auf die tiefe Vergangenheit und ihre Vergegenwärtigung in Wissenschaft und Gesellschaft eine ›Kolonialisierung der Urgeschichte‹ dar?

2. Vom ›äffischen und primitiven Anderen‹ zum ›Menschen wie du und ich‹

Angesichts der enormen zeitlichen und kulturellen Distanz, die zwischen der Gegenwart und der ca. 2,8 Millionen Jahre umfassenden Menschheitsgeschichte liegt, wäre eigentlich zu erwarten, dass uns die urgeschichtlichen Lebensverhältnisse ›fremd‹ erscheinen. Möglicherweise gab es in dieser – eigentlich unvorstellbar – langen Zeit sogar Lebensweisen und Formen des Zusammenlebens, die weder von historischen noch von zeitgenössischen Gesellschaften bekannt sind – und die wir uns folglich überhaupt nicht vorstellen können. Aus dieser Perspektive wäre es naheliegend, dass wir allergrößte Mühe hätten, uns in das Alltagsleben und in die Gefühls- und Gedankenwelt urgeschichtlicher Menschen hineinzuversetzen und uns gar mit ihnen zu identifizieren.

Doch schaut man sich die Szenen auf aktuellen Lebensbildern an, wirkt alles wunderbar heimelig-vertraut: Ein Déjà-vu-Erlebnis folgt dem anderen. Dieses Gefühl von fast schon unerschütterlicher Vertrautheit mit urgeschichtlichen Menschen ist verblüffend, zumal es sich bei diesem Phänomen um eine jüngere Entwicklung handelt. Im ausgehenden 19. und

---

Schriftquellen – in weiten Teilen Europas mit der Eroberung durch die Römer und der Eingliederung ins Römische Reich.

2 Zur näheren Bestimmung dieses Begriffs s. die Einführung von Mira Shah und Patrick Stoffel in diesem Band.

Abb. 1: Im ausgehenden 19. und frühen 20. Jahrhundert wurden ›Urmenschen‹ mehrheitlich ›äffisch‹ und ›primitiv‹, teils auch brutal mit Keule in der Hand präsentiert – so auch auf diesem Bild von František Kupka mit dem Titel *Les débuts de l'humanité.* Es erschien am 20.2. 1909 in *L'Illustration* in Paris und eine Woche später, am 27.2.1909 in *The Illustrated London News.* Foto: Jutta Teutenberg 2023, Abb. 35

frühen 20. Jahrhundert vermittelten Darstellungen von Urmenschen neben einigen vertrauten Aspekten – z.B. das Zusammenleben in Familien (Teutenberg 2023) – auch Züge, die wir heute nicht gerne als Teil unserer Persönlichkeit sehen würden, und die wir lieber ›anderen‹ zuschreiben: Die ›Urmenschen‹ wurden mehrheitlich ›äffisch‹ und ›primitiv‹, teils auch brutal mit Keule in der Hand präsentiert (Abb. 1; weitere Abbildungen in Boëtsch/ Gagnepain 2008; Ducros/ Ducros 2000; Grandazzi/ Lafont-Couturier 2003; Weltersbach 2007).

Solche Darstellungen sind mittlerweile fast gänzlich verschwunden. Die Kluft zwischen den ›Urmenschen‹ und ›uns‹ hat sich in den letzten Jahren weitgehend geschlossen:[3] Gezeichnet oder als lebensechte Figuren lächeln Neandertaler heute freundlich ihr (mo-

3 Dieser Wandel der Darstellungen dürfte in Zusammenhang stehen mit veränderten Vorstellungen von der ›Natur des Menschen‹, die Wiktor Stoczkowski (1998, 131) für die Zeit ab Mitte der 1960er konstatiert und deren Ursachen er in ideologischen Veränderungen in der westlichen Welt sieht. Diese hätten dazu geführt, dass die Figur des ›bon sauvage‹ reaktualisiert und die ersten Menschen fast schon zu Blumenkindern stilisiert worden seien. Die nun vorherrschende Vorstellung von der ›Natur des Menschen‹ beinhalte: »L'homme est bon et se distingue du monde animal par sa faculté de compassion, son altruisme, ses éclats de fraternité et sa disposition à tout partager avec ses proches«.

dernes) Gegenüber an (Abb. 2). Empathie und Fürsorglichkeit signalisieren Szenen, in denen eine *Homo erectus*-Frau einen alten Mann füttert bzw. ein schlafendes Baby hält, das sich vertrauensvoll an ihren Körper schmiegt. Ein Neandertaler in der Pose des Denkers von Auguste Rodin suggeriert Intelligenz und Intellektualität, und schöne junge Frauen mit halb geöffneten Lippen oder Schmollmund könnten Aspirantinnen für das Schaulaufen bei *Germany's Next Topmodel* sein. Schließlich transportiert auch das beliebte Sujet des Neandertalers, der auf der Rolltreppe oder in anderen Kontexten inmitten heutiger Menschen kaum auffällt, die Botschaft, dass die urgeschichtlichen Vorfahren ›Menschen wie du und ich‹ waren. Die Identifikation geht mittlerweile sogar so weit, dass die Neandertaler in den Medien als »Die ersten Deutschen«[4] oder als »Die ersten Europäer«[5] figurieren – sie also zu nationalen und europäischen Identifikationsfiguren und damit zu einem Medium nationaler und europäischer Identitätspolitik avanciert sind (Röder 2010b, 88–89).

Während die ›Urmenschen‹ uns immer vertrauter und in unserer Imagination immer ähnlicher werden, zeigen paläogenetische Analysen, dass die biologische Evolution der Gattung *Homo*, vom *Homo habilis* bis zum *Homo sapiens*, verschiedene Menschenarten hervorgebracht hat, die zeitweise gleichzeitig lebten. Es ist also von einer gewissen biologischen Diversität urgeschichtlicher Menschen auszugehen. Trotzdem scheint die biologische Differenz insbesondere zwischen den Neandertalern und den modernen Menschen immer mehr an Bedeutung zu verlieren. Dazu beigetragen hat die 2010 veröffentlichte Analyse des Neandertaler-Genoms, die ergeben hat, dass bis zu vier Prozent der DNA heute lebender Menschen vom Neandertaler stammen können (Green et al. 2010). Diese Erkenntnis wird als so bedeutend eingestuft, dass Svante Pääbo 2022 den Nobelpreis für sie erhalten hat. Mit Bezug auf diese paläogenetischen Ergebnisse hat das Neanderthal Museum den lebensgroßen Neandertaler im Business-Anzug, den es zu seinem 75-jährigen Bestehen herstellen ließ, »Mister 4%« – bzw. wegen seines schicken Aussehens auch »Steinzeit-Clooney« – genannt (Abb. 3). Das Gefühl von Nähe und Vertrautheit, das er evoziert, ist so groß, dass man ihm sogar ein prähistorisches Werkzeug in die Hand geben muss, um klarzustellen, dass er eigentlich in eine andere Zeit gehört. Diese Einebnung von zeitlicher, soziokultureller und biologischer Differenz zeigt sich auch in Bemerkungen wie ›In moderner Kleidung ginge ein Neandertaler in der U-Bahn problemlos durch‹.

---

4 So z.B. in der Serie des *Stern* »Deutschland in der Urzeit – Saurier, Neandertaler und Germanen« aus dem Jahr 2006 und in der Fernsehdoku »Der *Neandertaler*-Code – Das Geheimnis der *ersten Deutschen« von Tamara Spitzing und* Jörg Müllner aus dem Jahr 2010.

5 Andrea Wengel, Die ersten Europäer. Website von Planet Wissen vom 25.10.2004; letzter Zugriff am 14.3.2006. Seit der Aktualisierung vom 22.6.2020 ist die Website mit »Neandertaler« überschrieben, wobei im ersten Satz vermerkt wird, dass sie 250.000 Jahre lang Europa beherrscht hätten (https://www.planet-wissen.de/geschichte/urzeit/der_neandertaler/index.html).

Abb. 2: Die Kluft zwischen den ›Urmenschen‹ und ›uns‹ hat sich in den letzten Jahren weitgehend geschlossen. Foto: Holger Neumann, Neanderthal Museum

Im Verlauf eines stillen Wandels mutierten bzw. avancierten die ›Urmenschen‹ von den ›äffischen und primitiven Anderen‹ zu ›Menschen wie du und ich‹. Auf die anfängliche ›Veranderung‹ (*Othering*) folgte eine ›Verunserung‹ bzw. Nostrifizierung. Als Gegenbild zum ›zivilisierten Europäer‹ zunächst exotisiert und abgewertet, wurden ›Urmenschen‹ immer mehr als ›gleich‹ vereinnahmt. Parallel dazu wurde der Inhalt des Stücks über die ›soziale Urzeit‹, in dem sie als Protagonisten auftreten, immer detaillierter ausgemalt. Mittlerweile wird in diesem ›Urzeitstück‹ alles ›*Ur*-menschliche‹ zur Aufführung gebracht. Seine Protagonisten, die ›Menschen im Ur- und Naturzustand‹ verkörpern, sind Gewährsleute für die imaginierte ›Natur des Menschen‹.[6] Deren Vergegenwärtigung verschafft Orientierung, Legitimation und Identifikationsmöglichkeiten.

6 Vor der Konfrontation mit den ›Urmenschen‹ im 19. Jahrhundert wurden die Begegnungen mit Indigenen seit der frühen Neuzeit als Möglichkeit betrachtet, Aufschlüsse über die ›Natur des Menschen‹ zu erlangen (u.a. Kiening 2006). Es wäre lohnend, die komplexen Diskurse, die sich im Spannungsfeld von Fremd- und Selbsterfahrung um die Figur des ›Wilden‹ und des ›Urmenschen‹ ranken, zu vergleichen und Gemeinsamkeiten und Unterschiede herauszuarbeiten, um ein tieferes Verständnis solcher ›Grenzfiguren‹ zu erlangen (zu Grenzfiguren s. Purtschert 2006).

Abb. 3: »Mister 4%« bzw. »Steinzeit-Clooney«: lebensgroßer Neandertaler im Business-Anzug, den das Neanderthal Museum zu seinem 75-jährigen Bestehen herstellen ließ. Sein Name spielt darauf an, dass bis zu vier Prozent der DNA heute lebender Menschen vom Neandertaler stammen können. Foto: Holger Neumann, Neanderthal Museum

3. ›Urmenschen‹ überall!

Einmal dafür sensibilisiert, wie populär und nahezu omnipräsent ›Urmenschen‹ im Alltag sind, entdecke ich sie mittlerweile nahezu überall. Man denke etwa an *Silex and the city*, eine Comic- und Zeichentrickserie um die Familie Dotcom, die – wie schon ihre legendäre Vorgängerin *Familie Feuerstein* – vorführt, dass in der Steinzeit im Prinzip alles so war wie heute. ›Urmenschen‹ sind Thema zahlreicher Fernseh-Dokus und von Titelgeschichten großer Magazine. Sie sind Protagonisten von Kinofilmen und zahlreichen Videospielen. Schließlich begegnen sie einem auch in der Werbung, in Museen, Schul- und Geschichtsbüchern und nicht zuletzt in der Prähistorischen Archäologie.

Urmenschen, verkörpert und (binär) vergeschlechtlicht im Jäger und der Sammlerin, scheinen für alle Lebensbereiche ideale Erklärungs- und Rollenmodelle zu sein. Im Folgenden einige Fundstücke aus meiner ›Sammlung‹: Die Paläodiät verspricht wunderbare Abnehmerfolge, wenn man das auf den Speiseplan setzt, was in der Urgeschichte gejagt und gesammelt wurde. Die angebliche Vorliebe von Frauen und Mädchen für Rot- und Rosatöne wird darauf zurückgeführt, dass sie in der Urgeschichte auf das Finden reifer Früchte fokussiert gewesen seien. Auch zur Erklärung der in diversen Bestsellern thematisierten, angeblich ›natürlichen‹ Unterschiede zwischen Männern und Frauen werden der Jäger und seine sammelnde Gattin bemüht. Und so können sie scheinbar eine schlüssige Erklärung dafür geben, weshalb heutige Männer nicht zuhören und Frauen schlecht einparken. Schließlich erfahren wir durch einen Exkurs in die prähistorische Männerwelt, weshalb Männer seit der Urgeschichte Blondinen bevorzugen und können uns auf eine erfolgreiche Partnersuche freuen, sofern wir sie wie in der Steinzeit gestalten.

4. Die imaginierte ›soziale Urzeit‹

Der Eindruck, dass sich die meisten der oben genannten Beispiele um Männer und Frauen sowie um Familien drehen, ist richtig: Wenn in gesellschaftlichen Kontexten auf ›die Urzeit‹ oder auf ›die Steinzeit‹ Bezug genommen wird, geschieht das häufig in Bezug auf die Geschlechter- und Familienverhältnisse, die als die elementaren Formen des menschlichen Zusammenlebens gelten. Wie diese gezeichnet werden, und welche inhaltlichen Muster und Stereotype diese Imaginationen der ›sozialen Urzeit‹ enthalten, sollen die folgenden Fallbeispiele verdeutlichen. Die Protagonist*innen dieser Vorstellungswelt sind ›der Jäger‹ und ›die Sammlerin‹, die sich wunderbar ergänzen und deshalb ein urgeschichtliches Traumpaar bilden.

Beginnen wir im Theater: Wenn es bei Paaren kriselt, ist diese harmonische Ergänzung aus der Balance geraten. Diese Erfahrung macht auch der Protagonist des Ein-Mann-Stücks *Caveman.*[7] In einer solchen Krise erhält er unerwartete Hilfe von seinem Urahn aus der Steinzeit. Dieser lässt ihn an einer Jahrtausende alten Weisheit teilhaben: Männer sind Jäger und Frauen sind Sammlerinnen. »Ganz natürliche Erklärungen« (s. Untertitel von Pease/ Pease 2000; 2005) und einfache Lösungen für große Probleme versprechen diverse Bestseller, die um die angeblich ›biologisch vorgegebenen‹ Unterschiede zwischen Männern und Frauen kreisen. Besonders erfolgreich ist das Buch von Allan und Barbara Pease, die erklären, *Warum Männer nicht zuhören und Frauen schlecht einparken* (2000). Die Kernbotschaften wurden in einer handlichen Ausgabe

7 Nähere Informationen auf https://caveman.de/, letzter Zugriff am 30.7.2023.

für Hand- oder Hemdtasche konzentriert (Pease/ Pease 2005), und schließlich wurde das Buch sogar verfilmt.[8] Auf dem Filmplakat ist nicht nur ein heutiges, sondern auch ein ›Urmenschen‹-Paar zu sehen. Die beiden sind die Kronzeugen für die ›natürlichen‹ Geschlechterverhältnisse. Und wie man sich diese vorzustellen hat, kann man im Kapitel »Wie wir das geworden sind, was wir sind« nachlesen. Im Stil eines Märchens, aber mit Wahrheitsanspruch, klärt der Text über Folgendes auf (Pease/ Pease 2005, 16–17; 19):

> Es war einmal vor langer, langer Zeit, da lebten Frauen und Männer noch glücklich zusammen und gingen in Harmonie ihrer Arbeit nach. Der Mann wagte sich Tag für Tag in eine feindliche und gefährliche Welt hinaus, wo er als Jäger sein Leben riskierte, um seiner Frau und seinen Kindern Nahrung zu beschaffen, und zu Hause verteidigte er sie gegen wilde Tiere und andere Feinde. [...] Es war ziemlich einfach: Er war der Beutejäger, sie die Nesthüterin. [...] Diese herkömmlichen Regeln wurden jedoch in unserer modernen, zivilisierten Welt abgeschafft, und die Folgen sind Chaos, Verwirrung und Unzufriedenheit.

Soweit Allan und Barbara Pease, die ein goldenes Zeitalter heraufbeschwören, in dem Männer und Frauen ›noch wussten‹, was sie aufgrund ihres angeblich ureigenen Wesens und ihrer angeblich angeborenen Eigenschaften zu tun bzw. zu lassen hatten – und sich auch daran hielten. Eine heile Geschlechterwelt also...

Wie sich durch den sogenannten Zivilisationsprozess die Geschlechterrollen verändert haben, beschäftigt auch den Philosophen Peter Sloterdijk. Er hat sich zu diesem Thema in einem Interview geäußert, das er dem SPIEGEL anlässlich der Weltmeisterschaft von 2006 gegeben hat. Darin kommt er auch auf den Jäger und die Sammlerin zu sprechen (Sloterdijk 2006, 70):

> SPIEGEL: Herr Sloterdijk, wie gucken Sie sich die WM an, als Fan oder als Philosoph?
>
> Sloterdijk: Eher als ein Mensch, der sich für die Archäologie der Männlichkeit interessiert. Das Fußballspiel ist atavistisch, und es ist eine anthropologische Versuchsanordnung. Seit einigen tausend Jahren suchen die männlichen Menschen nach einer Antwort auf die Frage: Was macht man mit Jägern, die keiner mehr braucht? Von unserem anthropologischen Design her sind Männer so gebaut, dass sie an Jagdpartien teilnehmen. Doch haben wir seit gut 7000 Jahren, seit Beginn des Ackerbaus, die Jäger einem riesigen Sedierungsprogramm unterworfen. Je höher die Religion, desto stärker

8 Warum Männer nicht zuhören und Frauen schlecht einparken. Regie: Leander Haußmann; Drehbuch: Rochus Hahn, Allan Pease. Constantin Film 2007.

war der Versuch, den inneren Jäger davon zu überzeugen, dass es im Grunde eine Schande ist, ein Mann zu sein […].

SPIEGEL: Der Ur-Mann im Mann ist also weitgehend nutzlos und nur im Spiel zu gebrauchen. Haben es die Frauen besser?

Sloterdijk: Frauen sind herkunftsmäßig Sammlerinnen, und die braucht man heute mehr denn je, denn aus der Sammlerin wird auf dem kürzesten Weg die Konsumentin. Frauen sind in diesem Punkt viel kapitalismuskompatibler als Männer. In der Konsumentin zeigt sich noch immer diese stille, triumphale Genugtuung der Sammlerin, die in ihrem Korb etwas heimbringt. Daraus ist dieses mysteriöse weibliche Universal der Handtasche entstanden. Ein Mann ohne Speer oder ohne Ball, das geht ja noch, aber eine Frau ohne Handtasche, das ist wider die Natur.

Die Beispiele für das Phänomen, dass Unterschiede zwischen den Geschlechtern auf den urgeschichtlichen Jäger und seine sammelnde Gattin zurückgeführt werden, ließen sich beliebig fortsetzen, doch die Inhalte beginnen sehr schnell sich zu wiederholen. Kurz zusammengefasst sind ›der Jäger und die Sammlerin‹ deshalb ein vorbildliches Traumpaar, weil es das angeblich ›ursprüngliche‹ und ›natürliche‹ Geschlechterverhältnis verkörpert und deshalb einen Referenz- und Orientierungspunkt in der aktuellen Geschlechterdebatte darstellt. Es zeigt nämlich vermeintlich, wie Männer und Frauen ›von Natur aus‹, ihrem ›anthropologischen Design‹ und ihrem ›tiefsten Wesen‹ nach sind – bzw. sein sollen. Außerdem liefert es eine scheinbar schlüssige Erklärung für die angeblichen Unterschiede und heutigen Turbulenzen zwischen den Geschlechtern, die je nach weltanschaulichem Hintergrund wahlweise als Missachtung der ›natürlichen‹, ›ursprünglichen‹ oder der ›schöpfungsgewollten‹ Geschlechterrollen erklärt werden.

Für die Urgeschichte – beziehungsweise für ›die Steinzeit‹ oder die ›Urzeit‹, auf die sie in gesellschaftlichen Debatten oft reduziert wird – lassen sich vor diesem Hintergrund folgende Funktionen ableiten: Durch den Blick zurück auf die vermeintlichen Anfänge dient sie der Selbstvergewisserung und Orientierung und sie stellt eine Kulisse und Argumentationsplattform für diejenigen dar, die an traditionellen Identitätskonzepten und Rollenmodellen festhalten möchten – und zwar ganz nach dem Motto ›Back to the roots! Zurück in die Steinzeit!‹.[9] Die Wurzeln sind wohl als eine Art

9 In den Medien erhalten seit einigen Jahren archäologische Befunde viel Aufmerksamkeit, die gängigen Rollenerwartungen oder dem binären Geschlechterkonzept widersprechen – so beispielsweise die Gräber einer ›Kriegerin‹ und einer ›Jägerin‹ sowie eine Person mit einem XXY-Chromosomensatz. Auf starkes Interesse stoßen auch Bestattungen von biologischen Männern im selben Grab, die als homosexuelles Paar gedeutet werden. Analog zur Instrumentalisierung der

Pfahlwurzel zu denken, die bis zu einem absoluten, historischen Nullpunkt zurückreicht, in dem alles bereits angelegt war, und auf den man sich bei Bedarf beziehen kann. Das gilt auch für das Geschlechterverhältnis, das mit dem Urmenschenpaar verkörpert wird, und mit dem uns heute eine direkte Herkunfts- und Traditionslinie zu verbinden scheint.

Erstaunlicherweise spielt die enorme zeitliche Tiefe des Vergleichs offenbar keine Rolle. Die ca. 2,8 Millionen Jahre umfassende Menschheitsgeschichte, in der nachweislich tiefgreifende Veränderungen stattgefunden haben, wird quasi ›eingefroren‹ und stillgestellt. Anzunehmen, dass das Geschlechtermodell 2,8 Millionen Jahre unverändert geblieben und obendrein überall gleich gewesen sei, ist aus kulturgeschichtlicher und sozialwissenschaftlicher Sicht geradezu absurd. Noch fragwürdiger wird der Vergleich, wenn man das vom Jäger und der Sammlerin verkörperte Rollenmodell etwas genauer betrachtet.

Dann zeigt sich nämlich, dass es sich letztlich um ein ›bürgerliches Ehepaar‹ handelt, bei dem der Mann die Rolle des Ernährers und Familienoberhauptes, die Frau die Rolle der Gattin, Hausfrau und Mutter einnimmt. Dieses Geschlechter- und Familienmodell ist in seiner spezifischen Ausprägung historisch eine recht junge Erscheinung, die erst vor rund 250 Jahren im Rahmen der Herausbildung der Bürgerlichen Gesellschaft entstanden ist (Honegger 1992; Maihofer 1995; Opitz-Belakhal 2010). Bereits im 19. Jahrhundert begann das Bürgertum damit, sein Geschlechter- und Familienleitbild als »allgemein menschlich« darzustellen (Kaufmann 1995, 23) – gerade so, als ob diese modernen Konzepte so alt wie die Menschheit seien. Und so erstaunt es nicht, dass diese erst rund 250 Jahre alten Leitbilder – zumindest in westlichen Gesellschaften – noch heute als vermeintliche Grundelemente des menschlichen Zusammenlebens gelten. Indem sie auf die Anfänge der 2,8 Millionen Jahre langen Menschheitsgeschichte zurückgeführt werden, werden sie als ›natürlich‹, ›ursprünglich‹ und ›allgemein menschlich‹ präsentiert – und damit naturalisiert, archaisiert und universalisiert.

Daran, dass sich diese Vorstellungen so hartnäckig halten, hat auch die Prähistorische Archäologie ihren Anteil. Schließlich haben auch wir Archäologinnen und Archäologen diese Konzepte und Ideen in unserem ›kulturellen Gepäck‹. Und weil sie so ›unglaublich selbstverständlich‹, so ›gänzlich unbestritten‹ und so ›ungemein plausibel‹ erscheinen, kommen sie bei wissenschaftlichen Interpretationen in der Regel nicht auf den Prüfstand. Vielmehr scheinen die Grundzüge des Zusammenlebens – d.h. die Geschlechter- und Familienverhältnisse – in urgeschichtlichen Gesellschaften bereits bekannt zu sein. Indem die Bürgerliche Gesellschaft in fast allen archäologischen Rekonstruktionen als implizites Analogiemodell für die sozialen Verhältnisse ›am

---

Urgeschichte, um traditionelle Vorstellungen zu stützen, wird auch hier die tiefe Vergangenheit benutzt, um heutige (›progressivere‹) Konzepte als ›normal‹ und ›allgemein menschlich‹ zu präsentieren bzw. zu legitimieren.

Anfang der Geschichte‹ benutzt wird, wird die soziale bürgerliche Welt als Ur- und Naturzustand präsentiert – und die Urgeschichte wird mit bürgerlichen Urmenschen bevölkert. Deshalb erscheinen uns die sozialen Konzepte des westlichen Bürgertums als ›*ur*-menschlich‹ und die Urmenschen folglich ›vertraut bürgerlich‹ (Röder 2013). Und mit jedem neuen Lebensbild, das das bürgerliche Geschlechter- und Familienmodell in urgeschichtlichen Kulissen in Szene setzt, wird diese Vorstellung scheinbar immer ›wahrer‹.

Ein markantes Beispiel für diesen Mechanismus sind rund 3,6 Millionen Jahre alte Fußspuren von Australopithecinen, die Mary Leakey 1978 bei Laetoli in Tansania entdeckte – und die viele Fragen aufwerfen, die kontrovers diskutiert werden (Karlisch 1998, 145–146). So ist nicht einmal gesichert, ob sie von zwei oder drei Individuen stammen und welches Geschlecht sie hatten. Umso verblüffender sind Rekonstruktionszeichnungen zu diesem Befund, von denen die meisten ein heterosexuelles Paar zeigen, bei dem er die Rolle des Beschützers hat.[10] Stellt man sich die beiden ordentlich bekleidet vor, gingen sie als Pärchen beim Sonntagnachmittagsspaziergang durch. Teils legt er zärtlich-beschützend oder patriarchal-besitzergreifend den Arm um sie, teils geht er in der Rolle des Führers und Beschützers voraus. Auf manchen Bildern ist sie schwanger, auf anderen hat sie ein Kleinkind auf dem Arm oder hält es an der Hand. In einem Szenario balanciert ein Kind in den von den Erwachsenen eingetieften Spuren dem Paar hinterher.

Die Prähistorikerin und Soziologin Sigrun Karlisch hat sich intensiv mit den wissenschaftlichen Grundlagen der verschiedenen Szenarien befasst und dargelegt, dass diese hochgradig fiktiv sind und dass auch andere Szenarien denkbar wären (Karlisch 1998, 146; 154). Für die Deutung des archäologischen Befunds, d.h. für die erhaltenen Fußspuren, käme grundsätzlich ein weites Spektrum unterschiedlichster Szenarien in Betracht. Das Frappierende ist, dass dieses Spektrum nicht ausgelotet wird, sondern dass die Interpretationen auf heterosexuelle Paarbeziehung und Kernfamilie fokussieren. Karlisch hat dieses Phänomen als »Mama-Papa-Kind-Syndrom« bezeichnet. Sie kommt zum Schluss, dass auf die 3,6 Millionen Jahre alten Fußspuren von Laetoli aktuelle Geschlechterrollen und das Konzept der Kernfamilie projiziert werden (Karlisch 1998, 156–157). Man könnte auch sagen, dass ein bestimmtes Geschlechter- und Familienmodell stillschweigend für *Australopithecus afarensis* vorausgesetzt wird. Insofern suggerieren diese rekonstruierten Paar- und Familienszenen, dass die Kernfamilie, basierend auf einer heterosexuellen Liebesbeziehung, schon bei den stammesgeschichtlichen Vorläufern der Menschen gang und gäbe gewesen sei. Damit scheint sie zu den biologischen Grundlagen des Menschen zu gehören und folglich seine ›normale‹ Lebensform ›im Naturzustand‹ zu repräsentieren. Um es für das Fallbeispiel

10 Für eine Auswahl der existierenden Rekonstruktionszeichnungen s. Karlisch 1998, Abb. 3–8.

auf den Punkt zu bringen: Die Rekonstruktionszeichnungen zum Befund von Laetoli bilden einen vermeintlichen ›Naturzustand‹ ab und schreiben somit die Idee von einer als unveränderlich angenommenen ›Natur des Menschen‹ fest (Karlisch 1998, 158). ›Urmenschen‹ wären demnach ›Menschen wie du und ich‹ – mit derselben ›biologischen Grundausstattung‹ und mit denselben Wünschen, Nöten und Sorgen, die sich – genau wie wir heute – verliebten, einen gemeinsamen Haushalt und eine Familie gründeten, zusammen lebten und gemeinsam wirtschafteten, um schließlich gemeinsam alt zu werden.

Ein anderes eindrückliches Beispiel ist ein ›Living-Science-Projekt‹ des Schweizer Fernsehens namens *Pfahlbauer von Pfyn* (2007).[11] Bei diesen handelt es sich um zwei Familien, die vier Wochen lang vor laufenden Kameras jeweils in einem für sie originalgetreu aufgebauten Pfahlbau lebten. Während dieser Zeit wurde das Fernsehpublikum allabendlich über die Herausforderungen informiert, die das ›Steinzeitleben‹ für unsere Zeitgenoss*innen den Tag durch bereitgehalten hatte.[12] Vor dem Umzug ins Pfahlbaudorf mussten diese im Fernsehsender authentische Steinzeitkleidung anlegen und ihren anachronistischen Schmuck, die Armbanduhren und ihre Eheringe abgeben. Die interessante Frage, ob in der Jungsteinzeit tatsächlich in jedem Pfahlbauhäuschen eine Kleinfamilie mit bürgerlicher Rollenteilung lebte, wurde in der Serie allerdings nicht gestellt. Stattdessen wurden mit allergrößter Selbstverständlichkeit heutige Formen des Zusammenlebens in die inszenierte Vergangenheit transferiert. Im Gegensatz zur materiellen Kultur, bei der mit fachlicher Unterstützung eines Prähistorikers peinlich genau auf Authentizität geachtet wurde, erhielten die sozialen Verhältnisse bei der Konzeption dieses Experiments keine Aufmerksamkeit: Diese scheinen außerhalb von Raum und Zeit zu stehen, also universal zu sein. Und so verwundert es nicht, dass die stillschweigende Annahme, dass in jedem urgeschichtlichen Pfahlbauhäuschen eine Kernfamilie westlich-bürgerlichen Zuschnitts wohnte, keineswegs nur bei Fernsehmacher*innen, sondern auch in der Archäologie verbreitet ist, wie eine Analyse von Fachliteratur zur Schweizer Seeuferarchäologie gezeigt hat (Lutz 2010; 2013).

Dabei gibt es unzählige historische, ethnologische und soziologische Studien, die eine breite Palette an Geschlechter-, Familien- und Haushaltsmodellen aufzeigen, die obendrein höchst wandelbar und keineswegs seit Urzeiten immer und überall gleich sind. Einen solchen Wandel erleben wir ja gerade: Traditionelle Rollenbilder brechen auf, es entstehen neue Konzepte von ›Weiblichkeit‹ und ›Männlichkeit‹ und neue Formen geschlechtlicher Identität jenseits des bisherigen Dualismus von ›Mann‹ *oder*

11 Ein Jahr zuvor, im Sommer 2006, hatten der SWR und der BR ein ähnliches Projekt durchgeführt und die Fernsehdokumentation *Steinzeit – Das Experiment. Leben wie vor 5000 Jahren* ausgestrahlt.

12 Zur SRF-Serie erschien noch im gleichen Jahr die DVD *Pfahlbauer von Pfyn. Steinzeit live.*

›Frau‹. Neben der Heterosexualität werden zunehmend andere Formen des sexuellen Begehrens akzeptiert, und auch die Beziehungs-, Haushalts- und Familienformen werden immer vielfältiger. Doch das aktuelle Lehrstück über die historische Bedingtheit und Veränderbarkeit von Identitätskonzepten und sozialen Leitbildern scheint die Überzeugung, dass das bürgerliche Geschlechter- und Familienmodell seit jeher die Grundlage menschlicher Gesellschaften bilden, nicht nachhaltig zu erschüttern. Im Gegenteil: Auch von denjenigen, die sich heute für eine Pluralisierung von Lebensformen und Identitätskonzepten stark machen, arbeiten sich etliche an dieser Idee als einer vermeintlich ›historischen Tatsache‹ ab. Als Beispiel möchte ich auf ein Kinderbuch mit dem Titel *Alles Familie* aus dem Jahr 2010 verweisen (Maxeiner/ Kuhl 2010). Der Untertitel *Vom Kind der neuen Freundin vom Bruder von Papas früherer Frau und anderen Verwandten* stellt klar, dass es hier um die komplexen Verwandtschafts- und Beziehungsverhältnisse in Patchworkfamilien geht. Das Buch startet mit den Bienen, Enten und Wölfen – also bei der ›Natur‹ bzw. bei der ›Biologie‹ – und kommt dann zu den Steinzeitmenschen, die in Familien zusammengelebt haben sollen. Es wird eine klassische Rollenteilung gezeigt: Die Frauen kümmern sich in der heimischen Höhle um die Kinder, während ein heroischer Mann ein übergroßes Mammut jagt. Auch hier wird die biologische Kernfamilie mit der bürgerlichen Rollenteilung als ursprünglich präsentiert – d.h. er Ernährer und Familienoberhaupt, sie Gattin, Hausfrau und Mutter.

Diese Fallbeispiele aus diversen gesellschaftlichen Kontexten und aus der Prähistorischen Archäologie illustrieren, wie stereotyp die verbreiteten Vorstellungen von den ›ursprünglichen‹ sozialen Verhältnissen ›am Anfang der Geschichte‹ sind, die zudem als ›allgemein menschlich‹ gelten – gerade so, als ob sie in einem genetisch verankerten ›Sozialprogramm‹ fixiert seien. Diese kulturellen Konzepte prägen nicht nur die Archäologie, sondern hinterlassen ihre Spuren auch in anderen Disziplinen – beispielsweise in der Paläoanthropologie (Schibinger 1993; Ebeling/ Schmitz 2006; Schmitz 2006), der Soziologie, der Evolutionsbiologie und den Neurowissenschaften (Palm 2020; Schmitz 2014), wo sie in Theoriebildungsprozesse und Interpretationen eingehen. Anders gesagt: Dieselben Diskurse über Geschlecht und Familie durchziehen sowohl die Gesellschaft als auch die Wissenschaften und bilden das Gerüst für die hier skizzierte imaginierte ›soziale Urzeit‹.

5. Die Vergegenwärtigung der Urgeschichte

5.1 Die Nostrifizierung der ›Urmenschen‹

Im Folgenden möchte ich die imaginierte ›soziale Urzeit‹ aus einer postkolonialen Perspektive betrachten und der Frage nachgehen, ob der beschriebene Umgang mit der

Urgeschichte eine ›Kolonialisierung der Vergangenheit‹ darstellt und wie mit den – um im Bild zu bleiben –›kolonisierten Bewohner*innen‹, den urgeschichtlichen Menschen, umgegangen wird. Wie bereits angesprochen, hat sich das Bild vom ›Urmenschen‹ massiv gewandelt. So hat es im Laufe der Zeit alle irritierenden, fremden und vielleicht auch beängstigenden Facetten verloren. Der smarte Zeitgenosse im Business-Anzug (Abb. 3), der mit einem Menschen aus der Altsteinzeit äußerlich nur noch das Steinwerkzeug gemein haben dürfte, das er in der Hand hält, ist ein ikonisches Bild: Die ›Urmenschen‹ sind heute nicht mehr die ›primitiven, erschreckenden Anderen‹. Im Laufe der letzten 150 Jahre haben wir sie uns im Rahmen eines umfassenden Nostrifizierungsprozesses vertraut gemacht. Wir haben sie in gewisser Weise gezähmt, haben im Rahmen dieses Domestikationsprozesses unliebsame Eigenschaften zunehmend zum Verschwinden gebracht und wünschenswerte gefördert. Wir haben sie vereinnahmt, instrumentalisiert und zu den idealen Protagonist*innen in einem ›sozialen Theater‹ gemacht, in dem heutige soziale Leitbilder verhandelt werden. Wir haben sie in unsere Lebenswelt integriert und sie als ›uns gleich‹ deklariert. Sie sind jetzt auf Augenhöhe und könnten zumindest in sozialer Hinsicht Zeitgenoss*innen sein.

Die Voraussetzung für diese Gleichstellung ist die Negierung ihres Andersseins; der Preis für die Gleichstellung ist der Verlust der ehemals vorhandenen, historisch situierten Identitäten. Diese werden mit dem westlich-bürgerlichen, neoliberalen Menschenbild überschrieben, das somit als universal, als allgemein menschlich und damit als allgemeine Norm gesetzt wird. Zugleich wird diese spezifische Vorstellung vom ›Menschsein‹ zu einer Vorstellung vom ›Menschsein an sich‹. Dieses Phänomen wurde m.W. noch nicht systematisch analysiert, doch es manifestiert sich in verschiedenen Themenfeldern. Dazu gehört beispielsweise die Debatte über das ›Aussterben der Neandertaler‹, wenn es damit erklärt wird, dass diese ›weniger anpassungsfähig‹ gewesen seien als der moderne Mensch (Röder 2010b, 91–94). Ein weiteres Feld, in dem normative Aspekte rund um das neoliberale Menschenbild und damit auch die Frage, was den Menschen ausmacht, über die ›Urmenschen‹ intensiv verhandelt werden, sind physische und geistige Beeinträchtigungen. In diesem Kontext wird immer wieder deutlich, dass uneingeschränkte Leistungsfähigkeit und Autonomie als universale Norm präsentiert werden, denen (die implizit negativ bewertete) verminderte Leistungsfähigkeit und Abhängigkeit gegenübergestellt werden. Hier scheinen sich aktuelle Subjektivierungsformen, Stichwort ›das neoliberale Selbst‹ (Nordmann 2013; Sennett 2006) und ›das unternehmerische Selbst‹ (Bröckling 2019), zu manifestieren. Dabei wird nicht bedacht, dass Phasen eingeschränkter Leistungsfähigkeit und der Hilfsbedürftigkeit zu jedem Lebenslauf gehören – ein Umstand, auf den das Konzept ›temporarily able-bodied‹ aufmerksam macht, das in der nordamerikanischen Behindertenbewegung Ende der 1980er Jahre geprägt wurde und in die Disability Studies Eingang gefunden hat (Goodley 2011, 1).

Auf den ersten Blick beinhaltet die Konstruktion der urgeschichtlichen Menschen als neoliberale Subjekte keine Abwertung, sondern vermeintlich eine Aufwertung. Allerdings nur auf den ersten Blick, denn die Zuschreibung aktueller westlicher Subjektivierungsformen und Normalitätsvorstellungen erfolgt aus einer evolutionistischen und eurozentrischen Perspektive: Die ›Urmenschen‹ werden auf ›unser Niveau gehoben‹ und alle Differenzen werden negiert. Indem urgeschichtliche Menschen als westlich-bürgerliche, neoliberale Subjekte konstruiert werden, wird ihnen ihr Status als historische Subjekte abgesprochen; es wird negiert, dass sie unter vielfältigen, jeweils spezifischen historischen Umständen gelebt haben, die mit den heutigen nicht vergleichbar sind; letztlich werden sie durch diesen Akt der Nostrifizierung zum Verschwinden gebracht.

5.2 Die Urgeschichte: (k)ein fremdes Land?

Die Urgeschichte steht für einen gigantischen, letztlich unvorstellbar langen Zeitraum, in dem nachweislich mannigfaltige, teils tiefgreifende Veränderungen stattgefunden haben. In den ›sozialen Urzeitszenarien‹ sind diese Veränderungen jedoch stillgestellt, und die enorme zeitliche Tiefe und historische Dynamik der Menschheitsgeschichte werden negiert. Im Hinblick auf die elementaren Formen des menschlichen Zusammenlebens, d.h. hinsichtlich der Geschlechter-, Familien- und Generationenverhältnisse, wird die Urgeschichte so zu einem zeit- und geschichtslosen Raum. In ihm bleibt nicht nur alles gleich, darüber hinaus gibt es auch keine Unterschiede und keine kulturellen Differenzen: Alles ist homogenisiert, denn das Zusammenleben ist überall gleich und vertraut. Es entspricht den sozialen Leitbildern der Bürgerlichen Gesellschaft, ist also in diesem Sinne kulturell kodiert. Durch diese Formen der Aneignung wird die Urgeschichte zu einem vertrauten Terrain – zu einer Art überzeitlichem Themenpark der Bürgerlichen Gesellschaft.

Bereits im Titel seines 1985 publizierten, viel beachteten Buchs *The past is a foreign country* bezeichnet David Lowenthal die Vergangenheit als ein ›fremdes Land‹. Er erläutert (Lowenthal 2015, 3),[13] dass er damit den ersten Satz eines Romans von Leslie Poles Hartley aufnimmt, der lautet: »The past is a foreign country, they do things differently there« (Hartley 1953, 17). Laut Lowenthal ist die Vergangenheit allerdings gerade kein fremdes Land, in dem die Menschen die Dinge anders tun als wir. Der Grund dafür sei, dass wir dieses Land so umgestaltet hätten, dass es den Bedürfnissen der Gegenwart und den Hoffnungen für die Zukunft gerecht werde. Wir täten das, indem wir das bewahrten oder verwürfen, was die Natur und unsere Vorfahren über-

13 2015 erschien eine komplett überarbeitete und mit umfangreichen Ergänzungen versehene Neuauflage, auf die ich mich stütze.

liefert hätten. Auf diese Weise domestizierten wir die Vergangenheit (Lowenthal 2015, Frontmatter). Am Ende könne man über die Menschen der Vergangenheit sagen: »They do things exactly the same there« (Lowenthal 2015, 594).[14] Jeder sei an diesem Prozess aktiv beteiligt (Lowenthal 2015, 596):

> Emboldened by self-righteous solipsism, Everyman today constrains the past to his own image, denying its difference and demanding its likeness to his prejudices. Thus, is resuscitated the sense of history long previously held, by the learned as well as the laity, that people of all epochs are basically alike, human nature changeless, past and present essentially the same.

Während ich diese Einschätzungen Lowenthals teile und auch für mein Arbeitsfeld, die Prähistorische Archäologie, nachvollziehen kann, kann ich ihm in einem Punkt nicht folgen: Lowenthal sieht als Träger dieses Domestikationsprozesses in erster Linie die Öffentlichkeit: Während die Vergangenheit für die Historiker immer fremder werde, sei es die Öffentlichkeit, die eine fremde Vergangenheit nicht ertragen könne und sie deshalb eifrig domestiziere (Lowenthal 2015, 595). Diese Trennung von Wissenschaft und Gesellschaft ignoriert, dass Wissenschaft stets gesellschaftlich situiert ist (u.a. Haraway 1988) und die »Öffentlichkeit als ›Resonanzraum‹ der Wissenschaft« figuriert (Schweizer 2006, 82). Die Wissenschaftsforscher*innen Helga Nowotny, Peter Scott und Michael Gibbons betrachten Wissenschaft und Gesellschaft denn auch nicht als getrennte Welten, sondern als Bereiche, die miteinander interagieren und sich gegenseitig durchdringen. Sie halten fest: »In diesem Sinne läßt sich von einer Koevolution beider sprechen« und stellen heraus, »daß Wissenschaft und Gesellschaft [...] denselben oder ähnlichen treibenden Kräften unterliegen« (Nowotny/ Scott/ Gibbons 2005, 65; 67). Als eine der treibenden Kräfte haben sie das »allgemeine Anwachsen von Ungewissheit« identifiziert (Nowotny/ Scott/ Gibbons 2005, 65).

Dieses, in vielen zeitdiagnostischen Analysen immer wieder festgestellte »allgemeine Anwachsen von Ungewissheit« und die zunehmende Verunsicherung bis hin zur Orientierungslosigkeit sind eine plausible Erklärung dafür, weshalb gerade aktuell der Blick zurück auf die Ursprünge, auf die Anfänge der Menschheit, so naheliegend erscheint – bzw. weshalb die skizzierten Rückgriffe auf die Urgeschichte Hochkonjunktur haben. Dieser Lösungsansatz schreibt sich in eine lange Tradition ein, denn die Denkfiguren des ›Anfangs‹ und ›Ursprungs‹ bzw. des ›Ur- und Naturzustands‹ existieren seit der Antike (Angehrn 2007a; 2007b; Purtschert 2006; 2012). Und in dieser Denktradition verschafft es Orientierung, Selbstvergewisserung und Legitimation, wenn man sich auf ›die Natur‹, ›die Anfänge‹ und ›Ursprünge‹ bezieht. Hier schließt

---

14 Er bezieht sich damit auf eine Passage aus Douglas Adams' Roman *Life, the Universe, and Everything* (1982).

sich der Kreis zur Urgeschichte und zur Prähistorischen Archäologie: Angesichts dieser geistesgeschichtlichen Tradition stellt die Urgeschichte eine wichtige Vergewisserungs- und Orientierungsinstanz dar. Moderne soziale Konzepte, deren Ursprung auf die Urgeschichte zurückgeführt wird, erscheinen deshalb als ›wahr‹ und ›richtig‹. Die Urgeschichte wird so zu einer normativen Instanz. Sie in gesellschaftspolitischen Debatten als Referenz aufzurufen, stellt demnach einen Akt der Legitimierung, der Selbstvergewisserung und der Identitätsstiftung dar (Röder 2010a).

Vor diesem Hintergrund ist es geradezu folgerichtig, dass zur Erforschung der ›Anfänge‹ und ›Ursprünge‹ die Archäologie als wissenschaftliche Disziplin entstanden ist, die man frei als ›die Lehre von den Anfängen‹ oder auch als die ›Erzählung der Ursprünge‹ (Schnapp 2009, 10) übersetzen kann. Das Interesse an den Anfängen scheint laut Fabio Crivellari, Bernhard Kleeberg und Tilmann Walter sogar eine menschliche Konstante zu sein. In ihrem Buch *Urmensch und Wissenschaften* schreiben sie dazu (2005, 7):

> Seit jeher denkt der Mensch über seine Ursprünge nach, sei es im Rahmen mythischer oder religiöser Weltbilder, sei es im Rahmen der Wissenschaften. Den in unterschiedlichen kulturellen Kontexten und Wissensfeldern gewonnenen Vorstellungen vom ersten Menschen oder von den Anfängen der Menschheit scheint der Charakter kollektiver menschlicher Selbstentwürfe zuzukommen [...].

Den Begriff ›Weltbild‹ aufgreifend, möchte ich die Frage aufwerfen, ob die imaginierte ›soziale Urzeit‹ mit dem steinzeitlichen Jäger und der Sammlerin als Protagonisten heute als soziales Weltbild dient. Diese Frage ist mit Ja zu beantworten. Die imaginierte ›Urzeit‹ ist fiktiv und speist sich aus verbreiteten, allgemein für ›wahr‹ gehaltenen Vorstellungen aus dem Alltagswissen; diese fließen wiederum ungeprüft in Wissenschaften ein, die sich mit der tiefen Vergangenheit beschäftigen, und werden so zu vermeintlich wissenschaftlich abgesichertem Wissen transformiert, was die Fiktion weiter festigt. In der Folge führt die imaginierte ›Urzeit‹ vermeintlich vor, wie ›Männer‹ und ›Frauen‹ ›von Natur‹ aus und ›ihrem Wesen‹ nach sind und wie sich die grundlegenden Formen des sozialen Zusammenlebens ›am Anfang der Menschheitsgeschichte‹ gestalteten. Sie liefert Bilder und Erzählungen zu einem fernen Zeitalter, als die Geschlechter- und Familienwelt ›noch in Ordnung‹ war, und das Zusammenleben – in geradezu idealer Weise – gelingen konnte. Die Geschichte vom Jäger und der Sammlerin ist also eine Ursprungserzählung. Aus dieser Perspektive stellt das – im doppelten Sinne – *ur*-menschliche Traumpaar eine säkulare Variante von Adam und Eva dar. Die ›Urzeit‹ bzw. ›Steinzeit‹, die als »mystische[r] Ursprungspunkt« (Porr 2022, 14) dient, erfährt auf diese Weise eine fast schon religiöse Aufladung als Orientierungs- und Selbstvergewisserungsinstanz.

Vermutlich suchen wir alle – sei es persönlich oder im Rahmen von Wissenschaft – nach Antworten auf die Fragen ›Woher kommen wir? Wer sind wir? Wohin gehen wir?‹. Die Wege, diese Fragen zu beantworten, sind vielfältig. Einen Weg, der die Rückbesinnung auf die Vergangenheit beinhaltet, assoziiere ich bei Giorgio de Chiricos Gemälde *Die Archäologen*:[15] Die beiden Archäologen sind ohne Augen dargestellt – können die Außenwelt also nicht sehen. Selbstvergessen sind sie in die Betrachtung der eigenen inneren Welt in ihrem Schoß versunken, die aus Architekturelementen der Vergangenheit besteht. Diese stammen aus der Antike, die lange als geistesgeschichtliches Fundament der europäischen Gesellschaften galt. Doch wir können in der Betrachtung der eigenen Vergangenheit noch weiter, bis in die Urgeschichte, zurückgehen und uns den sozialen Inszenierungen auf archäologischen Lebensbildern zuwenden. Der Mechanismus bleibt derselbe: Die Antworten auf existentielle Fragen werden in der Vergangenheit gesucht und zu einem stimmigen Weltbild zusammengefügt. Die Vergangenheit befindet sich im eigenen Schoß – wird also aus dem eigenen Innern geschöpft. Die eigentlich völlig fremde Welt der urgeschichtlichen Gesellschaften wird so zu vertrautem Terrain.

Dass die imaginierte ›soziale Urzeit‹ mehr über uns hier und heute als über urgeschichtliche Gesellschaften aussagt, liegt auf der Hand. Doch gerade darin liegt offenbar ihr Faszinosum: Sie lässt eine heile Welt und einen Sehnsuchtsort erstehen, eine idealisierte Gegenwart, in der alles so ist, wie es – ziemlich sicher – nie war. Genau an diesem Punkt setzt die gesellschaftspolitische Verantwortung von Archäolog*innen ein: Als ›Expert*innen für die Anfänge‹ haben sie die Aufgabe, dafür zu sorgen, dass dieses geschlossene soziale Weltbild mit seinen trügerischen Idyllen Risse bekommt und uns auf die sich verändernde und veränderungsbedürftige Gegenwart zurückwirft. Bei der Suche nach neuen Identitätskonzepten und neuen Formen des Zusammenlebens sollten wir uns heute jedenfalls nicht von vermeintlich ursprünglichen Rollenmodellen einengen lassen, die angeblich in Stein gemeißelt sind. Wenn es gelänge, sich aus den geschilderten Projektionsschlaufen und Selbstbespiegelungsprozessen zu lösen und die Urgeschichte nicht mehr als ›Ur- und Naturzustand des Menschen‹ und folglich nicht mehr als Projektions- und Standfläche, nicht mehr als Referenz, zur Selbstvergewisserung, Orientierung und Legitimierung, nicht länger für die Konstruktion persönlicher und kollektiver Identitäten oder auch als Kulisse und Argumentationsplattform zu benutzen, dann bestünde die Chance, in der Vergangenheit Menschen zu entdecken, die Dinge anders getan haben als wir heute – um im Bild David Lowenthals zu bleiben.

15 Giorgio de Chirico, Gli Archeologi, 1927; Öl auf Leinwand, Galleria Nazionale d'Arte Moderna e Contemporanea, Rom.

6. Zu klären, ›wie es eigentlich gewesen ist‹: ein schwieriges Unterfangen

In der Urgeschichte jedoch Menschen zu entdecken, die Dinge anders getan haben als wir heute – also herauszufinden, ›wie es eigentlich gewesen ist‹ –, ist aus mehreren Gründen ein schwieriges Unterfangen. Notwendige Voraussetzung dafür ist, dass die Archäologie mittels einer selbst-reflexiven Forschung ihre zeitgeschichtlichen Verstrickungen identifizieren und sich so – zumindest bis zu einem gewissen Grad – von ihnen lösen kann. Allerdings ist das eine große Herausforderung, die auch erklärt, weshalb sich die Urgeschichte so leicht ›okkupieren‹ und ›kolonialisieren‹ lässt. Diese Herausforderung hat mit der spezifischen Quellenlage zu tun: Definitionsgemäß umfasst die Urgeschichte schriftlose Gesellschaften. Die Spuren, die Millionen urgeschichtlicher Menschen hinterlassen haben, sind ausschließlich materieller Art und repräsentieren nur einen winzigen Ausschnitt der ehemaligen Lebenswelten. Es handelt sich um Objekte, beispielsweise Keramikscherben oder Steingeräte, um Überreste von Baustrukturen und schließlich um sterbliche Überreste urgeschichtlicher Menschen, die, naturwissenschaftlich untersucht, wertvolle Aufschlüsse über individuelle und kollektive Lebensverhältnisse geben. Auf den ersten Blick ist es faszinierend, dass sich – unter besonders günstigen Umständen – Jahrtausende alte Objekte erhalten haben, die teils wirken, als ob sie gerade noch benutzt worden seien. Doch wenn sich dieses Erstaunen über das Alter und die überraschend gute Erhaltung gelegt hat, kommen die Fragen: Wer hat sie hergestellt? Wer hat sie benutzt? Die Objekte selbst geben dazu jedenfalls keine Auskunft; sie erzählen nur die Geschichten, die wir in sie hineinlegen – d.h. unsere eigenen (Röder 2022). Deshalb möchte ich eine Stelle aus einem Text der Anthropologin Anna Kjellström und des Archäologen Stig Welinder zitieren (2012, 71f.):

> Prehistory is the silent time before history, prior to the invention of writing. There are no documents. All words used in analyses and in discussion have to derive from ourselves. They are words of our time. Thus, not only all questions [...], but all answers, that is, all concepts and ideas, are concepts and ideas of ourselves. They are reflections of ourselves. Of course, we may scan early history, history, ethnography and cultural anthropology for words, but still they are no words of the prehistoric societies.
>
> This makes prehistoric archaeology a field where you have to question every choice of conceptions and ideas, as well as every rejection of other conceptions and ideas. You have to ask again and again, ›Why do we prefer this interpretation, why not that interpretation?‹ Prehistoric archaeology forces you to rethink your questions, concepts and ideas.

Dieses Phänomen betrifft zwar alle Disziplinen, doch die Notwenigkeit der permanenten Reflexion und Dekonstruktion der eigenen kulturellen Konzepte und damit die Frage nach ihrer lokalen und historischen Situierung stellt sich in der Prähistorischen Archäologie quellenbedingt in ganz besonders hohem Maße. Das klingt nach viel Arbeit, und das ist es auch. Allerdings profitieren diejenigen, die sich auf diese Reflexions- und Dekonstruktionsarbeit einlassen, nicht nur als Wissenschaftler*innen, sondern auch als Zeitgenoss*innen, weil sie zugleich Wissen über die Gegenwart generiert. Sie lässt die lokale und historische Situierung vieler vermeintlicher Wahrheiten und Gewissheiten erkennen und macht transparent, wie stark heutige Denkschemata und Wissenspraktiken nach wie vor in eurozentrischen und kolonialistischen Denktraditionen des 19. Jahrhunderts stehen und von kulturellen Konzepten geprägt sind, die in der westlichen bürgerlich-kapitalistischen Gesellschaft wurzeln.

Die Prähistorische Archäologie, die sich in der zweiten Hälfte des 19. Jahrhunderts als wissenschaftliche Disziplin formiert hat, ist ein Kind dieser Zeit – das heißt, einer Zeit der Nationalstaaten und des *nation building*, des Kolonialismus und Kapitalismus und einer Zeit, in der die ungeheure Tiefe der menschlichen Vergangenheit sich immer deutlicher abzeichnete und das biblische Welt- und Geschichtsbild als Zugang zu den ›letzten Fragen‹ von der Wissenschaft zunehmend abgelöst wurde. Zu diesen gehörten auch die damals virulenten Ursprungsfragen, auf die im Rahmen der Geschichtswissenschaft und der Archäologien Antworten gesucht wurden – und nach wie vor werden. Als Alternative zur Schöpfungsgeschichte war vor allem die Frage nach dem ›natürlichen Ursprung des Menschen‹ als dem »historische[n] Ausgangspunkt menschlicher Kultur und Zivilisation« (Zedelmaier 2003, 245) von höchster Relevanz. Historische Entwürfe zur Entwicklung der Menschheit, die Befunde aus der Urgeschichte einschlossen, traten »in Konkurrenz zu traditionellen philosophischen Versuchen, das Wesen und den Ort des Menschen im Gesamtzusammenhang der Welt zu bestimmen« (van Laak 1989, 311).

Aus ihrer Gründungszeit im 19. Jahrhundert führt die Prähistorische Archäologie bis heute etliche ›Erbstücke‹ mit sich; sie prägen ihre Fragestellungen und finden sich in ihrem methodischen und theoretischen Werkzeugkasten. Zu diesen ›Erbstücken‹ gehören auch kolonialistische Konzepte und Praktiken. Die kritische Bestandaufnahme und Entrümpelung des kolonialistischen fachgeschichtlichen Erbes hat bereits begonnen (u.a. Kory/ Carhart/ Heising 2022; Lydon/ Rizvi 2010; Moro Abadía 2008; Porr/ Matthews 2020).[16] Nun ist es an der Zeit, sich auf die Fremdheit und die Andersartigkeit vergangener Lebensweisen einzulassen, anstatt die Urgeschichte auf der ›Suche nach

16 Diese Aufarbeitung richtet ihren Fokus momentan noch auf die Prähistorische Archäologie in ehemaligen Kolonien und deren Forschung zu *indigenous peoples*. Für die Prähistorische Archäologie in Europa scheint eine forschungsgeschichtliche Aufarbeitung aus postkolonialer Perspektive momentan deshalb noch von geringer Relevanz zu sein.

dem Ursprung und der Natur des Menschen‹ weiterhin zur affirmativen Selbstbespiegelung zu instrumentalisieren. Voraussetzung dafür ist, sich von der Vorstellung zu verabschieden, dass urgeschichtliche Menschen ›Menschen wie du und ich‹ gewesen seien. Nur so ist es möglich, ihre Fremdheit zuzulassen, um ihr Anderssein entdecken und anerkennen zu können.

7. Ausblick: Abschied von der Suche nach dem ›Ursprung‹ und der ›Natur des Menschen‹

An dieser Stelle möchte ich die eingangs gestellten zentralen Fragen dieses Beitrags noch einmal aufgreifen: Kann die Projektion einer imaginierten ›sozialen Urzeit‹ und deren Vergegenwärtigung als vermeintlicher Ur- und Naturzustand als eine kolonialistische Praxis verstanden werden? Beziehungsweise stellen die Imagination einer ›sozialen Urzeit‹, ihre Projektion auf die tiefe Vergangenheit und ihre Vergegenwärtigung in Wissenschaft und Gesellschaft eine ›Kolonialisierung der Urgeschichte‹ dar? Beide Fragen möchte ich mit Ja beantworten. Mira Shahs und Patrick Stoffels in der Einleitung geleisteten Begriffsbestimmung folgend, finde ich es produktiv, die Vergangenheit, konkret die Urgeschichte, als eine Kolonie zu betrachten, die okkupiert, beherrscht, für aktualistische Bedürfnisse und Ziele angeeignet, ausgebeutet, umgestaltet und (als Themenpark der Bürgerlichen Gesellschaft) zu einem zeit- und geschichtslosen Raum gemacht wird. Auch der Umgang mit ihren ›Bewohner*innen‹, den urgeschichtlichen Menschen, kann in den Kontext kolonialistischer Praktiken gestellt werden: Durch ihre Veranderung bzw. neuerdings durch ihre Nostrifizierung sowie durch ihre Konstruktion als westlich-bürgerliche, neoliberale Subjekte werden sie zu Gewährsleuten einer imaginierten ›Natur des Menschen‹ gemacht. Die ehemals vorhandenen, historisch situierten Identitäten werden von einem narzisstischen Spiegelbild überdeckt und so zum Verschwinden gebracht.

Die Vergegenwärtigung einer imaginierten ›sozialen Urzeit‹ und damit die Kolonialisierung der Urgeschichte ist ein ›gesamtgesellschaftliches Projekt‹. Die Prähistorische Archäologie leistet – ebenso wie andere wissenschaftliche Disziplinen – ihren Beitrag dazu, die Vergangenheit für aktualistische Bedürfnisse anzueignen. Stefan Schreiber hat die Archäologie provokativ als »Aneignungswissenschaft« und die archäologische Praxis entsprechend als »Aneignungsarbeit« bezeichnet (2013, 98; 100). Diese »Aneignungsarbeit« und die aus ihr entstehenden Repräsentationen der Vergangenheit sind politisch gerahmt (Porr 2020, 202):

> The decisions that underlie different representations of the past are a product of implicit or explicit political decisions, which can be understood as the *chronopolitics* of ar-

> chaeological reasoning […]. Archaeology is not so much the study of the (deep) past. Rather, it is the study of memory, materiality and temporality operating in the present.[17]

Aus dieser Perspektive kann Archäologie auch als eine politische Praxis verstanden werden – eine Praxis, die dem zeitgeschichtlichen Kontext entspringt und auf diesen zurückwirkt. Umso dringlicher ist es, diese politische Dimension (selbst-)kritisch zu reflektieren, (öffentlich) zu debattieren und verantwortungsbewusst mit ihr umzugehen.

Das ist nicht nur im Hinblick auf die gesellschaftspolitische Rolle der Prähistorischen Archäologie geboten. Die Praxis der ›Vergegenwärtigung der Urzeit‹ stellt eine verinnerlichte und deshalb weitgehend unbewusst ablaufende ›kulturelle Routine‹, vielleicht sogar eine zentrale Kulturtechnik dar, die nicht nur das Alltagsleben, sondern in hohem Maße auch die archäologische Wissenskonstruktion beeinflusst und den Blick auf die tiefe Vergangenheit verstellt. Aus dieser Routine auszubrechen und einen anderen Umgang mit der Urgeschichte zu entwickeln, würde die – zugegebenermaßen schwierige – Annäherung an die ›tatsächlichen‹ Verhältnisse in der Urgeschichte (s. Kap. 6) erleichtern. Dafür müsste die Urgeschichte vom vertrauten ›Themenpark der Bürgerlichen Gesellschaft‹ zu einem ›fremden Land‹ werden, dessen Bewohner*innen die Dinge ›anders taten als wir‹ und auch ›anders waren als wir‹. Kurz: Wir müssten uns von der essentialistischen Vorstellung einer »universellen menschlichen Natur« (Porr 2022, 12) verabschieden, deren ›Wesenskern‹ sich quasi ›in Reinform‹ am ›Beginn der Menschheitsgeschichte‹, in den ›ersten Menschen‹ bzw. den ›Urmenschen‹ manifestiert und damit ein für alle Mal festlegt, was den Menschen ausmacht (Stoczkowski 1998, 135).

Ein solcher Umdenkungsprozess ist alles andere als trivial, denn er betrifft das Menschenbild und wirft deshalb eine ganze Reihe ontologischer Fragen auf – darunter die nach der eigenen Identität und der eigenen Position in der Welt. Wie ordnen wir uns persönlich und als Kollektiv in die Geschichte ein, wenn die Vorstellung obsolet wird, wonach »das menschliche Geschlecht eine Einheit ist«, welche »die Geschichte als Zusammenhang« konstituiert (Zedelmaier 2003, 166)? Und was bedeutet die Aufgabe der Vorstellung von einer »hintergründig sich gleich bleibende[n] menschliche[n] Natur, der nichts Menschenmögliches fremd ist« (Koselleck 2000, 177) für die geisteswissenschaftliche Wissenskonstruktion, die traditionell auf Hermeneutik beruht? Wie sollen wir urgeschichtliche Menschen ›verstehen‹ und ihr Handeln ›deuten‹, wenn sie keine ›Menschen wie du und ich‹ waren?

Es ist hier nicht der Rahmen zu versuchen, Antworten auf diese großen Fragen zu entwickeln – und ich fühle mich dazu auch nicht im Stande. Sie sollen lediglich an-

---

17 Hervorhebung im Original.

deuten, wie umwälzend ein solches Umdenken wäre und wie weit seine Verästelungen reichen würden. Angesichts dieser Dimensionen ist mit beachtlichen Beharrungskräften zu rechnen. Anders gesagt: Die Dekolonialisierung der Urgeschichte ist eine große und langwierige Aufgabe. Momentan sehe ich drei Ansatzpunkte, die produktiv sein könnten, diesen Prozess in Gang zu bringen und zu fördern: 1. ein neues Bild von den europäischen Vorfahr*innen, 2. der Verzicht auf Ursprungsfragen und 3. die Dekonstruktion und Historisierung der theoretischen und methodischen Ansätze des ›archäologischen Werkzeugkastens‹.

Bis in die 2010er Jahre haben archäologische Lebensbilder nahezu ausnahmslos die Idee von der ›einheitlichen Natur des Menschen‹ visualisiert und tradiert. Im Hinblick auf die eigenen Vorfahr*innen in Europa gehört zu dieser Vorstellung auch die selbstverständliche Annahme, dass diese weiß waren. Genetische Analysen an urgeschichtlichen Skeletten haben nun aber eine dunkle Pigmentierung der Haut – teils in Kombination mit blauen Augen – nachgewiesen. In den Medien machten 2014 der Fall eines ca. 7000 Jahre alten Skeletts aus Spanien (Olalde et al. 2014) und im Jahr 2018 der ›Cheddar Man‹ aus Großbritannien Furore (Brace et al. 2019), der vor rund 10.000 Jahren lebte. Laut DNA-Analyse waren beide dunkelhäutig und hatten helle Augen. Aktuell wird davon ausgegangen, dass es auch bei früheren Menschenformen, beispielsweise bei den Neandertalern, eine ähnlich breite Variation der Haut- und Augenfarben gab wie beim modernen Menschen, wobei dunkle Varianten dominierten. Das änderte sich mit der Ankunft bäuerlicher Populationen, die im 6. Jahrtausend v. Chr. nach Europa einwanderten und hell pigmentiert waren. Im Zuge der Vermischung von lokalen und zugewanderten Menschen nahmen helle Pigmentierungen zu. Dieser Selektionsprozess in Richtung helle Haut- und Augenfarbe wurde durch eine spätere Migrationsbewegung in der Mitte des 3. Jahrtausend v.Chr. weiter verstärkt.[18] Mittlerweile gibt es – insbesondere in den Medienbeiträgen über diese neuen genetischen Erkenntnisse, aber auch bereits vereinzelt in Museen – einige Bilder mit dunkelhäutigen Menschen.[19] Man darf gespannt sein, wann diese paläogenetischen Erkenntnisse in den Schulbüchern erscheinen und Kinder bereits in der Schule lernen werden, dass die in Europa lebenden Menschen in der Urgeschichte lange überwiegend dunkel pigmentiert waren, und helle Pigmentierungen erst vor wenigen tausend Jahren dominant wurden.

Ob diese neuen Bilder bewirken, dass die selbstverständliche Annahme, dass die ›eigenen Vorfahren‹ weiß waren, hinterfragt wird? Werden diese – vermutlich zu-

18 Zum aktuellen Forschungsstand s. Dannemann/ Kelso 2017; Haak et al. 2015; Hanel/ Carlberg 2020; Irving-Pease et al. 2021; Jones et al. 2015; Ju/ Mathieson 2021; Mathieson et al. 2015; Posth et al. 2023; Wilde et al. 2014.

19 Insbesondere der Künstler und Illustrator Tom Björklund reagiert auf die neuen genetischen Ergebnisse. Für Bildbeispiele s. https://www.tombjorklund.fi/, letzter Zugriff am 30.7.2023.

nächst irritierenden – Bilder einen Reflexionsprozess darüber in Gang setzen, weshalb wir urgeschichtliche Menschen als ›Menschen wie du und ich‹ imaginieren – von der Hautfarbe, über ein binäres Geschlechterkonzept, spezifische Geschlechterrollen und Familienformen bis hin zu aktuellen Subjektivierungsformen in einem kapitalistischen Wirtschaftssystem? Fördern diese Bilder die Bereitschaft, die ›Selbstbespiegelung in den Vorfahren‹ aufzugeben und stattdessen zu erkunden, wie urgeschichtliche Menschen ›tatsächlich‹ gewesen sein könnten? Könnten wir sie uns dann einfach als ›anders‹ vorstellen, ohne dieses ›Anderssein‹ zur Selbstaffirmation zu benutzen, zu bewerten und in einen hierarchischen Bezug zu ›uns‹ zu setzen? James Hatley (2000, 63) konstatiert, dass Menschen die verwerfliche Fähigkeit haben, ihre Geschichte und ihre Erinnerung in einen »narcissistic mirror« zu verwandeln: »One eliminates all the strangers, all the disruptions of one's own vision, so that one's history only articulates one's own concerns, one's own needs. One writes the past and the future as a mode of colonization. All the other times are resources for one's own«. Es wird sich zeigen, ob die vielbeschworene ›Macht der Bilder‹ diese ›narzisstische Selbstbespiegelung‹ und die damit verbundene Nostrifizierung urgeschichtlicher Menschen aufbrechen kann.

Den zweiten Ansatzpunkt sehe ich im Verzicht auf Ursprungsfragen. Die Frage nach dem ›Ursprung des Menschen‹ wird ohnehin immer komplexer. Laut biblischem Geschichtsbild wurde die Welt mit den ersten Menschen vor rund 6000 Jahren erschaffen. Diese Sicht hielt sich bis weit ins 19. Jahrhundert hinein.[20] Seither hat sich der ›Ursprung des Menschen‹ immer weiter nach hinten, in ungeheure zeitliche Tiefen verschoben: Aktuell wird für die Gattung *Homo* ein Alter von 2,8 Millionen Jahren angesetzt.[21] Das kann sich mit neuen Fossilienfunden jedoch jederzeit ändern. Außerdem gibt es ältere Steingeräte, die 3,3 Millionen Jahre alt sind (Harmand et al. 2015) und die Frage aufwerfen, ob Werkzeuggebrauch noch ein sinnvolles Definitionskriterium für den Menschen ist. Woran also soll der ›Ursprung des Menschen‹ festgemacht und für welchen Zeitpunkt soll er festgesetzt werden? Macht es angesichts des Wissens über die Humanevolution überhaupt noch Sinn, Ursprungsfragen zu stellen? Mit Bezug auf Michel Foucault (1987) konstatiert Patricia Purtschert (2006, 167), dass es aus einem genealogischen Geschichtsverständnis heraus unmöglich sei, »den richtigen und einzigen Anfang zu erzählen«. Eine solche Erzählung setze eine »metaphysische Vorstellung des Ursprungs« voraus,[22] mit dem sich

> »die Idee eines zeitlich und örtlich bestimmbaren Moments [verbindet], mit dem etwas seinen Anfang findet, ohne je gänzlich von diesem Ursprung getrennt zu werden. […]

---

20 Unter Kreationist*innen ist sie bis heute verbreitet.

21 Derzeit ist das älteste bekannte Fossil der Gattung *Homo* ein Unterkiefer aus Äthiopien (Villmoare et al. 2015).

22 Ähnlich Stoczkowski 1998, 136f.

> Die Veränderungen, die eine Sache im Verlaufe ihrer Geschichte erfährt, betreffen dann nur ihre äußeren Bestimmungen; ihr Wesen hingegen bleibt mit dem Ursprung identisch. Gemäß Foucault macht die Metaphysik darum den Ursprung einer Sache zum Schlüssel ihrer Interpretation; ist der Ursprung gefunden, kann das unveränderliche Wesen einer Sache erkannt und bestimmt werden«. (Purtschert 2006, 169).

Auch Martin Porr (2020, 199) weist auf die enge Verknüpfung der Idee von der ›Natur des Menschen‹ mit der Notwendigkeit hin, die Ursprungsfrage zu klären: »The idea of an essential core of humanity leads to the necessity of identifying the origin location in both time and space«. Die daraus resultierende Suche führe, so Porr (2020, 198) mit Bezug auf Clive Gamble (2007) »to the creation of ›Originsland‹, which is a construction of the past as a mirror image of the present. This construction is guided by today's interests, values and research agendas. Originsland can take many different forms, because it is the product of present attitudes and desires«. Ein solches ›Originsland‹ ist auch die skizzierte ›imaginierte soziale Urzeit‹. Mit der Aufgabe der Idee von einer ›universellen Natur des Menschen‹, deren Wesenskern sich am ›Anfang der Menschheitsgeschichte‹ zeigt, würde die ›soziale Urzeit‹ obsolet, und wir würden auf die Gegenwart zurückgeworfen werden. Funktionslos geworden, käme die ›Kolonialisierung der Urgeschichte‹ (zumindest in dieser Hinsicht) zu einem Ende.

Der dritte Ansatzpunkt betrifft die archäologische Wissenskonstruktion und zielt auf eine kritische Auseinandersetzung mit ihren Grundlagen – konkret auf die Dekonstruktion und Historisierung der theoretischen und methodischen Konzepte, mit denen die Archäologie arbeitet. Auf diese Weise können kolonialistische Konzepte und Praktiken identifiziert und ›aus dem Werkzeugkasten‹ aussortiert werden. Für die Neukonfiguration des theoretischen und methodischen Instrumentariums finde ich Ansätze produktiv, die sich im Kontext des *ontological turn* verorten (u.a. Alberti 2016; Moro Abadía/ Porr 2021). Sie machen die eigenen kulturellen Konzepte bewusst und regen zu einem neuen Nachdenken über Differenz und Alterität an (Moro Abadía/ Porr 2021, 12):

> An important element, in this context, is the recognition of the ontological basis of Western knowledge itself and the critique of its elevated position in accessing and representing reality. These are not trivial aspects and they can be regarded as key elements of the so-called ›ontological turn‹. The recognition of ontological difference as the basis of alterity leads to the assertion that other ways of being and living need to be taken seriously.

Wenn die Erwartung ontologischer Differenz zu einer zentralen Prämisse der archäologischen Wissensproduktion wird, ist die Voraussetzung geschaffen, in urgeschichtlichen Menschen nicht das eigene Spiegelbild zu sehen, sondern ihre Alterität anzuerkennen und diese zu erkunden. Archäologische Praxis besteht dann nicht in der ›Aneignung und Vereinnahmung der Vorfahren‹, sondern im »reading the tracks of the ancestors« (Alberti 2016, 171). Dass die Spuren für uns nicht immer lesbar und verständlich sind und uns die Praktiken urgeschichtlicher Menschen, die wir im archäologischen Befund fassen, zuweilen ungeheuer fremd, ja sogar höchst befremdlich erscheinen, gilt es auszuhalten.

Schlussbemerkung

Wenn man aus der Urgeschichte für die Gegenwart etwas lernen kann, dann ist es die historische Bedingtheit der eigenen Wahrheiten und Gewissheiten. Aus selbst-reflexiver archäologischer Forschung, die die Vergangenheit als ein ›fremdes Land‹ erkundet, in dem die Menschen Dinge anders taten als wir, kann sich ein kritisches, selbst-reflexives Potential für die Gegenwart entwickeln. Dieses könnte zur Entdeckung führen, dass man Dinge auch heute anders tun könnte und dass Differenz und Alterität zu menschlichen Existenzweisen dazugehören. Daraus ergibt sich wiederum die »Utopie einer Gesellschaft, in der die Menschen – wie Adorno es in den *Minima moralia* formuliert – ›ohne Angst verschieden sein‹ [...] können« (Maihofer 2013, 28).[23]

Literaturverzeichnis

Alberti, Benjamin (2016): Archaeologies of Ontology. In: *Annual Review of Anthropology*, 45/1, S. 163–179.

Angehrn, Emil (2007a): *Die Frage nach dem Ursprung. Philosophie zwischen Ursprungsdenken und Ursprungskritik*. München: Wilhelm Fink.

Angehrn, Emil (Hg.) (2007b): *Anfang und Ursprung. Die Frage nach dem Ersten in Philosophie und Kulturwissenschaft*. Berlin: De Gruyter.

23 Ich danke Aaron Gwerder (Basel) für die Unterstützung bei der Recherche für diesen Artikel sowie für sein konstruktives Feedback zur ersten Version dieses Textes. Claudia Gerling, Sandra Pichler und Dorota Wojtczak (Basel) sowie Philipp Stockhammer (München) verdanke ich Informationen zu den relevanten Studien zur Frage der Pigmentierung urgeschichtlicher Menschen sowie zu den aktuell ältesten Fossilien. Andrea Maihofer (Basel), Claudia Opitz-Belakhal (Freiburg) sowie die Herausgeber*innen Mira Shah und Patrick Stoffel haben mit ihren Nachfragen und Anregungen maßgeblich zur Präzisierung der Argumentation beigetragen. Schließlich möchte ich Jutta Teutenberg (Rom) und dem Neanderthal Museum für die großzügige Überlassung der Abbildungsvorlagen und die Erteilung der Abbildungserlaubnis danken.

Boëtsch, Gilles/ Gagnepain, Jean (Hgg.) (2008): *Du Bigfoot au Yeti, anthropologie de l'imaginaire. Catalogue de l'exposition / Actes du colloque »L'Humain entre réalité et imaginaire«, Quinson le 1er juillet 2007.* Quinson: Musée de Préhistoire des Gorges du Verdon.

Brace, Selina/ Diekmann, Yoan/ Booth, Thomas J. et al. (2019): Ancient genomes indicate population replacement in Early Neolithic Britain. In: *Nature ecology & evolution,* 3/5, S. 765–771.

Bröckling, Ulrich (2019): *Das unternehmerische Selbst. Soziologie einer Subjektivierungsform.* 7. Aufl. Berlin: Suhrkamp (= Suhrkamp Taschenbuch Wissenschaft; 1832).

Crivellari, Fabio/ Kleeberg, Bernhard/ Walter, Tilmann (2005): Urmensch und Wissenschaftskultur: Einleitung. In: Kleeberg, Bernhard/ Walter, Tilmann/ Crivellari, Fabio (Hgg.): *Urmensch und Wissenschaften: eine Bestandsaufnahme.* Darmstadt: Wissenschaftliche Buchgesellschaft, S. 7–24.

Dannemann, Michael/ Kelso, Janet (2017): The Contribution of Neanderthals to Phenotypic Variation in Modern Humans. In: *American journal of human genetics,* 101/4, S. 578–589.

Donna Haraway (1988): Situated Knowledges. The Science Question in Feminism and the Privilege of Partial Perspective. In: *Feminist Studies,* 14/3, S. 575–599.

Ducros, Albert/ Ducros, Jaqueline (Hgg.) (2000): *L'homme préhistorique. Images et imaginaire.* Paris: L'Harmattan.

Ebeling, Smilla/ Schmitz, Sigrid (Hgg.) (2006): *Geschlechterforschung und Naturwissenschaften. Einführung in ein komplexes Wechselspiel.* Wiesbaden: VS Verlag für Sozialwissenschaften (= Studien Interdisziplinäre Geschlechterforschung; 14).

Foucault, Michel (1987): Nietzsche, die Genealogie, die Historie. In: ders.: *Von der Subversion des Wissens.* Frankfurt a.M.: Fischer, S. 69–90.

Gamble, Clive (2007): *Origins and revolution. Human identity in earliest prehistory.* Cambridge: Cambridge University Press.

Goodley, Dan (2011): *Disability Studies. An interdisciplinary Introduction.* London: SAGE Publications.

Grandazzi, Josette/ Lafont-Couturier, Hélène (2003): Vénus et Caïn. Figures de la préhistoire 1830–1930. Catalogue de l'exposition, Bordeaux, musée d'Aquitaine 13 mars–15 juin 2003; Altamira, Museo Nacional y Centro de Investigación 1er juillet–7 septembre 2003; Québec, Musée du Québec, 8 octobre 2003–4 janvier 2004. Paris: Réunion des Musées Nationaux.

Green, Richard E./ Krause, Johannes/ Briggs, Adrian W. et al. (2010): A draft sequence of the Neandertal Genome. In: *Science,* 328/5979, S. 710–722.

Haak, Wolfgang/ Lazaridis, Iosif/ Patterson, Nick et al. (2015): Massive migration from the steppe was a source for Indo-European languages in Europe. In: *Nature,* 522/7555, S. 207–211.

Hanel, Andrea/ Carlberg, Carsten (2020): Skin colour and vitamin D. An update. In: *Experimental dermatology,* 29/9, S. 864–875.

Harmand, Sonia/ Lewis, Jason E./ Feibel, Craig S. et al. (2015): 3.3-million-year-old stone tools from Lomekwi 3, West Turkana, Kenya. In: *Nature,* 521/7552, S. 310–315.

Hartley, Leslie Poles (1953): *The Go-Between.* London: H. Hamilton.

Hatley, James (2000): *Suffering witness. The quandary of responsibility after the irreparable.* Albany: State University of New York Press.

Honegger, Claudia (1992): *Die Ordnung der Geschlechter. Die Wissenschaft vom Menschen und das Weib.* Frankfurt/ New York: Campus-Verlag.

Irving-Pease, Evan K./ Muktupavela, Rasa/ Dannemann, Michael et al. (2021): Quantitative Human Paleogenetics. What can Ancient DNA Tell us About Complex Trait Evolution? In: *Frontiers in genetics,* 12/703541, S. 1–11.

Jones, Eppie R./ Gonzalez-Fortes, Gloria/ Connell, Sarah (2015): Upper Palaeolithic genomes reveal deep roots of modern Eurasians. In: *Nature Communications,* 6/8912, S. 1–8.

Ju, Dan/ Mathieson, Iain (2021): The evolution of skin pigmentation-associated variation in West Eurasia. In: *Proceedings of the National Academy of Sciences of the United States of America,* 118/1, S. 1–8.

Karlisch, Sigrun M. (1998): Das Mama-Papa-Kind-Syndrom – Botschaften über die Fußspuren von Laetoli. In: Auffermann, Bärbel/ Weniger, Gerd-Christian (Hgg.): *Frauen – Zeiten – Spuren.* Mettmann: Neanderthal Museum, S. 141–160.

Kaufmann, Franz-Xaver (1995): *Zukunft der Familie im vereinten Deutschland. Gesellschaftliche und politische Bedingungen.* München: C. H. Beck.

Kiening, Christian (2006): *Das wilde Subjekt. Kleine Poetik der Neuen Welt.* Göttingen: Vandenhoeck & Ruprecht (= Historische Semantik; 9).

Kjellström, Anna/ Welinder, Stig (2012): Old age in prehistory. In: Röder, Brigitte/ de Jong, Willemijn/ Alt, Kurt W. (Hgg.): *Alter(n) anders denken. Kulturelle und biologische Perspektiven. 2. Internationales Mainzer Symposium Anthropologie im 21. Jahrhundert zum Thema Reflexionen zu Alter und Altern in Vergangenheit und Gegenwart. Biologische und Kulturelle Perspektiven.* Köln: Böhlau (= Kulturgeschichte der Medizin; 2), S. 71–91.

Kory, Raimar W./ Carhart, Thomas S./ Heising, Alexander (Hgg.) (2022): *Der Kolonialgedanke als Manipulator archäologischer Ratio? Beiträge zweier Workshops an der Albert-Ludwigs-Universität Freiburg [November 2017 / Juli 2018].* Hagen/ Westfahlen: curach bhán publications (= Paläowissenschaftliche Studien; 5).

Koselleck, Reinhart (2000): *Vergangene Zukunft. Zur Semantik geschichtlicher Zeiten.* 4. Aufl. Frankfurt am Main: Suhrkamp (= Suhrkamp-Taschenbuch Wissenschaft; 757).

Lowenthal, David (2015): *The past is a foreign country – revisited.* Cambridge: Cambridge University Press.

Lutz, Sabina (2010): *Heim und Herd. Der Begriff der ›Familie‹ in der Fachliteratur und populären Publikationen zu neolithischen Seeufersiedlungen auf dem Gebiet der heutigen Schweiz.* Basel: Unveröffentlichte Lizentiatsarbeit.

Lutz, Sabina (2013): Der Begriff ›Familie‹ in archäologischer Fachliteratur und populären Publikationen zu neolithischen Seeufersiedlungen in der Schweiz. In: *Mitteilungen des Tübinger Vereins zur Förderung der Ur- und Frühgeschichtlichen Archäologie,* 14, S. 29–56.

Lydon, Jane/ Rizvi, Uzma (Hgg.) (2010): *Handbook of Postcolonial Archaeology.* Walnut Creek: Left Coast Press (= World Archaeological Congress Research; 3).

Maihofer, Andrea (1995): *Geschlecht als Existenzweise. Macht, Moral, Recht und Geschlechterdifferenz.* Frankfurt am Main: Ulrike Helmer Verlag.

Maihofer, Andrea (2013): Geschlechterdifferenz – eine obsolete Kategorie? In: Grisard, Dominique/ Jäger, Ulle/ König, Tomke (Hgg.): *Verschieden sein. Nachdenken über Geschlecht und Differenz. Zur Würdigung von Andrea Maihofer und ihrem Werk.* Sulzbach/ Taunus: Ulrike Helmer Verlag, S. 27–46.

Mathieson, Iain/ Lazaridis, Iosif/ Rohland, Nadin et al. (2015): Genome-wide patterns of selection in 230 ancient Eurasians. In: *Nature,* 528/7583, S. 499–503.

Maxeiner, Alexandra/ Kuhl, Anke (2010): *Alles Familie! Vom Kind der neuen Freundin vom Bruder von Papas früherer Frau und anderen Verwandten.* Leipzig: Klett Kinderbuch Verlag.

Moro Abadía, Oscar (2008): The History of Archaeology as a ›Colonial Discourse‹. In: *Bulletin of the History of Archaeology,* 16/2, S. 4–17.

Moro Abadía, Oscar/ Porr, Martin (2021): Introduction. Ontology, rock art research, and the challenge of alterity. In: Moro Abadía, Oscar/ Porr, Martin (Hgg.): *Ontologies of Rock Art. Images, Relational Approaches, and Indigenous Knowledges.* Abington: Routledge, S. 11–31.

Nordmann, Jürgen (2013): *Das neoliberale Selbst: Zur Genese und Kritik neuer Subjektkonstruktionen.* Linz: Johannes Kepler University Linz (= Institute for Comprehensive Analysis of Economy Working Paper Series; 22).

Nowotny, Helga/ Scott, Pete/ Gibbons, Michael (2005): *Wissenschaft neu denken. Wissen und Öffentlichkeit in einem Zeitalter der Ungewissheit.* 2. Aufl. Weilerswist: Velbrück Wissenschaft.

Olalde, Iñigo/ Allentoft, Morten E./ Sánchez-Quinto, Federico et al. (2014): Derived immune and ancestral pigmentation alleles in a 7,000-year-old Mesolithic European. In: *Nature,* 507/7491, S. 225–228.

Opitz-Belakhal, Claudia (2010): *Geschlechtergeschichte.* Frankfurt/ New York: Campus Verlag (= Historische Einführungen; 8).

Palm, Kerstin (2020): Gibt es geschlechtsspezifische kognitive Fähigkeiten? In: Rendtorff, Barbara/ Mahs, Claudia/ Wermut, Anne-Dorothee (Hgg.): *Geschlechterverwirrungen. Was wir wissen, was wir glauben und was nicht stimmt.* Frankfurt am Main: Campus-Verlag, S. 160–167.

Pease, Allan/ Pease, Barbara (2000): *Warum Männer nicht zuhören und Frauen schlecht einparken. Ganz natürliche Erklärungen für eigentlich unerklärliche Schwächen.* Berlin: Ullstein.

Pease, Allan/ Pease, Barbara (2005): *Warum Männer nicht zuhören... Ganz natürliche Erklärungen für männliche Schwächen.* Berlin: Ullstein.

Porr, Martin (2020): The temporality of humanity and the colonial landscape of the deep human past. In: Porr, Martin/ Matthews, Jacqueline M. (Hgg.): *Interrogating Human Origins.* Abingdon: Routledge, S. 184–208.

Porr, Martin (2022): Kolonialität, Natur und die Ursprünge des modernen Menschen. In: Kory, Raimar W./ Carhart, Thomas S./ Heising, Alexander (Hgg.): *Der Kolonialgedanke als Manipulator archäologischer Ratio? Beiträge zweier Workshops an der Albert-Ludwigs-Universität Freiburg [November 2017 / Juli 2018].* Hagen/ Westfahlen: curach bhán publications (= Paläowissenschaftliche Studien; 5).

Porr, Martin/ Matthews, Jacqueline M. (Hgg.) (2020): *Interrogating Human Origins.* Abingdon: Routledge.

Posth, Cosimo/ Yu, He/ Ghalichi, Ayshin et al. (2023): Palaeogenomics of Upper Palaeolithic to Neolithic European hunter-gatherers. In: *Nature,* 615/7950, S. 117–126.

Purtschert, Patricia (2006): *Grenzfiguren. Kultur, Geschlecht und Subjekt bei Hegel und Nietzsche.* Frankfurt am Main: Campus-Verlag.

Purtschert, Patricia (2012): Jenseits des Naturzustandes. Eine postkoloniale Lektüre von Hobbes und Rousseau. In: *Deutsche Zeitschrift für Philosophie,* 60/6, S. 861–882.

Röder, Brigitte (2010a): Verräterische Idyllen: urgeschichtliche Sozialverhältnisse auf archäologischen Lebensbildern. In: Claßen, Erich/ Doppler, Thomas/ Ramminger, Britta (Hgg.): *Familie – Verwandtschaft – Sozialstrukturen. Sozialarchäologische Forschungen zu neolithischen Befunden.* Kerpen-Loogh: Welt und Erde Verlag, S. 13–30.

Röder, Brigitte (2010b): »Schon Höhlenmänner bevorzugten Blondinen«. Gesellschaftliche und politische Funktionen der Urgeschichte im Spiegel von Medientexten. In: Gehrke, Hans-Joachim/ Sénécheau, Miriam (Hgg.): *Geschichte, Archäologie, Öffentlichkeit. Für einen neuen Dialog zwischen Wissenschaft und Medien. Standpunkte aus Forschung und Praxis.* Bielefeld: Transcript, S. 79–102.

Röder, Brigitte (2013): Urmenschliche Bürger – bürgerliche Urmenschen. Zur Archaisierung des bürgerlichen Geschlechter- und Familienmodells über die Urgeschichte. In: Grisard, Dominique/ Jäger, Ulle/ König, Tomke (Hgg.): *Verschieden sein. Nachdenken über Geschlecht und Differenz. Zur Würdigung von Andrea Maihofer und ihrem Werk.* Sulzbach/ Taunus: Ulrike Helmer Verlag, S. 243–255.

Röder, Brigitte (2015): Jäger sind anders – Sammlerinnen auch. Zur Deutungsmacht des bürgerlichen Geschlechter- und Familienmodells in der Prähistorischen Archäologie. In: Kienlin, Tobias L. (Hg.): *Fremdheit – Perspektiven auf das Andere.* Bonn: Habelt, S. 237–253.

Röder, Brigitte (2022): Do finds tell stories? Yes: our Own! The Example of Prehistoric Toys. In: Dasen, Véronique/ Vespa, Marco (Hgg.): *Toys as Cultural Artefacts in Ancient Greece, Etruria, and Rome.* Drémil-Lafage: Editions Mergoil (= Monographies Instrumentum; 75), S. 251–254.

Schiebinger, Londa (1993): *Nature's Body: Gender in the Making of Modern Science.* Boston: Beacon Press.

Schmitz, Sigrid (2006): Jägerinnen und Sammler. Evolutionsgeschichten zur Menschwerdung. In: Ebeling, Smilla/ Schmitz, Sigrid (Hgg.) (2006): *Geschlechterforschung und Naturwissenschaften. Einführung in ein komplexes Wechselspiel.* Wiesbaden: VS Verlag für Sozialwissenschaften (= Studien Interdisziplinäre Geschlechterforschung; 14).

Schmitz, Sigrid (2014): Das Gehirn von Jägern und Sammlerinnen. Evolutionäre Mythen der Gegenwart. In: Röder, Brigitte (Hg.): *Ich Mann. Du Frau. Feste Rollen seit Urzeiten? Begleitbuch zur Ausstellung des Archäologischen Museums Colombischlössle 16. Oktober 2014–15. März 2015.* Freiburg im Breisgau/ Berlin: Rombach, S. 42–51.

Schnapp, Alain (2009): *Die Entdeckung der Vergangenheit. Ursprünge und Abenteuer der Archäologie.* Stuttgart: Klett-Cotta.

Schreiber, Stefan (2013): Archäologie der Aneignung. Zum Umgang mit Dingen aus kulturfremden Kontexten. In: *Forum Kritische Archäologie,* 2, S. 48–123.

Schweizer, Beat (2006): Fürstengrab und Fürstensitz. Zur Frühgeschichte zweier Begriffe in der Westhallstatt-Kultur. In: Wotzka, Hans-Peter (Hg.): *Grundlegungen. Beiträge zur europäischen und afrikanischen Archäologie für Manfred K. H. Eggert.* Tübingen: Francke, S. 81—100.

Sennett, Richard (2006): *Die Kultur des neuen Kapitalismus.* Frankfurt am Main/ Wien/ Zürich: Büchergilde Gutenberg.

Sloterdijk, Peter (2006): Ein Team von Hermaphroditen. WM-Gespräch. In: *Der Spiegel,* 23, S. 70–73.

Stoczkowski, Wiktor (1998): Les conceptions de la »nature humaine« dans les scénarios de l'hominisation. In: Calame, Claude/ Kilani, Mondher (Hgg.): *La Fabrication de l'humain dans les cultures et en anthropologie* (Études de Lettres : revue de la Faculté des lettres de l'Université de Lausanne, 3–4), S. 127–138.

Teutenberg, Jutta (2023): *Im Schatten der Höhle. Die Bildgeschichte des Urmenschen im 19. und frühen 20. Jahrhundert.* Heidelberg: arthistoricum.net. https://doi.org/10.11588/arthistoricum.1233

van Laak, Dirk (1989): »Am Anfang war das Wort...«. Über die Theorien zum Beginn der Geschichte. In: *Saeculum*, 40/3–4, S. 296–312.

Villmoare, Brian/ Kimbel, William H./ Seyoum, Chalachew et al. (2015): Paleoanthropology. Early Homo at 2.8 Ma from Ledi-Geraru, Afar, Ethiopia. In: *Science*, 347/6228, S. 1352–1355.

Weltersbach, Konstanze (2007): Homo neanderthalensis und Urmensch: Rekonstruktionen und Lebensbilder. In: Kaasch, Joachim/ Kaasch, Michael/ Rupke, Nicolaas A. (Hgg.): *Physische Anthropologie – Biologie des Menschen. Beiträge zur 14. Jahrestagung der DGGTB in Göttingen 2005.* Berlin: VWB-Verlag (= Verhandlungen zur Geschichte und Theorie der Biologie; 13), S. 55–69.

Wilde, Sandra/ Timpson, Adrian/ Kirsanow, Karola et al. (2014): Direct evidence for positive selection of skin, hair, and eye pigmentation in Europeans during the last 5,000 y. In: *Proceedings of the National Academy of Sciences of the United States of America,* 111/13, S. 4832–4837.

Witmore, Christopher (2014): Chronopolitics and archaeology. In: Smith, Claire (Hg.): *Encyclopedia of Global Archaeology*. New York: Springer, S. 1471–1476.

Zedelmaier, Helmut (2003): *Der Anfang der Geschichte. Studien zur Ursprungsdebatte im 18. Jahrhundert.* 1. Aufl. Hamburg: Felix Meiner Verlag (= Studien zum 18. Jahrhundert; 27).

Autorinnen und Autoren

Rabea Conrad, M.A., Ludwig-Maximilians-Universität München, Institut für deutsche Philologie, rabea.conrad@germanistik.uni-muenchen.de

Dr. Martin Deuerlein, Eberhard Karls Universität Tübingen, Seminar für Zeitgeschichte, martin.deuerlein@uni-tuebingen.de

Johanna Hügel, Universität Erfurt, Forschungsstelle für Politische Epistemologien / Politiken der Wahrheit, johanna.huegel@uni-erfurt.de

Quintus Immisch, M.A., Eberhard Karls Universität Tübingen, Deutsches Seminar, quintus.immisch@uni-tuebingen.de

Prof. Dr. Brigitte Röder, Universität Basel, Department Altertumswissenschaften, Fachbereich Ur- und Frühgeschichte und Provinzialrömische Archäologie, brigitte.roeder@unibas.ch

Dr. Mira Shah, Bernisches Historisches Museum, mira.shah@bhm.ch

Dr. Patrick Stoffel, Leuphana Universität Lüneburg, Institut für Geschichtswissenschaft und Literarische Kulturen, patrick.stoffel@leuphana.de

Dr. Oliver Völker, Johann Wolfgang Goethe-Universität Frankfurt am Main, Institut für Allgemeine und Vergleichende Literaturwissenschaft, voelker@em.uni-frankfurt.de

KULTURWISSENSCHAFTLICHE ZEITSCHRIFT

Herausgegeben von der Kulturwissenschaftlichen Gesellschaft (KWG)

Die *Kulturwissenschaftliche Zeitschrift* versteht sich als ein offenes Forum der kulturwissenschaftlichen Debatte, in dem historische wie gegenwartskulturelle Themen, Theorien und Forschungsansätze aus allen Bereichen und Strömungen der Kulturwissenschaften vorgestellt und verhandelt werden. Neben Tagungsberichten und Rezensionen versammelt die KWZ halbjährlich mehrere durch ein doppeltblindes Peer-Review-Verfahren qualitätsgesicherte Aufsätze in deutscher oder englischer Sprache sowie einen Gastbeitrag zu aktuellen fachbezogenen Trends oder Forschungsgegenständen. Neben den regulären Ausgaben erscheinen pro Jahr 1–2 Schwerpunkthefte, die von Gastherausgeberschaften begleitet werden.

Zur interdisziplinär besetzten Redaktion gehören die Linguistin *Nina Kalwa* (Karlsruher Institut für Technologie), der Literatur- und Medienwissenschaftler *Lars Koch* (TU Dresden), die Amerikanistin und Kulturwissenschaftlerin *Nicole Maruo-Schröder* (Universität Koblenz), der Literaturwissenschaftler *Bernhard Stricker* (TU Dresden), die Amerikanistin *Maria Mothes* (Universität Koblenz) und der Germanist *Hendrik Groß* (TU Dresden).

Vorschläge für Beitragsmanuskripte werden erbeten an:
manuskripte@kulturwissenschaftlichezeitschrift.de

Vorschläge für Rezensionsmanuskripte werden erbeten an:
rezensionen@kulturwissenschaftlichezeitschrift.de

Bei Fragen wenden Sie sich gerne an die Redaktion unter:
redaktion@kulturwissenschaftlichezeitschrift.de

Felix Meiner Verlag GmbH, Richardstraße 47, D-22081 Hamburg
Tel. +49 (40) 29 87 56-0 · vertrieb@meiner.de · www.meiner.de/kwz

www.ingramcontent.com/pod-product-compliance
Lightning Source LLC
LaVergne TN
LVHW091412190726
843491LV00006B/1391